예언적 예배

KB215171

VIVIEN HIBBERT

예언적 예배

PROPHETIC WORSHIP

비비언 히버트 지음 | 천슬기 옮김

벧엘북스
Bethel Books

차 례

추천사

"하나님께 예배하라 예수의 증언은 예언의 영이라 하더라."

(계 19:10 b)

당신은 이 책을 보고 이렇게 질문할지도 모르겠군요. "우리가 예배를 알기 위해 읽을 책이 아직도 더 필요한가요?" 하지만 당신이 이 책을 처음부터 끝까지 다 읽고 나면 이렇게 말할 것입니다. "목사님, 왜 이런 책이 좀 더 빨리, 많이 나오지 않은 건가요?" 나는 하나님께서 그리스도의 몸 된 교회가 예배 영역에 이전보다 더 큰 열정과 연합을 이루도록 부르시는 것을 느낍니다. 참으로 이 책은 하나님의 완벽한 시간에 출간되었습니다.

우리가 사는 지금 이 시대는 예배를 다루는 정보와 자료가 차고 넘칩니다. 그 이유는 성령님께서 전 세계 하나님의 사람들에게 거룩한 예배의 갈망을 부으시기 때문입니다. 하지만 안타깝게도 많은 경우 우리는 예배의 갈망을 제대로 이해하지 못하거나 조절하지 못한 채 여기저기 함부로 뛰어들어 상처받기도 하고 놀라운 하나님의 임재를 살짝 맛보는 것에 만족하고 맙니다.

이 책은 우리 편견과 다르게 예언적 예배가 위험하지 않으며 하나님의 임재에 마음을 연 모든 사람에게 변화와 부흥을 일으킨다는 확신을 철저한 성경적 관점으로 여러분의 마음에 심어줄 것입니다. 하나님께 순종하는 것이 예배의 결론입니다. 순종하는 삶은 예배의 가장 높은 차원의 표현입니다. 하나님의 자녀가 함께 예배할 때 일어나는 영적인 일은 우리가 일반적으로 생각하는 것보다 훨씬 놀랍고 중요한 의미가 있습니다.

예배는 하나님을 만나는 것입니다. 교회가 예배를 통해 하나님의 임재 안으로 들어가서 하나님을 만나면 예배의 대상이신 하나님을 향한 초자연적인 경외심을 회복하는 것이 당연하지 않을까요? "예배"는 하나님의 자녀가 하나님의 임재 안에 모여 오직 하나님의 "역사하심"으로만 설명할 수 있는 특별한 것을 보고 체험할 때까지 영과 진리로 계속 전진하는 것입니다.

이 책의 저자 비비언 히버트는 우리 삶과 교회와 나라를 변화시키는 예언적 예배를 놀라운 통찰력으로 사람들에게 가르치는 특별한 기름부음을 받았습니다. 나는 비비언이 예언적 예배의 영광스러운 진리를 선포하는 권위와 능력이 있다고 믿습니다.

또 비비언은 목회자이기 때문에 목회자의 마음을 아주 잘 압니다. 비비언은 내가 담임한 교회에서 예배 감독으로 섬기면서 교회에 예언적 예배와 하나님의 임재의 성경적인 깨달음과 계시를 탁월하게 풀어놓았습니다. 비비언은 하나님의 영광이 물이 바다 덮음 같이 온 땅에 가득하기를 소원하는 참된 예배자입니다.

이 책에 나오는 예언적 예배의 진리는 여러분의 예배를 새롭게 변화 시켜 모든 회중의 삶을 바꾸고 거룩하게 유지하는 데 획기적인 도움을 줄 것입니다. 나는 예언적 예배라는 어려운 주제를 이만큼 체계적으로 잘 정리한 책을 보지 못했습니다.

여러분이 이 책을 읽고 하나님이 비비언에게 보여주신 예언적 예배의 놀라운 비밀을 깨달으면, 이제는 대충 노래하는 예배로 만족할 수 없을 것입니다.

올렌 그리핑

게이트웨이 처치 원로 목사

• • • •

비비언 히버트는 예언적 예배라는 주제에서 의심할 여지 없이 최고의 성경 교사입니다. 이 책은 참된 예배자를 위한 '신선한 만나'를 가득 담고 있습니다.

샬럿 베이커 박사

시애틀 킹스 템플 목사, 교사, 작가

• • • •

오늘날 자신의 자녀들에게 말씀하시는 하나님의 음성을 듣기 원하는 사람들에게 이 책, 예언적 예배를 적극적으로 추천합니다. 비비언 히버트는 전통적 예배와 예언적 예배의 차이점을 성경적으로 명확하게 설명하므로 교회가 수평적 예배를 초월해서 하나님의 임재를 경험하도록 돕습니다.

라마르 보쉬맨

전 국제 예배 인도자 학교장

감사의 글

많은 사람이 이 책을 다시 집필하도록 도와주었습니다. 제가 작가이자 전달자로서 예언적 예배에 더 깊이 파고들도록 기도하고 격려하며 때로는 도전한 모든 친구에게 큰 감사를 전합니다. 책을 쓰면서 다음 부분을 어떻게 진행할지 막막한 순간마다 여러분 한 사람 한 사람의 기도와 조언이 이 책이 나올 수 있도록 도왔습니다. 여러분을 향한 감사를 이 책 전체만큼 표현하고 싶지만 간략하게 제 마음을 담았습니다.

그웬과 하비 - 당신의 친절과 배려가 없었다면 저는 오늘 어디에 있을까요? 당신이 아니었다면 이 책은 영원히 세상에 나오지 못하고 저는 어딘가에서 혼자 고생했을지도 모르겠습니다. 당신은 제가 낙담한 것을 알아차리고 격려하며, 내 삶에 깊은 변화를 일으켰고 새로운 과정을 시작하게끔 동기를 부여했습니다. 또 앞으로 나아갈 도구를 내 손에 쥐여주었지요. 몇 번이고 계속해서 우리는 "헛된 것을 버리고 귀한 것을" 함께 캐내는군요(렘 15:19). 저는 당신에게 우정이란 큰 빚을 졌습니다. 특히 원서의 앞표지 작업을 도와준 그웬, 정말 고마워요.

워터웨이즈, 아칸소주 애쉬다운 - 매주 예언적 예배를 드리는 내 모교회입니다. 우리는 주일마다 영과 진리로 하나님을 예배하며 놀라운 여행을 함께 합니다. 테리, 안나, 그리고 특별한 회중의 모든 구성원에게 감사를 전합니다. 여러분 모두 제 삶에 정말 소중합니다. 여러분은 "챔피언의 도시"라고 부르는 우리 교회의 챔피언들입니다. 질 더들리에게 특별한 감사를 드립니다.

더 펠로우십, 솔트 레이크 시티 - 내 삶에 제일 힘든 시기를 함께한 여러분의 우정을 절대 잊지 않을 것입니다. 여러분은 메마른 제 영혼에 거듭 물을 주었습니다. 감사해요. 여러분은 모든 세대를 위한 예언적 예배의 또 다른 모델입니다. 우리가 항상 함께한다는 사실이 정말 감사합니다.

뉴 비기닝, 캘리포니아 시카고 파크 - 이 책의 주제가 전 세계 그리스도의 몸에 알려지도록 힘써준 여러분의 우정과 헌신이 정말 귀합니다. 한분 한분께 감사를 전합니다. 여러분의 존재가 저에게 큰 격려입니다.

홀 라이프 사역, 조지아주 오거스타 - 산드라 케네디 목사님, 당신이 섬기는 교회는 하나님이 강력하게 역사하시는 또 다른 예배하는 교회입니다. 타협하지 않고 마음과 섬김으로 예수님의 인도를 따라가 주셔서 감사합니다.

올렌 목사님과 사이블 사모님 - 아주 오래전, 제가 처음으로 깊은 예배와 초자연적인 임재로 가득한 하나님과의 거룩한 만남을 체험한 곳이 셰이디 그로브 교회였습니다. 시간이 흐르면서 수많은 신자의 삶에 예언적 예배가 일어났습니다. 우리는 셰이디 그로브 교회에서 다양한 회중에게 예언적인 예배가 효과적으로 역사하는 것을 보았습니다. 이 모든 것은 우리가 예언적 예배로 들어가도록 올렌 목사님이 타협하지 않는 예배의 마음과 용감한 리더십으로 매주 도전하셔서 가능했습니다. 당시 우리 교회는 하나님의 임재 안에서 변화하지 않으면 예배에서 나갈 수 없을 정도로 하나님의 역사가 강력했습니다. 이 책은 우리가 그때 배운 것을 그리스도의 몸 된 교회 전체가 누리도록 설명한 제 미약한 노력입니다. 올렌 목사님, 당신은 나의 영웅입니다.

샬럿 베이커 - 베이커 자매는 2014년 9월 16일 천국 본향으로 돌아갔지만, 그 영적인 유산은 지금도 이 땅에서 계속 증가하며 열매를 맺고 있습니다. 샬럿 베이커는 전 세계의 예배 부흥을 이끈 많은 사람의 "영적인 어머니"이며 우리가 "예언적 예배"라는 용어를 사용하기도 전에 누구보다 먼저 신실하게 예언적 예배를 꿈꾸고 가르치며 교회에서 실제로 일어나도록 멘토링 했습니다. 샬럿 베이커 자매의 삶과 참된 예배에 굶주린 모든 사람에게 욕심 없이 베푼 헌신에 영원히 감사드립니다.

제가 이 책을 쓰는 동안 저를 위해 기도한 사랑하는 모든 친구에게 - 여러분의 뜨거운 사랑과 든든하고 실제적인 도움에 영원히 감사합니다. 여러분은 저에게 풍성한 축복입니다. 모두에게 감사드립니다.

제 소중한 콜롬비아 친구들에게 - 여러분의 사랑과 기도에 감사합니다. 여러분은 정말 소중한 친구들입니다. 콜롬비아는 항상 제 마음에 있어요. 여러분의 나라에서 예배할 때 그 기쁨은 정말 말로 다 표현할 수 없는 것이었습니다. 구스타보와 암파로, 여러분으로 말미암아 하나님께 감사드려요.

심포지엄, 패서디나; 카리토스, 시카고; 댄스 캠프, 샬럿 - 저는 지난 30년간 완전히 다른 세 예배 콘퍼런스에서 예배하며 울고, 웃고, 배우면서 예언적 예배라는 메시지를 개발하고 나누었습니다. 여러분 모두 저의 놀라운 예배 동역자입니다.

뉴질랜드의 교회들 - 제 고향 뉴질랜드에 살았던 것은 오래전 일이지만, 이 책에 나오는 모든 기초가 뉴질랜드의 친구와 교회에서 시작했습니다. Aotearoa(역주: 뉴질랜드를 가리키는 마오리어. '길고 흰 구름의 땅'이라는 뜻)는 영원히 내 마음에 있습니다.

신디와 제시카 - 이 책의 출판 프로젝트를 마치도록 도와주신 두 분께 감사드립니다. 여러분의 재능으로 이 책이 더욱 좋아졌습니다.

주님, 우리를 주님의 얼굴로 이끄셔서 주님의 영원한 기적을 묵상하게 하시니 감사합니다. 주님이 이 책의 핵심 주제입니다. 주님의 임재가 내 유일한 목표입니다. 주님만 영광 받으소서!

> 내가 여호와께 바라는 한 가지 일 그것을 구하리니 곧 내가 내 평생에 여호와의 집에 살면서 여호와의 아름다움을 바라보며 그의 성전에서 사모하는 그것이라 (시편 27:4)

서문

"사람의 마음에는 우리의 예배를 받기 합당한 분을
찾아 발견하려는 위대한 탐구심이 있다."
- 새미 티핏 -

이 책이 나오도록 함께 기도한 중보자들의 한결같은 간구는
모든 독자의 마음에 하나님을 영으로 예배하기 원하는 갈망이 임
하는 것이었다. 부디 나는 여러분이 종이에 쓰인 단어 너머에 있
는 영적인 것을 발견하기 바란다. 내 소망은 독자들이 이 책을 읽
는 동안 자신의 자녀와 친밀한 교제를 바라시는 하나님 아버지의
간절한 마음을 발견하는 것이다. 이 책을 읽는 모든 예배자가 하
나님의 얼굴을 보고, 하나님의 영광의 무게를 실제로 체험하며,
영원^{ETERNITY} 저편에 있는 것이 여러분에게 임하여 하나님을 향한 굶
주림이 증가하고 여러분을 압도하기 바란다.

성령과 신부[교회, 진실한 그리스도인]가 말씀하시기를 오라 하시
는도다. 듣는 자도 오라 할 것이요 목마른 자도[영혼이 새 힘을 얻
고, 강건하기를 바라는 사람] 올 것이요 또 [진정으로] 원하는 자는
값없이 생명 수를 받으라[마셔라] 하시더라 (계 22:17, 확장번역)

예배는 모든 인류, 특히 교회의 가장 기본적인 활동이다. 예배는 모든 사람의 마음에 있는 가장 깊고 원초적인 갈망인 "전능자를 알기 원하는 마음"과 그 "전능자에게 알려지고 싶은 열망"에서 시작한다. 모든 참된 예배는 하나님과 예배자 양측에 기쁨을 준다. 하나님이 먼저 우리 마음을 두드리시며 더 깊은 친밀함과 새로운 성숙으로 나아가도록 부르신다.

하나님은 우리 안에 임재를 향한 더 큰 갈망을 불어 넣으신다. 교회가 온 땅에 참된 생명을 증거하고 복음을 전파하려면 더 좋은 전도 프로그램이 아니라 신자 개인이 먼저 예배에서 하나님과 참된 교제를 누리기 원하는 갈망이 있어야 한다. 예배는 궁극적으로 하나님 앞에 우리 삶 전체를 열어드리는 열쇠이기 때문이다.

이런 하나님을 향한 갈망을 근거로 예배는 본질상 예언적이며 앞으로도 항상 예언적일 것이다. 하지만 많은 교회가 예배의 본질이 예언적인 것을 이해하지 못했기 때문에 하나님께서 우리에게 의도하고 바라시는 예배와 예배자의 모습에 다가가지 못했고 그 결과 하나님의 영광도 체험하지 못했다. 안타깝게도 많은 신자가 공적인 예배에서 하나님의 임재 체험이 부족하여 개인 묵상이나 개인 예배, 심지어는 다른 교회나 사역의 예배에서 하나님을 더 깊이 만나면서 하나님의 임재와 영광을 충족한다.

예배는 부흥처럼 잦은 오해를 받는다. 아마 여러분은 많은 서구 교회가 지역 사회를 대상으로 외부 게시판에 다음 "부흥" 날짜를 광고하는 모습을 본적이 있을 것이다. 이 광고의 의미는 진짜 부흥이 일어났다는 의미가 아니라 교회에 특별 집회가 열린다는 의미이다. 진짜 부흥이 일어나는 것은 하나님의 주권이다.

우리는 부흥의 뜨거운 의미를 특별 집회를 여는 것으로 낮춰 버렸다. 이것은 예배도 마찬가지다. 주일마다 함께 모여 예배^{WORSHIP} ^{SERVICE}하지만 진짜 예배를 드렸는가는 여전히 논쟁의 여지가 있다. 이렇게 부흥과 예배라는 단어의 진짜 의미에 일어난 혼란을 극복하기 위해 많은 작가가 예배 앞에 참된, 진정한, 예언적이라는 형용사를 추가했다. 하지만 이런 시도는 마치 누군가에게 "진짜 음식을 줄게"라고 말하면서 음식 사진을 주는 것과 다를 것이 없다. 우리의 예배가 참되고, 진정한, 심지어는 예언적이라고 말하는 것과 실제로 그것을 체험하는 것은 아주 다른 문제다.

나는 이 책의 제목에 우리가 사용하는 "예배"라는 단어가 잃어버린 핵심인 "예언적"이라는 표현을 회복하고 명확히 했다. 비록 성경에 예언적 예배라는 단어는 없지만, 성경적 정의에 따르면 모든 예배는 하나님과 만남을 포함하기 때문에 "예언적"이다. 하나님이 계시지 않으면 예배할 수 없다. 하나님을 만나지 않는 예배는 존재할 수 없다. 내가 책 제목에 "예언적"이라는 단어를 사용한 이유는 이 단어가 하나님을 만날 때 일어나는 일의 가장 적절한 묘사이기 때문이다. 나는 예배의 본질을 잃어버린 오랜 전통보다 더 먼저 있었던 "진짜 예배"인 예언적 예배를 회복해야 한다고 믿는다.

예언의 영이신 성령님께서 예배자를 인도하셔야 전심으로 예배에 몰입할 수 있다. 누군가가 전심으로 하나님의 임재의 실재를 누리며 예배한다면 그는 예언적으로 예배한 것이다. 우리가 바른 예배를 정의하는 데 혼란을 겪는 이유는 회중 예배에서 하나님의 임재를 실재로 누려 보지 못했기 때문이다. 아무리 회중 예배에 참여해도 하나님의 임재를 경험하지 못하거나 반응하기를 거절한다면 이 책이 말하는 참된 예배, 진정한 예배, 예언적인 예배를 드린 것이 아니며 당연히 그것을 설명할 수도 없다.

이 책은 모든 신자와 다양한 예술 분야에 종사하는 기독교 예술인의 삶과 사역에서 예배의 우선순위와 가능성을 진지하게 고민하도록 도전한다. 어떤 신자는 예배가 천사들의 임무라고 오해한다. 그러나 예배는 모든 신자가 천국에 들어갈 때까지 이 땅에서 해야 할 가장 중요한 사역이자 천국에서도 계속할 사역이며 모든 신자의 마음이 그리스도를 닮게 하는 가장 귀한 사역이다.

교회 예배팀이 최신 기술로 만든 가장 좋은 악기와 최고 실력의 연주자가 있어도 결국 하나님의 임재가 없으면 우리는 참된 예배를 드릴 수 없다. 오늘날 그리스도의 몸 된 교회에 얼마나 많은 탁월한 음악가와 예배 인도자가 있는지 보라. 마치 기독교 음악의 중심이 CCM에서 "예배 음악"으로 넘어온 것처럼 항상 예배 음악이 높은 인기 순위와 판매량을 차지하며, 세계 곳곳의 다양한 사역에서 탁월한 신곡이 매월 쏟아져 나온다. 그러나 음악은 예배의 본질이 아니며 참된 예배의 수단일 뿐이다. 최신 예배 곡을 부르는 데서 멈추지 말고 하나님의 진짜 임재로 들어가자!

예배는 예술을 만나고 예술은 예배를 만나야 한다. 이제 모든 예술이 교회와 예배의 원래 자리로 돌아가 하나님을 높일 때가 되었다. 교회가 진짜 부흥을 체험하여 모든 나라에 강력한 예언적 예술가를 일으켜서 예언적으로 예배해야 한다. 이제 예배를 소홀히 여기지 말고 예배가 우리 마음에 바르게 자리 잡도록 겸손하게 하나님의 임재를 배우는 학생이 되어 진지하게 헌신하자. 예수님을 사랑하는 단순한 예배의 마음으로 돌아가자.

나는 이 책이 예수님께 초점을 맞추며 하나님께만 영광 돌리기를 소원한다. 궁극적인 예배의 진리는 다양한 교단 전통과 예식이 아니라 오직 예수 그리스도 안에서만 발견할 수 있다. 앞으로 주님의 몸 된 교회 안의 모든 교파와 모든 나라, 모든 세대의 신자로 이루어진 새로운 예배 운동이 일어나 동서남북에서 마음에 참된 변화를 일으키는 하나님의 임재를 갈망하며 열정적으로 예배하는 예언적 예배자가 일어날 것이다!

이제 성경에서 가장 위험한 기도인 모세의 기도로 예언적 예배의 여행을 시작하자.

> … 주의 영광을 내게 보이소서 (출 33:18)

이미 교계 안에 훌륭한 예배 서적이 많이 나왔다. 나는 예언적 예배라는 새롭고 방대한 주제를 더 깊이 이해하기 위해 겸손한 마음으로 고대의 기록이나 탁월한 저자들의 글을 인용한 후 각주를 달아 표시했다. 나는 이 책을 쓰면서 다시 한번 예언적 예배라는 주제가 천 년을 탐구해도 다 알 수 없는 큰 주제임을 느꼈다. 여러분이 이 책을 읽고 예언적 예배를 이해하고 적용해서 하나님의 임재 안으로 들어가기를 축복한다.

이제 여행을 시작하자!

PROPHETIC
WORSHIP
VIVIEN HIBBERT

1부

예언적 예배 개론

An Introduction to Prophetic Worship

1장

예언적 예배란 무엇인가?

"예배는 우리 모든 본성이 하나님께 순종하는 것이다.

하나님의 거룩함으로 양심을 일깨우고,

하나님의 진리로 마음에 양식으로 삼으며,

하나님의 아름다움으로 생각을 정화하고,

하나님의 사랑에 마음을 열고 하나님의 뜻 앞에 의지를 굽히는

이 모든 것이 예배 안에 있다.

예배는 우리 본성이 할 수 있는 가장 이타적인 감정이며,

우리의 원죄와 모든 현실 세계의 죄의 근원인

자기 중심성에 가장 잘 드는 명약이다."

- 윌리엄 템플 -

예언적 예배는 하나님의 임재가 있는 예배다. 예언적 예배는
하나님과의 친밀한 교제를 향한 우리의 열정을 표현하며 하나님
을 향한 우리 열정에 응답하시는 하나님의 음성과 임재의 나타남
으로 충만하다. 우리가 예배 하면서 하나님이 말씀하실 것을 믿
고 그 자리를 내어 드릴 때마다 우리는 예언적 예배로 나아가는
것이다. 우리 예배에 하나님이 임하시는 것 자체가 바로 "예언적"
요소이다. 하나님의 임재로 충만한 예언적 예배는 개인 경건의

시간이나 교회에서 드리는 회중 예배처럼 언제 어디에서나 일어날 수 있다. 우리는 공적인 회중 예배 안에 하나님의 음성이 역사하실 충분한 시간을 만들어야 한다.

하나님이 역사하시는 예배가 모든 성도와 교회의 일상적인 체험이어야 하지만 안타깝게도 수 천 년 전 이스라엘 회중처럼 우리도 스스로 알게 모르게 삶과 예배에 역사하시는 하나님을 차단하는 경향이 있다는 것이 믿어지는가? 이스라엘은 모세에게 이렇게 말했다. "당신이 우리에게 말씀하소서 우리가 들으리이다 하나님이 우리에게 말씀하시지 말게 하소서 우리가 죽을까 하나이다"(출 20:19).

하나님은 우리와 함께하시며 말씀하시고 우리에게 자신을 더 많이 계시하기를 간절히 원하시지만 우리는 앞서 말한 것처럼 오래전 주님의 임재를 거부하며 피한 이스라엘 회중 같을 때가 더 많다. 공적인 예배를 노래와 기도, 말씀 봉독과 권면, 혹은 은사나 워십 댄스로 채워서 하나님이 역사하시고 말씀하실 자리를 없애고 오직 우리가 하나님께 하고 싶은 말만 한다. 우리는 진실한 마음으로 드리는 예배 속에 하늘과 땅을 지으신 하나님이 우리 영혼에 말씀하시고, 우리의 마음에 속삭이시며, 우리나라를 뒤흔드는 말씀을 주신다는 사실을 모른다. 교회가 시작한 이후 2000년이 넘는 시간 동안 우리 노래와 음악, 춤과 다양한 찬양의 표현들이 점점 더 창의적이고 아름답게 발전했지만 우리는 하나님을 예배의 한 프로그램으로 제한하기 위해 갖은 핑계를 만들었다.

우리는 예배로 모여 하나님을 위해 소리 높여 노래하고 춤추며 손뼉 치고 찬양하며 엎드려 예배한다. 이 모든 것이 참 훌륭하고 좋지만 단지 예배의 한 부분일 뿐이다. 우리 노래와 음악으로 하나님을 섬기고 나면 하나님은 아직 끝나지 않으셨는데 하나님의 뜻과 상관없이 우리는 앉아서 광고하고 헌금을 드린 후 설교를 듣는다. 짝사랑이 완전한 사랑이 아닌 것처럼 한 방향으로만 흘러가는 예배는 온전한 예배가 아니다.

하나님 앞에서 우리 사역은 한 부분일 뿐이며 우리 예배에 반응하시는 하나님의 사역과 음성이 이 책의 주제인 예언적 예배이다. 너무나 많은 신자와 교회가 하나님이 우리 예배에 참여하기 원하신다는 것을 알지 못하기 때문에 하나님을 충분히 기다리지 않는다. 우리가 예배하면서 하나님의 임재 안에서 잠깐이라도 하나님을 기다리고 머물 수 있다면 얼마나 좋을까? 머문다는 것은 평상시보다 혹은 예상하는 것보다 더 오래 있거나 천천히 헤어지고, 천천히 말하며 행동하는 것을 의미한다.

오해하지 말라. 하나님 안에 머물자는 의미는 괴로울 정도로 긴 예배를 드리자는 의미가 아니다. 그저 우리가 부르기로 한 노래 몇 곡을 빼고 하나님께서 우리에게 노래하시도록 시간을 드린다는 의미이다. 우리가 예배에서 하나님 안에 머물고 기다리는 시간을 필수적인 시간으로 만들어 우리 찬양에 하나님이 응답하시도록 내어드리며 평소보다 더 머물 수 있다면 우리는 하나님과 더 많은 시간을 보낼 것이다. 우리가 하나님께 노래하고 하나님이 우리에게 노래하시는 두 모습 다 예배에 나타나야 한다.

나는 이 책을 읽는 여러분이 살아있는 예배를 경험했을 것이라고 확신한다. 하나님의 임재가 너무나 명백해서 모든 성도가 하나님의 영광을 누리는데, 정해진 찬양 시간 30분이 끝나자 갑자기 음악과 노래가 멈추고 사회자나 설교자 올라와서 예배 인도자가 하나님의 영광 속에 어찌할 바를 몰라 예배를 중단하는 모습을 볼 때마다 내 마음이 얼마나 아픈지 모른다. 당신은 하나님의 임재가 뚝뚝 끊기는 느낌을 아는가?

우리는 하나님이 모든 예배에 분명한 계획과 목적이 있으시다는 것을 깨닫고 예배해야 한다. 하나님은 우리가 상상하는 이상으로 우리를 축복하시려는 큰 계획이 있으시다. 하지만 우리는 매일, 매주, 심지어 몇 세기 동안 똑같은 예배를 드리며 하나님이 우리 예배에 역사하실 여지를 철저히 차단했다. 우리는 예배에서 하나님이 무엇을 말씀하시고 역사하기 원하시는지 전혀 생각하지 않고 관심도 없다.

우리는 시편 말씀대로 감사함으로 하나님의 문에 들어가서 찬송함으로 궁정에 이르는 법을 아는 예배 인도자가 필요하다. 왕의 궁정에서 하나님과 친밀하게 교제하고 신부와 신랑의 목소리를 풀어놓는 방법을 아는 예배 사역자, 음악가, 싱어들과 댄서들이 필요하다. 우리가 열린 마음으로 예배하면 하나님이 우리 중에 왕, 용사, 치유자, 목자, 회복자, 아버지로 임하신다. 전능하신 하나님의 숨 막힐 만큼 놀라운 영광스러운 임재의 영적인 가능성은 무한하다. 우리에게 필요한 것은 예배의 문을 열 줄 알고 하나님이 역사하시는 순간을 분별하여 때에 따라 적절한 방법으로 회중을 하나님께 인도할 수 있는 예배 사역자들이다.

예배 안의 하나님의 임재

하나님은 예레미야에게 질문하셨다: 참으로 담대한 마음으로 내게 가까이 올 자가 누구냐 여호와의 말씀이니라 (렘 30:21).

예배를 위한 하나님의 기본 계획은, 우리가 하나님께 가까이 나오기를 원하신다는 사실에 달려있다. 다시 말해서 우리는 주님의 임재를 급진적이고 놀라울 정도로 우리 삶과 회중 예배에 초청할 수 있다. 예배에서 하나님의 임재보다 더 아름다운 것은 없다. 하나님은 언제나 우리와 함께하신다(요 15:4~7). 하나님의 임재는 우리 개인의 삶과 회중 예배에 임하는 기쁨의 원천이다.

예언적 예배의 은혜는 하나님의 거하심과 머무심이 있는 명백한 임재의 나타남이다. 하나님이 어떤 방식이든 자신을 드러내시며 계시하시는 것이 바로 예언적 예배이다. 하나님은 우리 안에 성령님을 보내사 우리 삶에 항상 함께하시는 임재를 주셨다(요일 4:13). 우리는 항상 함께하시는 하나님의 임재로 언제든지 하나님께 가까이 갈 수 있으며 하나님을 향한 우리 사랑과 열정에 주님의 특별한 임재를 나타내심으로 반응하신다(요 14:21, 17:24).

예배에 하나님의 명백한 임재는 일 년에 한두 번 어쩌다 일어나는 사건이 되어서는 안 된다. 하나님의 임재가 신자들이 하나님과 만나는 모든 시간과 모든 예배의 표준이 되어야 한다. 하나님은 우리가 적극적으로 주님을 침노하기를, 하나님이 우리를 침노하시도록 초청받기를 원하신다.

예언적 예배는 모든 사람을 위한 것이다

예언적 예배는 예배의 한 스타일이거나 호불호의 대상처럼 예배에 포함할지 말지 선택할 수 있는 것이 아니다. 예를 들어 어떤 사람들은 현대적인 예배 대신 전통적인 예배를, 현대적인 찬양보다 찬송가를 더 좋아한다. 그러나 예언적 예배는 이런 선택지를 제시하지 않는다. 참된 예배에는 하나님의 음성과 임재가 함께 하므로 교파나 음악 스타일과 상관없이 하나님의 임재와 음성이 있다면 어떤 상황에도 예언적 예배를 드릴 수 있다.

예배는 우리만의 축제가 아니다. 예언적 예배는 하나님을 향한 예배에 하나님이 직접 역사하셔서 응답하시는, "하나님과의 대화"이다. 만일 모든 예배에 하나님의 임재가 있다면 전통적인 예배이든 급진적일 만큼 획기적이고 현대적인 예배이든 예언적 예배를 드릴 수 있다. 여러분이 좋아하는 찬송가나 예배 곡을 부르고 당신의 노래에 응답하시는 하나님의 음성을 들어라. 하나님이 가까이 오셔서 사랑하는 자녀에게 응답하실 여지를 만들어라. 예배에서 하나님께 이렇게 혹은 저렇게 역사하시라고 지시하지 말고 하나님이 자녀들의 독특한 전통과 예배의 여정을 존중하시며 역사하신다는 것을 신뢰하라. 그러므로 예언적 예배는 예배의 특정한 형태가 아니라 모든 교회와 교파에서 다양한 모습으로 "하나님과 대화하는 예배"의 모습을 설명하는 예배 신학이다.

예언적 예배는 오순절, 은사주의, 감리교, 성공회, 침례교 혹은 다른 어떤 전통이 아닌 하나님이 원하시는 성경적 예배이다. 예언적 예배라는 단어는 성경에 나오지 않지만 예배에서 주님과 나누는 친밀한 교제를 나누는 원리와 방법이 나오며 우리가 미처 이해하지 못했을 뿐이다. 신자들은 예언적 예배라는 용어를 특정한 형태의 예배를 설명하는데 제한함으로써 예배의 본래 범위와 의미를 축소했다. 구약과 신약에 나오는 모든 예배는 그 형태가 조금씩 다르지만, 본질적으로 모두 상호적이고 담대하며 역동적이고 초자연적이며 계시적인 하나님의 음성과 임재로 충만한 예언적 예배였다.

우리 성경 본문에는 교단별 예배 지침이 없다. 그러나 예언적 예배의 원칙은 성경 전체에 걸쳐 명확하게 나온다. 예언적 예배는 우리 예배에 하나님의 임재가 어떻게 흐르는가의 문제이기 때문에 장로교, 오순절, 침례교 같은 교단과 상관없이 모든 교회에 필요하다. 모든 교회가 하나님의 현존하시는 임재를 믿고 갈망한다. 하나님의 임재를 갈망하는 것, 이것이 예언적 예배를 시작하는 지점이다. 밥 소르기는 이렇게 설명한다. "아주 단순히, 예언적 예배는 주님과 함께 걷고 이야기하는 것이다... 예배는 하나님과 우리가 생각과 뜻을 주고받는 것이다."[1]

많은 예배 인도자가 자신이 만든 곡 목록에 묶여 있다. 찬양 목록이 예배 체험의 시작과 끝이 아니라 주님의 임재로 들어가도록 돕는 도구라고 보면 얼마나 좋을까? 그러나 많은 예배 인도자가 한 곡을 마치면 바로 자신이 계획한 대로 멋지게 조를 바꿔 다음 곡으로 넘어갈 생각만 한다. 하지만 한 곡의 끝에서 주님의 임재를 만끽하며 주님을 기다림으로써 주님을 위한 시간과 공간을 만든다면, 우리 주님이 정말 놀랍게 역사하실 것이다.

예배 곡은 회중을 하나님께 인도하는 수단이다. 예배 인도자가 노래로 회중을 하나님께 인도하지만 노래가 곧 예배 그 자체는 아니다. 현대적인 예배에서 회중이 특정한 곡을 지겨워하는 이유는 하나님과 상관없이 노래에만 집중하기 때문이다. 만일 우리가 계속해서 특정한 노래로만 하나님의 얼굴에 집중한다면 결국 지루함을 느낄 수밖에 없을 것이다. 우리는 예배의 초점을 음악과 노래에서 어떤 느낌을 받았는가가 아니라 하나님의 얼굴과 임재 체험에 맞추어야 한다. 예배 곡 보다 예배의 마음을 강조하라.

최근 시카고에서 진행한 카리토스 예배 예술 컨퍼런스 예배의 밤을 위해 무용수, 가수, 음악가, 화가, 시인으로 이루어진 몇 명의 예술가가 뭉쳤다. 시간제한이 없었기에 우리는 긴장을 풀고 성령님께서 우리를 통해 역사하시게 했다. 우리가 드린 예배의 밤은 하늘과 땅의 대화였으며 주님이 우리의 거룩한 지휘자가 되셨다. 성령님께서 한 예술가에서 다른 예술가로 아주 부드럽게 역사하시면 예술가들은 각자의 다양한 재능으로 주님의 음성을 표현했다. 때로 주님은 예언적 노래나 춤 혹은 시기적절한 성경 봉독과 권면의 말씀으로 메시지를 전하셨다. 화가들은 주님의 메시지를 풍부하게 전달하는 완벽한 수단 같았다. 그 시간, 우리는 하나였다. 나에게 큰 은혜를 준 것은 그때 모인 다양한 사람이 사실 예언적인 예배의 기술적인 측면에서는 약간 어설펐지만, 곧 익숙한 것처럼 자연스럽게 주님을 표현하기 시작했다는 점이다.

체험보다 메시지를 더 잘 전달하는 도구는 없다. 당신도 예언적인 예배의 흐름 안에 한 번만 있어 보면 이것이 무엇인지 이해할 것이다. 하나님은 수동적인 분이 아니다!

예언적 예배에는 청중이 없다

최근 수년간 나는 자주 하나님을 "한 분의 청중"이라고 표현하는 것을 들었다. 나는 이 말을 회중이 예배를 공연처럼 구경하는 청중이 아니며 주님께 합당한 자세로 예배에 참여하도록 도전하기 위해 사용한다는 것을 아주 잘 안다. 하지만 하나님이 우리의 청중이라면 우리는 하나님을 위해 공연을 하는 것이기 때문에 하나님을 "한 분의 청중"이라고 표현하는 것은 옳지 않다고 생각한다.

예언적인 예배는 하나님을 위한 공연이 아니다. 앞서 말한 것처럼 예배는 하나님께 나아가는 여정이자 하나님과 나누는 대화의 한 부분이다. 그러므로 예배에 청중은 없으며 오직 하나님과 소통하는 마음만 존재한다. 주님은 우리의 예배를 수동적으로 구경하는 분이 아니다. 하나님은 우리 예배와 찬양에 오셔서 좌정하신다(시 22:3). 하나님은 예배 안에서 우리 마음에 생기를 불어넣으시고 우리가 드리는 예배를 어떻게 느끼시는지 우리의 목소리와 악기로 표현하기 원하신다. 하나님은 우리가 드리는 예배에 함께 하기를 간절히 원하시며 이것이 이루어질 때, 모든 교회와 삶이 변화한다. 두세 사람이 모인 곳에 하나님께서 함께하신다(마 18:20).

의심의 여지 없이 모든 교회가 주님의 임재를 경험한다. 하나님의 임재를 인식하는 것이 열쇠이며 우리가 주님을 만날 때 어떻게 해야 하는지 아는 것이 중요하다. 우리가 종종 "일상적"이고 "평범하다"고 부르는 것에서 하나님을 발견할 수 있다. 과연 무엇이 "일상적"이고 "평범한"가? 우리가 지루하다고 말하는 오래된 예배곡, 신자의 교제, 친구와 낯선 사람이 베푼 친절, 갈급한 마음에서 나오는 간절한 기도, 성령의 은사, 성찬식, 어린이들의 찬양과 율동, 목사님의 위로의 말씀, 악기 소리, 매주 드리는 반복적인 예배와 예상하지 못한 순간에서 우리는 하나님을 발견한다.

우리가 영적인 눈으로 하나님의 일하심을 볼 수 있으며 하나님의 거룩한 계획이 우리 예배에 자연스럽게 흐를 수 있다면 그곳이 바로 지상천국이다. 우리가 하나님이 우리 안에 흐르시도록 허용한다면 위에 말한 모든 것이 하나님께서 우리에게 말씀하시는 도구이자 예언적인 예배의 일부가 될 수 있다. 하나님의 임재 안에서 "일상적"이고 "평범한" 것이 예언적으로 변화한다.

단언컨대 예배를 예언적으로 만드는 것은 예배 스타일이나 노래의 특징, 소리의 크기나 예배 시간이 얼마나 긴가에 있지 않으며 하나님의 임재와 영광의 나타남, 성령의 생명력과 주님의 달콤한 음성에 달려 있다. 예배를 예언적으로 만드는 것은 우리 예배에 역사하시는 하나님의 응답이다. 우리는 예배에 주님이 역사하실 길을 만들고 영광의 왕이 들어오실 문을 열어야 한다.

예언적 예배의 전제

나는 이 책을 통해 예배가 이미 예언적이라는 개념을 설명할 것이며 이것이 모든 장의 전제이자 핵심 주제이다. 예배는 하나님의 임재라는 자기-계시$^{SELF-REVELATION}$에서 흘러나오기 때문에 예언적이다. 하나님이 우리에게 자신을 드러내실 때까지 우리는 예배할 수 없지만, 하나님이 우리에게 자신을 계시하시면 우리는 주님을 예배하지 않을 수 없다. 이 예언적 예배의 기본적이고 중심적인 전제가 이 책 전체에서 반복될 것이다. 두 유명한 저자가 내가 설명하는 예언적 예배의 전제와 같은 관점으로 예배를 설명한다.

"예배는 하나님의 경이로운 임재를 향한 자연스러운 반응이다"(저드슨 콘월)[2]

"예배는 하나님의 나타나심을 향한 사람의 반응으로, 일종의 대화와같다."(랄프 P. 마틴)[3]

참된 예배는 언제나 예언적이었고 앞으로도 그럴 것이기 때문에 일부로 예언적이라고 부르는 것은 한편으로 부적절해 보인다. 예배의 모습이 어떻든 "영과 진리로"(요 4:24)로 드리는 예배는 하나님의 생각과 음성이 살아 역사하는 예배이다. 하나님의 음성은 예언적이라는 용어의 본질을 폭넓게 담은 의미이며, 우리는 예배로 하나님과 더 위대한 교제와 앎으로 들어간다.

우리는 주님의 임재를 느끼지 않으면서 얼마든지 찬양할 수 있지만 하나님과의 만남이 없으면 절대 참된 예배로 들어갈 수 없다. 나는 우리의 예배에 주님께서 응답하시고, 우리에게 노래하시며 우리가 다시 주님께 화답할 수 있는 예배를 꿈꾼다. 그러므로 우리는 하나님이 다양한 방법으로 우리에게 자신을 계시하시도록 의도적인 시간을 만들어야 한다.

어떤 사람들은 몇 시간 동안 쉬지 않고 예배하거나, 예식[LITURGY]을 완전히 무시하거나, 바닥에 쓰러지거나, 최신 예배 곡을 부르면 예언적으로 예배한 것이라고 착각한다. 그러나 이런 것은 모두 참된 예배와 전혀 상관이 없다. 참된 예배는 오직 우리 마음과 하나님의 임재에 달려 있으며 우리가 하는 행위와는 상관이 없다. 예언적 예배는 음악의 문제가 아니라 하나님과의 연결이며 하나님과의 교제이다. 예언적 예배는 하나님을 향한 우리 마음의 진실한 고백과 주님만을 위한 시간에 관한 것이다.

● 예언적 예배는 항상 즉흥적인[SPONTANEOUS] 것이 아니다. 하지만 하나님은 종종 갑자기 역사하신다. 예언적인 예배는 즉흥성이 아니라 하나님의 임재와 음성이 기반이다.

● 예언적 예배는 항상 감정적인[EMOTIONAL] 것이 아니다. 하나님은 종종

예배에 우리 감정을 사용하신다. 하지만 예언적인 예배는 감정이 아니라 하나님의 임재와 음성이 기반이다.

● 예언적 예배가 반드시 시간이 길어야 하는 것은 아니지만, 종종 우리가 "정상"이라고 생각하는 시간보다 더 길 수 있다.

● 예언적 예배는 반드시 큰 소리로 드리는 것은 아니지만 종종 주님의 음성이 천둥처럼, 나팔처럼 울려 퍼질 때가 있다.

● 예언적 예배는 반드시 극단적이거나 특이해야만 하는 것은 아니다. 그러나 하나님은 우리가 극단적이라고 규정하는 한계에 제한받지 않으신다. 사실 하나님은 우리가 속한 교단이나 문화적 규범에 따르면 매우 "특이한 분"이시다.

● 예언적 예배는 반드시 각종 예술로 가득하지 않다. 하지만 주님은 창조적인 예술가이시며 신자들을 통해 자신을 예술적으로 표현하시기를 좋아하신다.

● 예언적 예배는 반드시 성령의 은사로 충만한 것은 아니지만 성령님의 은사로 아버지와 아들을 증거하실 수 있다.

하나님은 우리가 편안하게 느끼는 예배를 원하시지 않는다. 예배의 목표는 우리에게 예배가 얼마나 익숙하고 편하냐가 아니라 우리가 하나님을 존중하고, 하나님의 뜻이 하늘에서 이룬 것처럼 우리 예배에서 이루어지길 원하는 것이다. 우리가 주님의 이름으로 모여 예배하며 하나님께 영광 돌릴 때마다 이 땅에 천국이 임한다고 생각해 보라. 그러나 현대의 많은 교회가 바른 성경 진리에 근거한 예배를 드리지 않고 회중의 취향을 우선시하는, 회중이 편안하고 즐거워하는 예배를 드리려고 노력한다.

예언적 예배와 하나님의 계시

바울은 에베소서 1장에서 이렇게 기도했다. " [17]우리 주 예수 그리스도의 하나님, 영광의 아버지께서 지혜와 계시의 영을 너희에게 주사 하나님을 [깊고 친밀하게] 알게 하시고 [18]너희 마음의 눈을 밝히사 그의 부르심의 소망이 무엇이며 성도 안에서 그 기업의 영광의 풍성함이 무엇이며"(엡 1:17~18, 확대성경, 23절까지 참조).

예배에서 "지혜와 계시의 영"은 아주 중요하다. 우리는 지혜와 계시의 영을 통해 주님의 임재 안에서 마음 눈이 밝아져 주님을 알고 그 기업의 영광의 풍성함을 안다(확대성경 및 NKJV 통합). 그래서 예언적 예배와 계시는 분리할 수 없다.

예언적 예배의 목표

예배는 하나님을 기쁘시게 해야 한다. 우리는 우리 필요를 채우려고 예배하는 것이 아니라 하나님을 섬기기 위해 예배하는 것이며 하나님을 교회 프로그램의 틀에 짜 맞추는 것이 아니라 주님이 원하는 만큼 역사하시도록 기다려야 한다. 예배는 잘 연출한 종교 집회에 참석하는 것이 아니라 주님의 음성을 듣는 시간이다. 편의와 체면을 더 중요시하고 추구하는 자아를 내려놓고 깔끔하게 꾸민 프로그램의 일부가 되고 싶은 욕망을 거부해야 한다. 우리는 하나님께 예배하면서 개인적인 문제에 주님의 승인 도장을 찍어달라고 보채는 것이 아니라 주님의 영광을 구해야 한다. 우리가 진정 채워지길 바라는 것은 예배를 통해 주님의 임재가 교회와 삶의 필수가 되는 것이 아닌가?

예언적 예배와 예언

압도적일 만큼 많은 성경의 예언이 미래를 향한 예측을 포함하지 않으며, 주로 타락한 개인이나 민족, 국가를 향해 하나님께 돌이키라는 내용이다. 내가 사용하는 "예언적"이라는 의미는 하나님의 음성과 뜻과 성품이 주님의 사람들에게 폭넓은 의미로 알려진다는 의미이다. 신약에서 예언의 주요 목적은 교회의 덕을 세우는 것이다. "³그러나 예언하는 자는 사람에게 말하여 덕을 세우며 권면하며 위로하는 것이요 ⁴방언을 말하는 자는 자기의 덕을 세우고 예언하는 자는 교회의 덕을 세우나니"(고전 14:3~4).

예언과 예배는 아주 가깝다. 예언은 사람의 마음에 스며드는 하나님의 생각이다. 찬양과 예배는 예언적 영역에 들어가 하나님의 생각과 마음과 성품을 계시받는 자연스러운 분위기를 만든다. 밥 소르기도 같은 의견이다. "찬양과 예배는 성령의 은사, 특히 예언이 역사하는 자연스러운 요소이다(고전 12:4~11 참조). 찬양과 예배는 예언 사역과 상호 작용한다."⁴

역대상 25:1~7에 다윗의 수석 음악가이자 예배 인도자인 아삽과 헤만과 여두둔이 이스라엘의 선지자이자 선견자로 나온 것을 볼 수 있다. 이들과 가족들은 다양한 악기로 예언했으며 능숙하게 예언적인 노래를 불렀다.

이 구절과 여러 다른 부분에서 사용한 예언^{PROPHECY}에 해당하는 히브리어는 '나바'^{NABA 5012}로서 첫 번째 의미는 "예언하다, 영감으로 말하거나 노래하다, 끓어오르다, 감동으로 말을 쏟아 놓다"라는 의미이며 두 번째 의미는 "찬양하다, 거룩한 노래를 부르다, 거룩한 영향력 아래서 하나님을 찬양하다"이다.

성령님의 역사는 예언적 기름부음을 통해 이루어진다. 이 땅에서 성령님의 주된 일은 하나님 아버지와 아들 예수 그리스도의 성품과 뜻과 목적을 사람들에게 드러내는 것이다. 예배에서 예언적 기름부음은 한 개인이나 집단에 주시는 예언의 말씀과 다르며 하나님의 사람들에게 임한 성령님의 생명이자 호흡이다. 예언적 기름부음은 우리 예배의 모든 측면을 생기있게 살아나게 하고 우리 마음이 하나님의 음성과 성품에 열리게 한다.

우리가 예배나 예식의 모든 측면인 노래, 기도, 말씀 봉독, 성령의 은사, 설교, 봉헌에 하나님의 생명과 성령의 호흡이 임하는 것을 상상할 수 있다면, 예배의 모든 부분에서 하나님의 마음과 뜻과 성품을 깨달을 수 있을 것이다. 모든 예배 순서에서 예언적 기름부음을 느낄 수 있다. 이 말의 의미는 곧 우리가 예배 전체 어떤 순서이든 역사하시는 하나님을 "만나서" 영원히 변화할 수 있다는 의미이다. 밥 소르기는 예언과 예언적 기름부음에 통찰력 넘치는 언급을 했다. "우리가 예수님을 증거할 때, 예언의 영이 우리에게 임한다. 우리가 예언할 때 예수님을 증거 한다."[5]

모든 예언의 목적은 그리스도의 몸을 세우는 것이다. 모든 예언적 진리의 초점은 예수 그리스도와 이 땅에서 계속될 주님의 역사하심에 있다(눅 24:25~27). 예언은 영감을 받은 말, 노래 혹은 행동으로 전달할 수 있으며 우리가 거룩한 권위로 말하면서 하나님의 생각, 계획, 성품과 속성을 깨달을 때마다 전달할 수 있다.

넬슨 새 그림 성경 사전에 하나님께서 자기 뜻을 표현하시려고 주님의 사람을 사용하시는 방법을 잘 설명하는 글이 있다. "하나님의 뜻을 보여주는 완전한 파노라마는 여러 가지 형식을 띠는

데, 사람이나 사건, 혹은 물건으로도 표현할 수 있다."[6] 예언적 영역은 우리 감각을 열어 그리스도를 보게 한다. 바울은 우리가 마음의 눈이나 깨달음으로 주님의 영광을 보는 방식으로 임재를 체험하도록 초대한다(엡 1:18).

예언적 예배로의 부르심

예언적 예배는 모든 회중의 표준이 될 수 있다. 종종 우리는 예배 전통을 너무 심각하게 받아들이는 경향이 있다. 만일 우리가 예수님을 사랑하고 우리 중에 주님의 임재를 환영하는 단순함이 있다면 이전보다 훨씬 더 자주 예언적 예배를 체험할 수 있을 것이다. 많은 교회가 죽은 전통의 무게를 어깨에 짊어지고 자신이 드리는 집회에 하나님의 명백한 임재가 없다는 것을 깨닫고 있다. 이제 교회의 예배에 큰 변화가 일어나야 할 때가 되었다.

로버트 웨버는 강사, 작가, 교사로 20년 이상 예배 갱신 운동의 선두에 있었다. 1968년부터 휘튼 대학에 신학 교수로 있었으며 2007년 세상을 떠날 때까지 목회자와 교회 지도자를 위한 학교인 "로버트 웨버 예배 연구원"[THE INSTITUTE FOR WORSHIP STUDIES]이라는 예배 전문 신학대학원을 설립하고 운영했다. 웨버는 7권짜리 예배 종합서 The Complete Library of Christian Worship(예배의 고대와 미래/워십리더미디어)의 편집자로서 이 책은 저작과 많은 다른 작가의 글을 포함했다. 웨버의 책은 모든 그리스도인에게 유익하며 나도이 책에 자주 인용했다. 웨버는 우리에게 일어나야 할 변화의 유익한 몇 가지 의견을 제시한다. 첫째, 웨버는 우리에게 교회의 귀중한 전통 이해와 현 예배의 정직한 평가를 요구한다:

"나는 미국의 복음주의가 역사를 보는 관점이 세속적이라는 것을 발견했다. 과거에서 온 것은 낡고, 무의미하며, 자기와 상관없다는 과거를 향한 경멸이 팽배하다... 과거의 거룩한 부르심을 생각하지 못하고 모든 과거를 무조건 전통으로 격하하고 형식으로 치부하면서 동시에 어떤 검토나 연구도 하지 않는다. 자신의 예배를 개혁하기 원하는 복음 전도자는 역사를 경멸하는 태도를 버리고 모든 역사에 존재한 교회 예배를 비평적으로 검토해야 한다."[7]

우리는 예언적 예배가 성경에 있으며 모든 전통 교회에 적용할 수 있음을 이해해야 한다.

예배의 중요성

나는 예배의 중요성을 힘주어 강조한다. 목사이자 작가인 A. W. 토저는 "세상은 하나님을 아는 지식이 없어 죽어가며 교회는 주님의 임재가 없어 굶주린다."고 솔직하게 말한다.[8] 계속해서 토저는 예배의 우선순위를 강조한다. "... 하나님의 완전한 구속 사역은 우리의 합당하고 적절한 처소이자 우리 최초 재산인 하나님의 임재에서 멀어지게 한 [죄]의 비극적인 영향을 되돌리는 것이다..."[9]

토저는 "나는 아담과 하와처럼 하나님의 임재 안에서 하나님과 나누는 교제가 기독교의 중심이라고 생각한다. 기독교 메시지의 핵심에는 하나님의 구속받은 자녀가 주님의 임재를 깨달아 그 안으로 뛰어들기를 기다리는 하나님이 계시다."라고 말한다.[10]

우리가 하나님을 예배하기 원한다면, 하나님이 원하시는 방법으로 주님을 추구하면서 하나님께서 우리 예배에 오셔서 함께 기쁜 교제를 누리자. 우리가 이렇게 예배할 때 우리가 놓친 것이 다름 아닌 살아계신 하나님의 실제라는 것을 깨달을 것이다.

예언적 예배는 하나님께 가는 여정이다.

예언적 예배는 하늘과 땅의 거룩한 대화이다.

예언적 예배는 우리의 열정과 하나님의 응답을 표현한다.

예언적 예배는 임재가 있는 예배다.

성경에 나오는 예언적 예배

요한계시록 19:10 - "내가 그 발 앞에 엎드려 경배하려 하니 그가 나에게 말하기를 나는 너와 및 예수의 증언을 받은 네 형제들과 같이 된 종이니 삼가 그리하지 말고 오직 하나님께 경배하라 예수의 증언은 예언의 영이라 하더라."

예언의 영은 예언적 예배를 여는 예언의 본질이자 분위기이다. 요한은 천사의 존재에 압도되어 경배하려 했지만, 천사는 제지하며 예언의 영을 통해 예배받으실 분은 오직 하나님이시라고 한다. 예수님이 우리에게 역사하실 때 예언의 영이 함께 한다. 한 곳에 예언의 영이 역사하면 그곳에 있는 모든 사람이 예언적으로 사역할 수 있다. 모든 예언의 초점은 예수님을 증거하는 것이다.

누가복음 1:36~55 - 마리아가 천사와 엘리사벳을 통해 하나님의 은혜와 계시를 경험하자 마리아는 하나님의 위대하심을 고백하고 노래했다.

사도행전 16:25~29 - 바울과 실라는 감옥에서 예언적 예배를 드렸다. 바울과 실라가 노래하고 예배하자 하나님의 분명한 임재가 감옥을 채웠고 지진이 일어나 감옥 문이 열렸다. 이 예언적 분위기에서 하나님은 아무 말씀도 하지 않으셨지만, 능력으로 땅을 흔드시고 감옥 문을 여셨으며 간수장을 구원하셨다.

고린도전서 14장 - 이 장의 첫 33구절은 악기와 노래, 예언적 선포로 이루어진 예언적 예배를 묘사한다. 바울은 교회가 예언적 분위기 안에서 자유를 유지하면서 질서를 지키라고 권면한다. 본문의 예언적 예배는 모든 사람, 전 회중이 참여할 수 있다(1, 23~26절). 예언적 예배를 바르게 드리면 불신자도 찔림을 받아 하나님을 예배할 것이다(24~25절).

고린도후서 3:18 - 이 구절은 직접 "예배"라는 단어를 언급하지 않지만 예언적 예배의 과정을 완벽하게 묘사한다. 우리 모두 수건을 벗은 얼굴로 주님 앞에 나아가 주님의 영광을 볼 것이다. 우리는 언제나 주님의 분명한 임재 안에서 변화하여 가는 곳마다 주님의 영광을 운반하는 사람이 된다.

요한계시록은 주님을 보고 들을 수 있는 예배로 충만하다.

창세기 22:1~19 - 성경에서 처음으로 "예배"를 언급한다(5절). 이 이야기는 하나님의 음성과 임재로 가득하다. 하나님은 큰 시험에 빠진 아브라함에게 여호와 이레의 하나님을 계시하셨다. 아브라함이 제사를 예배로 바꾸었을 때 모든 것이 변화되었다.

출애굽기 33~34장 - 모세는 하나님의 임재와 영광을 보여달라고 부르짖었다. 하나님은 모세의 기도에 응답하시고, 지나가실

때 그를 반석(그리스도) 안에 감추셨으며 주님의 이름과 성품을 계시하셨다. 이스라엘 백성은 하나님의 명백한 임재가 두려웠기 때문에 자기 천막에서 예배했다. 모세는 이 기간에 하나님의 임재 안에 거했으며 얼굴이 하나님의 영광으로 해처럼 빛났다. 여호수아는 하나님 앞에 머물면서 장막을 떠나지 않았다(33:11).

여호수아 6장 - 여호수아 군대가 나팔 소리와 찬양으로 여리고 성을 둘러쌌다. 하나님은 이 예배를 위한 구체적인 지시사항을 주셨으며 이스라엘이 하나님께 순종하자, 하나님의 능력이 위엄있게 나타나는 것을 목격했다. 나팔 소리와 찬양에 담긴 하나님의 임재로 여리고의 거대한 성벽이 완전히 무너졌다. 여리고는 지금도 무너져 있다.

역대상 15~16장 - 다윗은 기쁨으로 춤추고 노래 부르며 하나님의 임재의 상징인 언약궤를 예루살렘으로 다시 가져왔다. 그날 예언적 노래를 불렀고(16:7~36), 다윗의 장막에서 새로운 예언적 예배의 질서가 시작되었다.

역대하 5:1~14 - 솔로몬이 성전 봉헌의 준비를 마쳤을 때, 백성과 모든 지도자가 모여 주님께 제사를 드렸다. 그들이 노래하고 연주하자 주님의 구름이 성전을 채워 제사장들이 하나님의 영광과 임재의 거룩한 무게 때문에 서 있을 수 없었다.

역대하 20:1~30 - 군대 앞에서 노래하는 사람들이 찬양 외에는 어떤 무기도 없이 모압, 암몬, 세일 산을 격파한 사건은 성경에서 가장 확실하게 예언적 예배를 묘사한다. 하나님의 임재가 찬양 중에 임하자 원수가 패배했다.

시편 - 시편은 다윗의 장막에서 예언적으로 불린 많은 노래의 기록이다. 이 노래들은 하나님의 임재 안에서 태어났다.

이사야 6장 - 이 말씀은 이사야가 하늘의 예배를 체험한 사건이다. 이사야는 천사들의 예배를 보았으며 이 거룩한 체험을 통해 변화되었다. 이사야는 하나님의 명백한 임재와 목소리를 보고, 듣고, 느꼈다.

이 외에도 성경에 예언적 예배에 관한 많은 말씀이 있다. 예배로 하나님을 만나는 것은 성경 전체를 채운다. 위의 말씀들은 그 중에서도 참된 예언적 예배를 잘 보여주는 표본으로 나열한 것이다. 성경에 표준적인 예배 밖에서 일어나는 많은 예언적 예배의 사례가 있다. 하나님의 음성과 메시지가 있는 예배는 예언적이다. 그 안에 하나님이 나타나시고 우리는 하나님을 만난다.

2장

찬양과 예배의 차이점

찬양은 하나님이 하신 일과 하시는 일,
앞으로 하실 일을 선포하는 믿음의 표현이다.
예배는 궁극적으로 우리가 하나님께
초점을 맞추고 응답하는 사랑의 관계이다.[1]

- 톰 슈반다 -

찬양과 예배를 성경적으로 바르게 정의하고 이해하면 우리 삶에 하나님을 향한 더 깊고 적극적인 예배의 표현이 나타난다. 찬양과 예배를 향한 하나님의 뜻과 목적을 이해하면 영적인 문이 열리고 더 큰 역동성을 실천할 수 있다. 특히 예배는 우리가 매일 주님과 보내는 놀라운 만남의 시간의 기초이며 하나님의 임재와 역사하심을 향한 우리의 경건한 헌신이자 반응이다. 예배는 찬양보다 정의하기 어렵지만 우리 삶의 모든 영역을 채우시는 하나님과의 교제와 친밀함을 포함한다.

단순하게 정리하면, 찬양은 하나님의 역사하심에 몰입하여 기쁨으로 선포하는 것이고 예배는 우리가 할 수 있는 경건한 헌신으로 하나님의 임재에 응답하는 것이다. 우리가 천국에서도 계속할 이 땅에서의 한 가지 일은 하나님을 찬양하고 예배하는 것이다.

그래서 우리는 이 땅의 삶을 천국에서 드릴 찬양과 예배의 연습으로 본다. 찬양과 예배의 중요성으로 보면, 현대 음악에서 가장 중요한 영역이 찬양과 예배라고 하는 것도 굉장히 제한적인 표현일 뿐이다. "하나님을 찬양하고 예배하는 것보다 사람의 마음에 더 중요한 활동은 없다"(마이클 콜먼).[2]

찬양의 정의

히브리서 13:15에 성경이 정의하는 찬양의 의미가 아주 잘 설명되어 있다. 히브리서 저자는 이 한 구절에 찬양의 핵심 요소를 정확하게 요약한다. "그러므로 우리는 예수를 통해 언제나 찬송의 제사를 하나님께 드리자 이는 그 이름을 감사로 인정하고 고백하며 영광 돌리는 입술의 열매니라"(히13:15, 확장번역). 히브리서는 우리에게 찬양의 몇 가지 정의를 알려 준다.

● 찬양은 하나님으로부터 시작한다.

● 찬양은 항상 흘러넘친다.

● 찬양은 하나님을 향한다.

● 찬양은 제사(희생)이다.

● 찬양은 우리의 입술이 필요하다. 표현하지 않으면서 주님을 찬양하기 어렵다.

● 찬양은 열매와 같다. 목적이 있으며 자라고 영양이 필요하며 스스로 재생산한다.

● 찬양은 하나님께 감사와 영광을 돌린다.

● 찬양은 하나님의 이름에 사로잡히는 것이다.

찬양은 본질적으로 우리를 예배로 인도한다

찬양은 믿음이 필요하다. 우리가 찬양하며 하나님 앞에 나아갈 때 반드시 믿음이 있어야 한다. "믿음이 없이는 하나님을 기쁘시게 하지 못하나니 하나님께 나아가는 자는 반드시 그가 계신 것과 또한 그가 자기를 찾는 자들에게 상 주시는 이심을 믿어야 할지니라(히 11:6)." 이 구절에서 "나아가는^{COMES}"에 해당하는 헬라어는 프로셀코마이^{PROSERCHOMAI(4334)}이며 '가까이 가다, 방문하다, 혹은 경배하다'라는 뜻이다. "찾는^{SEEK}"에 해당하는 헬라어는 에크제테오^{EKZETEO(1567)}로 '끝까지 찾아내다, 조사하다, 갈망하다, 필요하다, 경배하다, 요청하다, 주의 깊고 부지런하게 구하다'라는 뜻이다. 이 구절에서 하나님 앞에 나와 예배하라는 권면에 담긴 함축적 의미는 이것이다. "예배자의 보상은 하나님의 임재다." 우리는 하나님의 다섯 가지 속성을 이해하고 하나님을 찬양해야 한다.

● **인격**^{PERSON} : 하나님의 성품과 속성 - 하나님은 우리에게 자신을 나타내기 원하신다.

● **임재**^{PRESENCE} : 하나님의 무소 부재하심 - 하나님은 모든 곳에 계시며 언제나 우리와 함께하신다.

● **약속**^{PROMISES} : 하나님은 찬양 중에 우리를 신실하게 만나주신다.

● **권능**^{POWER} : 하나님은 전능하시다 - 하나님께 불가능은 없다.

● **완전함**^{PERFECTION} : 하나님은 우리 삶에 실수하지 않으신다.

찬양은 희생이 필요하다. "그러므로 우리는 예수로 말미암아 항상 찬송의 제사를 하나님께 드리자"(히 13:15). 하나님은 태초부터 인류에게 제사의 원칙을 명하셨다. 하나님께 드리는 제사는 예배의 기초일뿐만 아니라 주님을 향한 순종의 기초이기도 하다. 성경에서 "예배"라는 단어를 처음 언급한 곳은 창세기 22:5로 "이에 아브라함이 종들에게 이르되 너희는 나귀와 함께 여기서 기다리라 내가 아이와 함께 저기 가서 예배하고 우리가 너희에게로 돌아오리라"라고 말한 부분이다.

성경의 제사에는 3가지 기본적 의미가 있다.

● **드림**^{GIVING} : 우리 주변에 있는 아무것이나 우연히 발에 걸린 무언가가 아니라 우리 자신의 것을 드린다. 참된 제사는 우리 자신의 대가를 요구한다.

● **대속**^{SUBSTITUTION} : 제물을 바치는 사람 대신 희생이 필요하다. 피의 제사는 봉헌자 대신 다른 제물을 "처벌"하는 과정이다.

● **가까이 가다**^{DRAWING NEAR} : 히브리어 "제물"은 코르반^{KORBAN}으로, "가까이 가다" 혹은 "접근하다"(겔 44:15)라는 뜻의 어근 카라브^{KAROV}유래한다. 우리가 하나님께 찬양의 제사를 드릴 때 우리 마음은 계속해서 하나님께 가까이 나아가는 길을 찾는다.

구약에서는 죄의 용서를 얻기 위해 희생 제물이 필요했지만 예수님이 자신을 십자가에 내어주심으로 죄의 완벽한 제물이 되셨기 때문에 이제 피흘림의 희생 제사는 필요 없으며 우리에게 영의 제사^{SPIRITUAL SACRIFICES}(벧후 2:5,9), 찬양의 제사^{SACRIFICE OF PRAISE}(렘 17:26, 33:11, 호 14:2, 히 13:15)가 주어졌다.

찬양의 제사에는 세 가지 원칙이있다.

1. **찬양의 제사는 드리는 것을 포함한다** : 찬양의 제사에는 큰 대가가
   따른다. 우리는 다윗이 주님께 값을 치르지 않고 제사를 드리지
   않은 모습을 닮아야 한다. "…내가 값을 주고 네게서 사리라. 값없
   이는 내 하나님 여호와께 번제를 드리지 아니하리라"(삼하 24:24).

2. **찬양의 제사는 정결하다** : 모든 제사는 원래의 용도에 맞게 일상
   에서 구별하여 하나님께 거룩하게 바쳐야 했으며 제사장은 제물
   을 바치기 전에 먼저 흠이 있는지 점검했다(레 22:21, 신 15:21). 신
   약에서 예수님은 우리를 위해 아버지께 드려진 완전하고 흠 없는
   제물이 되셨다(벧전 1:19). 예수님은 교회를 티나 주름 잡힌 것 없
   이 거룩하고 흠이 없는 영광스러운 교회로 세우셨다(엡 5:27 KJV).
   마찬가지로 우리도 하나님을 찬양할 때 먼저 마음을 점검하여 우
   리의 노래나 말이 하나님을 향한 마음을 온전히 담고 나타내는지
   확인해야 한다.

3. **찬양의 제사는 목소리**^{VOCAL}**이다** : 우리에게 육체의 장애물이 없는
   한 하나님께 소리 내지 않고 생각만으로 뜨거운 감사와 찬양을
   드리는 것은 매우 어려운 일이다. 찬양의 제사는 우리 입술로 표
   현해야 한다. 그래서 히브리서 기자는 찬양의 제사를 "우리 입술
   의 열매"라고 표현한다. 열매를 맺으려면 나무나 다른 생명의 근
   원이 있어야 한다. "찬양은 단어를 귀에 들리게 소리 내어 표현하
   는 것이다. 침묵 기도는 히브리적 실천이 아니다"(랄프 P. 마틴).[3]
   삶에서 하나님과 나누는 교제가 우리 입술에서 흘러나오는 끊임
   없는 찬양의 근원이다.

찬양의 제사 이해하기

우리가 하나님의 임재 안으로 들어갈 때, 초점을 우리가 주님께 받을 것이 아니라 우리가 주님께 드려야 할 봉헌에 맞추어야 한다. "여호와의 이름에 합당한 영광을 그에게 돌릴지어다. 예물을 들고 그의 궁정에 들어갈지어다"(시 96:8). "우리 찬양의 주목적은 하나님의 놀라운 탁월함과 완전함을 선포하고 나타내는 것이다"(벧전 2:9, 확장번역). 우리가 하나님을 찬양할 때, 하나님께서 각 세대에게 행하신 놀라운 일을 찬양하며 하나님께서 자신의 자녀들에게 지금 행하시는 위대한 일 하심을 찬양하고 자랑하며 앞으로 다가올 승리와 기적으로 기뻐하는 것이다.

라이프 애플리케이션 성경(LAB)은 이렇게 말한다. "찬양의 기초는 하나님의 성품과 속성을 타인 앞에서 선포하는 것이다. 우리가 하나님의 선하심을 깨닫고 확언할 때 주님의 완전하신 도덕적 성품을 모든 사람이 보게 하는 것이다."[4]

바울은 교회를 향해 기록한 서신마다 자연스럽게 솟구치는 감사와 찬양으로 끝낸다(고후 9:15, 11:31). 많은 바울 서신이 감사와 찬양으로 시작하거나 끝난다(롬 16:27, 고전 1:4, 고후 1:3, 엡 1:3-14, 골 1:3, 딤후 1:3, 벧전 1:3). 찬양이 일상의 언어에 스며들어 우리 생각에 밤낮으로 영향을 미쳐야 한다.

예배의 정의

옥스퍼드 영어 사전은 예배를 이렇게 정의한다. "초자연적인 존재나 힘, 또는 거룩한 것을 존중하며 경외하거나 예배 혹은 헌신과 같은 특정한 행동으로 표현하는 태도."[5]

저드슨 콘월은 예배의 본질을 간결하게 설명한다. "예배는 한 사람이 유일하신 참된 하나님께 반응하는 것이다."[6] 샐리 모건셀러는 예배의 초점을 하나님과 우리 관계와 반응에 둔다.

"예배는 믿는 자와 하나님의 양방향 의사소통으로 말과 행동이 모두 필요한 반응의 대화이다. 하나님은 임재로 하나님과 친밀함을 누리기 원하는 우리 필요를 채워주시며 우리는 하나님의 임재에 감사와 찬양으로 반응한다. 하나님은 성경을 통해 말씀하시며 우리는 듣고 깨닫고 회개한다. 하나님은 예수 그리스도를 통해 자비와 인자를 베푸시고 우리는 사랑과 경배로 반응한다. 참된 예배는 하나님과 하나님의 자녀가 서로 자신의 사랑을 표현할 기회를 준다. 예배는 단순히 영적인 생각을 하는 사람들로 가득 찬 공간이 아니며 하나님이 대답하지 않으실 것처럼 사람이 혼자 제각기 말하고 행동하는 것도 아니다. 우리는 참된 예배에 임하시어 지금 우리에게 말씀하시며 놀라운 일을 행하셨고 또 행하시는 하나님과 사랑의 표현을 주고받는다. 초자연적인 교환이 성경의 하나님과 하나님의 자녀들 사이의 상호작용이다. 이것이 대중적인 기독교 행사와 기독교 예배의 큰 차이점이다."[7]

우리 삶의 모든 영역에 예배가 침투해야 한다. 예배는 우리 존재의 이유이며 우리가 굳게 붙드는 모든 믿음의 기초이자 세계관의 중심이다. 교회의 궁극적인 사명은 하나님께 찬양과 예배를 드리고 이 땅과 앞으로 올 세상에서 하나님 나라의 승리에 참여하도록 모든 사람을 모으는 것이다. "참된 예배는 모든 삶의 중심에 의도적으로 하나님을 두고 창조와 섭리 안에 깃든 주님의 은혜를 기뻐한다."(랄프 P. 마틴)[8].

'예배'라는 어원의 기원과 활용

영어 단어 예배[WORSHIP]는 앵글로색슨족의 단어인 Worthship에서 나왔으며 특별한 존경이나 헌신을 받는 대상의 가치를 나타내는 단어로 '누군가 또는 무엇이 가치 있다'는 의미이다. 이 단어는 여전히 영국 연방 국가들이 시장(his worship, the mayor)을 표현하는 단어로 사용하고 있다. 예배라는 단어가 사람을 지칭할 때는 명예로운 직책에 주어지는 존중과 위엄을 나타낸다.

우리는 결코 하나님을 예배하는 중심 이유를 놓치면 안 된다. 온 하늘과 땅 위에 오직 하나님만이 우리 찬양과 예배를 받기에 합당하시다. 우리 내면의 모든 것이 간절함으로 하나님과의 친밀한 관계와 교제를 바란다. 하지만 우리가 하나님의 임재 안에서 온전해지는 동안 주님을 달래려는 목적으로 친밀한 관계를 사용하면 안 된다. "타락한 사람의 본성은 예배를 왜곡한다. 어느새 예배는 창조주를 향한 순수한 사랑과 존경의 표현이 아니라 사람의 양심에 묻은 더러움을 덮는 수단으로 전락했다(새미 티핏)."[9]

많은 사람이 "예배"의 의미를 주일 예배로 축소한다. 호주 시드니의 무어 신학대 교수인 데이비드 피터슨은 우리 예배 정의의 언어적 어려움을 지적한다. "우리는 번역과 신학의 문제 때문에 '예배'라는 단어를 지나치게 좁은 의미로 사용하고 있다."[10]

하나님의 보좌 앞에서 천사들이 큰 소리로 주님의 성품을 외친다. 하지만 천사들에게 영원이라는 시간이 있어도 주님의 탁월하심을 다 선포하기에 부족하다. 하늘의 존재인 천사들도 경험하지 못한 구원을 받아 하나님의 자녀가 된 우리가 어떻게 위대하신 왕 중의 왕이요 모든 주 중의 주이신 하나님 앞에 침묵할 수 있는가? 나는 하나님의 자녀, 아름다운 신부, 신실한 종인 우리보다 천사들이 더 크고 뜨겁게 주님의 위대하심을 선포하는 것을 용납할 수 없다. 우리가 찬양과 예배의 측면을 살펴볼 때 가장 주의 깊게 초점을 두어야 하는 것은 하나님과의 친밀한 관계이다.

찬양과 예배의 차이점

찬양과 예배는 차이점이 있다. 영국 작가인 폴 사르쳇 월러는 분명한 정의의 이유를 이렇게 설명한다. "찬양과 예배의 차이점을 분명하게 정의하는 목적은 믿는 자에게 성경이 말하는 찬양과 예배의 명확한 개념을 제공하여 찬양과 예배의 표현이 더욱 커지게 하는 것이다."[11] 마찬가지로 밥 소르기는 찬양과 예배는 다르다고 말한다. "찬양과 예배는 서로 협력하는 활동이며 표현하는 방식이 아주 비슷하지만 둘은 하나가 아니며 똑같지도 않다. 찬양과 예배는 각각 고유의 속성과 목적이 있다."[12]

찬양과 예배의 차이는 우리가 부르는 노래 스타일이나 속도, 찬양집의 종류, 앉아 있나 서 있나 같은 자세에 달린 것이 아니라 하나님의 역사하심에 달려 있다. 우리가 하나님을 찬양할 때 마치 구약의 제사장이 희생 제물을 들고 나아간 것처럼 우리 노래와 표현을 희생 제물로 주님 앞에 드린다. 마치 왕이 공물을 받거나 아버지가 자녀를 받아들이듯 하나님이 우리 예배에 임하셔서 찬양을 받으신다.

반면에 예배는 하나님께서 우리에게 가까이 오셔서 자신을 나타내지 않으면 일어날 수 없다. 우리는 찬양으로 하나님께 가까이 갈 수 있지만 우리가 예배하면 하나님께서 우리에게 가까이 오신다. 하나님은 우리 찬양을 자녀들에게 가까이 다가가는 수단으로 사용하신다. 하나님이 우리 찬양 중에 임하시면 그냥 가만히 계시는 것이 아니라 자신을 나타내시고 계시하시며 "밝히 드러내신다." 그래서 우리는 예배 중에 이전에 알지 못한 하나님의 성품을 발견하며 주님의 온전하신 모습을 엿본다. 만일 우리가 1000년 동안 쉬지 않고 하나님 아버지의 마음이라는 지식의 거대한 파도를 받아들여도 하나님의 특별한 계시의 한 겹도 벗기지 못한다. 사람은 하나님의 모든 것을 알 수 없다. "충분히 이해되는 신은 더 이상 신이 아니다(게르하르트 테르슈테겐)."[13] 존경받는 기독교 작가이자 지도자인 저드슨 콘월은 자신이 저술한 찬양과 예배의 여러 저서에서 이 부분을 강조한다.

> "기본적으로 예배는 한 대상이 다른 한 대상에게 반응하는 것이므로 하나님을 알지 못하면 예배할 수 없다. 우리는 짧은 하나님과의 만남을 기억하고 예배할 수 있지만 반드시 과거가 아닌 현재 하나님과의 관계로 예배한다. 즉 우리는 예배하기 위해 항상 하나님의 임재 안에 있어야 한다. 우리가 예수 그리스도를 제대로 알기 전까지 참된 예배를 시작할 수 없다."[14]

하나님이 우리 찬양에 임하시면 우리는 예배할 수밖에 없다. 이런 예배는 하나님의 사랑과 달콤한 속삭임, 놀라운 임재에서 오는 초자연적인 감각으로 숨이 멎을 것 같다. 참된 예배는 우리를 영원히 변화시키기 때문에 예배 후 우리는 절대 이전과 같을 수 없다. 우리가 하나님의 놀라운 임재를 한 번만 제대로 경험하면 현대 교회 전체에 퍼진 영적 감동 없는 세속적 전통주의 예배에 더이상 만족할 수 없을 것이다.

표1 - 찬양과 예배의 주요 차이점

찬양	예배
우리 찬양 중에 하나님이 거하신다.	예배 중에 하나님이 자신을 계시하신다.
찬양은 믿음이 필요한 제사이다.	예배는 하나님을 보는 반응이다.
찬양 속에서 주님이 하신 일, 하시는 일, 하실 일을 선포한다.	우리는 예배 안에서 하나님과 친밀하게 교제한다.
찬양은 우리를 하나님의 임재로 인도한다.	예배는 하나님의 임재에 반응하는 것이다.
우리는 하나님이 행하신 일로 찬양한다.	우리는 하나님이 어떤 분이신지로 예배한다.
우리는 하나님 앞에 감사로 나아와 찬양한다.	우리는 하나님이 계시로 다가오실 때 예배한다.
우리는 멀리서 하나님을 찬양한다.	우리는 하나님과 얼굴을 마주하고 예배힌다.
찬양은 하나님을 추억하는 것을 포함한다.	예배는 하나님을 지금 보는 것이다.
찬양은 믿음으로 증가한다.	예배는 하나님과 나누는 관계와 계시로 증가한다.
찬양은 우리가 하나님께 나아가도록 초청한다.	예배는 하나님이 우리에게 임하시도록 초청한다.

3장

예배의 기초

참된 예배는 하나님의 신비와

경이로움에 직면한 사람이 보여주는

가장 자연스러운 영적 활동이다.

하나님의 임재를 체험한 사람의

가장 적절한 반응은 사랑으로 가득한 예배이다.

- 랄프 P. 마틴 -

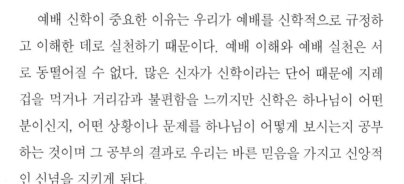

예배 신학이 중요한 이유는 우리가 예배를 신학적으로 규정하고 이해한 데로 실천하기 때문이다. 예배 이해와 예배 실천은 서로 동떨어질 수 없다. 많은 신자가 신학이라는 단어 때문에 지레 겁을 먹거나 거리감과 불편함을 느끼지만 신학은 하나님이 어떤 분이신지, 어떤 상황이나 문제를 하나님이 어떻게 보시는지 공부하는 것이며 그 공부의 결과로 우리는 바른 믿음을 가지고 신앙적인 신념을 지키게 된다.

"기독교 신학의 첫 번째 원칙은 하나님 자신만이 자신을 말씀하실 수 있다는 것이다. 따라서 기독교 신학의 일차적이면서 반복적인 숙제는 하나님의 말씀을 심사숙고하는 것이다. 우리가 이것을 신실하게 실천할 때, 기독교 신학은 예수 그리스도 안에서 자신을 드러낸 하나님의 말씀을 향한 교회의 사려 깊고 순종적인 반응이라고 할 수 있다"[1]

신학은 하나님과 우리 관계에 영향을 끼친다

레스 호킨스는 견고한 예배 신학의 중요성을 탁월하게 설명한다. "신학이 없는 예배는 마치 음악 없이 춤추는 것과 같다." 웨버는 신학을 "반영하는 훈련REFLECTIVE DISCIPLINE"[2]이라고 부른다. 우리 예배 체험과 표현은 우리가 가진 신학에서 나오기 때문에 우리 예배는 우리가 가진 신학 모형을 반영REFLECT할 수밖에 없다. 우리는 좋은 신학과 좋은 예배를 둘 다 소유해야 하며 항상 신학과 예배는 함께 가고 다른 하나가 없으면 나머지 하나도 존재할 수 없다. 예배가 하나님을 향한 마음의 사랑을 표현하는 것이라면 신학은 하나님을 향한 생각의 사랑을 표현하는 것이다.[3] 우리가 예배자로서 하나님께 온전히 반응하려면 마음과 생각 모두 다 필요하다.

예배와 신학의 관계

예배와 신학의 관계를 생각해 보라.

● 예배는 신학과 윤리와 통합적으로 관련이 있다.[4]

● 우리 예배 방식은 우리 믿음과 떼어 놓을 수 없는 관계다.[5]

● 만일 우리 예배가 좋은 신학을 기반으로 하며 우리 신학이 좋은 예배를 표현할 수 있다면, 우리의 예배는 처음부터 끝까지 체험적일 것이다.[6]

바른 예배 신학을 통해 바른 예배 이해가 없으면 우리 예배 체험은 참된 성경적 예배가 아닌 비성경적이고 주관적인 이해에 맞춰지기 때문에 예배 신학을 꾸준히 공부해서 예배를 잘 이해해야 한다. 샐리 모건셸러는 이렇게 말한다. "기독교 예배는 사소한 것이 아니라 우리가 원하는 전부이다. 성경에 나오는 예배의 원칙과 한도를 알기 전까지 우리는 계속해서 진짜 예배가 아닌 '진짜 같은 예배'를 드릴 것이다."[7] 헨리 야우히아니넨은 예배의 참된 본질에 더 크고 폭넓은 신학적 논의가 필요하다고 강조한다.

"오순절 계통과 은사주의 예배의 심각한 결점은 예배의 본질을 향한 집중적이고 깊은 성경 신학적 성찰이 부족하다는 것이다. 그 결과 예배는 교회 성장이나 개인의 자아성취, 혹은 원수를 이기는 것처럼 "목적을 이루는 수단"으로 전락하며 자아도취적인 체험으로 변한다. 실용주의는 신학을 이기고 예배를 바른 성경과 신학의 이해 위에 세우기보다 소비자의 입맛에 맞게 바꾸려고 시도하는 근원이다. 마치 군중을 끌어모아 붙잡아두면 하나님이 그 예배를 보증하는 것처럼 보인다."[8]

야우히아니넨이 지적하는 신학을 이기는 실용주의 문제의 지적과 요점은 탁월하다. 나는 오순절 계통뿐만 아니라 모든 교회와 교파가 자신의 특정한 예배 관행과 실천을 하나님이 지지하신다고 착각하는 죄가 있다고 믿는다. 일부 교파들은 자신이 몇백 년이나 성공적으로 존재하는 이유가 하나님이 예배 형식 논쟁에서 자기들을 지지하기 때문이라고 여긴다. 예배 신학의 목적은 우리 믿음의 고백이나 예배 표현을 설명하거나 옹호하기 위한 것이 아니라, 우리가 믿고 굳게 지켜야 할 예배의 진리를 성경에 기록된 하나님의 말씀으로 비추어 명확하게 하는 것이다.

우리가 성경에 기초한 찬양과 예배 신학을 연구하면 4가지 유익을 누릴 수 있다.

1. **예배 신학이 우리 예배 체험을 개선한다.** 성경으로 우리가 예배하는 이유와 그 결과를 이해하면, 우리는 예배 체험에서 더 큰 의미와 목적을 얻을 수 있다.

2. **예배 신학은 하나님과 우리 관계를 더 깊게 한다.** 어떤 종류의 예배 신학이든 우리가 하나님을 더 잘 알도록 도와야 한다. 예배는 하나님의 위엄과 주권, 초월성을 기본 전제로 탐구하는 것이다.

3. **성경에 기초한 예배 신학은 하나님을 예배하는 방법에 영향을 끼친다.** 신학은 말씀을 통해 예배의 진리와 정확성을 얻게 한다. 말씀을 따르는 예배자는 자신의 예배에 더욱 강력한 임재와 생동감을 느낄 것이다. 하나님은 우리가 예배하는 동안 말씀과 성령님을 통해 우리에게 응답하신다.

4. **예배 신학은 다른 신자들과의 관계를 향상시킨다.** 만일 모든 교회가 성령님께 찬양과 예배를 향한 하나님의 정의^{DEFINITION}와 기대를 알려달라고 구했다면, 우리는 예배에서 교단이나 교파 전통이 아닌 주님의 우선순위에 집중했을 것이다.

내가 이 책을 쓰는 이유는 모든 교회가 똑같은 방식으로 예배하기 위해서가 아니라 모든 교회가 각자의 예배에서 나름대로 역동적이고 예언적인 방식으로 하나님의 임재를 정기적으로 경험하도록 격려하는 것이다. 우리가 함께 모여 전통이 아닌 하나님의 임재에 초점을 맞추면 하나님께 집중하며 참된 예배를 드릴 수 있다.

예배 형태와 신학의 관계

창세기에 나오는 가인과 아벨의 예를 보면 하나님이 원하시지 않는 방식으로 예배하는 것이 가능하다(창 4:3~7)는 것을 알 수 있다. 우리가 교회에서 하는 일을 "찬양과 예배"로 부른다고 해서 우리의 예배 신학과 예배 태도와 표현이 저절로 옳은 것이 아니다.

"형태와 예전RITUALS이 예배를 만드는 것이 아니다. 우리는 예배에서 모든 바른 기술과 방법을 사용할 수 있으며 최선의 형식을 가질 수 있지만, 성령님이 우리 영을 만지실 때까지 우리는 예배한 것이 아니다. 노래, 기도, 찬양 모두가 회중을 예배로 인도하지만 예배는 그 중 어느 하나가 아니다. 우리의 영은 반드시 거룩한 불로 불붙어야 한다."(리처드 포스터)[9]

케빈 코너는 예배의 형식을 놓고 이렇게 이야기한다.

"사람은 하나님을 어떻게 예배해야 할지 모르지만 그래도 예배하기를 갈망한다. 이런 이유로 사람은 예배 형태 혹은 종교적 의식을 위한 일종의 프로그램을 만들어 하나님께 자신의 프로그램을 축복해달라고 간청한다. 사람은 하나님이 어떻게 예배받기 원하시는지 모르기 때문에 다양한 예배 형식을 개발했다. 일반적으로 사람들은 자기 사고방식에 부딪히지 않으며 영적 성향과 일반 취향에 맞는 특정한 형태로 모인다."[10]

그러므로 예배 형태나 형식은 우리 예배의 핵심적인 문제가 아니며 가장 중요한 것은 우리 마음이다. 교회 전통에서 나온 모든 예배 형태나 표현은 단지 우리 마음이 아버지께 나아가는 것을 돕고 우리 영으로 하나님의 음성을 듣는 수단일 뿐이다. 이런 이유로 우리는 "내 예배 방식이 제일 옳은 방식이야"라고 생각하는 영적 엘리트주의에 빠지지 않도록 주의해야 한다. 참된 예배가 외적인 형태가 아닌 마음의 문제이므로 항상 우리 마음이 하나님의 임재와 말씀과 인류에게 행하시는 하나님의 역사를 배우는 학생의 자세로 하나님께 활짝 열려 있어야 한다.

개인마다 하나님을 향한 사랑을 표현하는 한계선이 있다. 가령 여기까지는 괜찮아, 혹은 이건 좀 곤란해 같은 경우다. 어떤 이는 오르간이나 피아노 반주로만 노래하고 싶어 한다. 이들은 오르간과 피아노 외에 다른 모든 악기는 교회 예배에 적합하지 않다고 생각하기 때문에 스스로 예배 음악의 한계를 설정했다. 또 다른 이들은 아예 악기 없이 노래하고 싶어 하며 또 다른 이들은 예배할 때 가능한 모든 악기를 사용하고 싶어 한다. 또 다른 이들은 회중이 예배할 때 주님을 위해 춤추고 손뼉 치며 손을 드는 모습을 좋아한다. 어떤 교회는 회중이 하나님 앞에 엎드리거나 무릎을 꿇는다. 또 다른 교회는 하나님 앞에서 깃발을 들고 찬양하며 행진하는 것을 허용한다. 예배 신학적으로 올바른 실천의 한계는 어디까지인가? 예배에서 하나님을 향한 한계를 설정하고 선을 긋는 것이 옳은 일인가?

"올바른 예배"의 기준은 천국 예배를 포함한 성경에 기록된 예배의 모습들이다. 만일 우리가 성경에 하나님의 보좌 주변에서 일어나는 모습을 진지하게 연구하면, 하나님이 임재 안에서 얼마나 많은 것을 허용하시는지 깨닫고 깜짝 놀랄 것이다. 바른 예배의 목표는 우리가 설정한 기준과 전통을 유지하는 것이 아니라 하나님을 기쁘시게 하는 것이다. 나는 우리 영혼 깊은 곳에서 자연스럽게 흘러넘치는 예배가 성경의 원칙을 위배하지 않는다면 우리가 하나님의 임재 안에서 자신을 내려놓을 방법에 제한이 없다고 생각한다. 예배에서 자신을 내려놓는 것은 단지 우스꽝스럽고 이상해진다는 의미가 아니라, 사람이 만든 규칙이나 관습, 전통과 상관없이 하나님께 우리의 모든 것을 드린다는 의미이다.

바울은 사람의 생각과 전통을 하나님의 기대 보다 우선하지 말라고 경고한다. "누가 철학과 헛된 속임수로 너희를 사로잡을까 주의하라 이것은 사람의 전통과 세상의 초등학문을 따름이요 그리스도를 따름이 아니니라"(골 2:8).

예수님 : 모든 예배자의 모범

예수님은 예배자들의 가장 탁월한 모범이시다(요 13:15). 예수님은 아버지가 어떻게 예배받기 원하시는지 아셨다. 예수님의 잉태부터 생의 모든 시간 동안 예배와 기도와 경건함이 예수님을 둘러싸고 있었다. 사람들은 찬양과 예배로 예수님의 임재 앞에 나아왔다(마 21:15~16, 막 14:3~9, 눅 6:37, 17:15~16, 18:38~43, 19:37~40).

예수님의 많은 설교와 대화 속에 찬양과 예배의 가르침이 있다(마 5:12, 눅 6:23, 15:5~6, 9, 22~32, 요 4:5~42). 예수님이 십자가에 달리실 때 찬양의 마음이 나오며(시 22) 부활 후 예수님이 제자들과 처음 한 일이 예배였다(눅 24:50~53). 오늘날에도 예수님은 교회의 찬양 중에 함께 하신다(히 2:11~12). 하나님의 영은 지금도 모든 신자 안에 거하시며 우리가 아버지를 끊임없이 찬양하고 예배하게 한다.[11]

기독교 예배란 무엇인가?

과연 "기독교 예배란 무엇인가?" 야우히아니넨은 "오순절 은사주의 선언서"에서 이 문제에 초점을 맞추었다.

> 이것은 단조로운 절충주의 요구나 소위 말하는 오순절 혹은 은사주의 계통의 특징을 부인하는 것이 아니다. 나는 교회가 예배의 역사적 기억상실에서 회복하여 예배하는 교회의 역사적 연속성을 되찾아 현재 예배에 풍성한 체험을 회복하는데 다른 복음주의자들도 함께할 것을 요청한다.[12]

게릿 구스탑슨은 기독교 예배의 다섯 가지 원칙을 설명한다.

1. **제사장직의 활성화**(벧전 2:5) : 중재하시는 성령님의 임재로 예배자의 제사장 기능을 활성화한다.

2. **영, 혼, 육**(막 12:30) : 예배는 전인을 포함한다.

3. **하나님의 임재로 들어가기**(시 100:2, 4) : 예배는 하나님의 현존하는 임재로 들어가는 것이다.

4. **찬양과 권능**(대하 20:22) : 예배는 하나님의 권능이 역사하는 분위기를 조성한다.

5. **노래하는 것을 넘어서**(히 13:15~16) : 예배는 노래하는 것 이상이다. 예배는 사역이다.[13]

모든 그리스도인에게 구원 신학이 적용되는 것처럼 예배 이해도 마찬가지다. 우리 예배는 오순절, 은사주의, 침례교, 루터교, 장로교 혹은 다른 어떤 교파적이기 전에 "기독교적"이다. 오순절과 은사주의 교단에 특정한 예배 표현이 있다고 해서 그 표현들이 오순절과 은사주의 교단의 전유물은 아니다. 특정한 전통을 가진 교회의 예배 표현이 건전한 성경 신학에 근거한다면, 이 예배 체험은 모든 교회와 신자에게 의미가 있으며 우리를 하나님과의 친밀하고 만족스러운 교제로 인도할 것이다. 그레고리 와일드는 예배 신학의 중점 사항을 4가지로 설명한다.

1. 하나님의 말씀, 기도, 개인 경건.

2. 자신과 다른 사람에게 일어나는 성령님의 감동과 운행하심에 열린 태도.

3. 복음 전도와 개인적 거룩함.

4. 기도, 치유, 축귀, 복음전도, 중보기도에서 예수님의 이름의 권능을 사용하는 것[14]

바른 예배 신학은 우리를 하나님의 성품에 사로잡히게 해야 한다. 안타깝게도 어떤 사람들은 예배에 역사하시는 하나님이 아니라 "임재 체험"에 초점을 맞추기도 한다. 예배는 우리가 아닌 하나님에 관한 것이어야 하며 그러지 않으면 언제든지 타락할 수 있다. 우리는 하나님이 우리를 위해 하실 수 있는 것 혹은 우리가 하나님을 위해 할 수 있는 것에 사로잡히면 안 된다. 참된 예배는 우리를 사랑의 하나님께 인도하여 온 마음을 다해 하나님만 갈망하게 한다. 예배자로의 목표는 하나님만 사랑하는 것이다.

하나님의 임재 이해하기

이제 하나님의 임재를 살펴보자. 찬양과 예배를 논할 때는 반드시 하나님의 임재의 3가지 측면을 이해해야 한다.

1. **하나님의 변함없는 임재** : 하나님은 절대 우리를 떠나거나 버리지 않으시며(히 13:5) 우리 곁에 영원히 함께한다고 약속하셨다. 우리 안에 성령님이 내주하시므로 하나님이 함께하지 않는 순간은 없다. 우리는 하나님 안에 거하며 하나님은 우리 안에 거하신다. 우리는 하나님의 영원한 임재가 없으면 아무것도 할 수 없다. "내가 아버지께 구하겠으니 그가 또 다른 보혜사를 너희에게 주사 영원토록 너희와 함께 있게 하리니 그는 진리의 영이라 세상은 능히 그를 받지 못하나니 이는 그를 보지도 못하고 알지도 못함이라 그러나 너희는 그를 아나니 그는 너희와 함께 거하심이요 또 너희 속에 계시겠음이라 내가 너희를 고아와 같이 버려두지 아니하고 너희에게로 오리라"(요 14:16~18, 또한 시 61:4, 7, 91:1, 요 15:4, 15:5~10, 요일 2:28, 3:6, 24 참조).

2. **하나님의 무소 부재하심**^{OMNIPRESENCE} : 하나님은 항상 어디에나 계신다. 하나님은 항상 모든 장소에 계실 수 있는 유일하시며 전지전능하신 하나님이시다. 하나님의 무소 부재와 전지전능하심은 서로 관련이 있다. 하나님은 모든 곳에 계시며 가장 강력하시고 모든 것을 아신다(신 4:39, 잠 15:3, 렘 23:23~24, 암 9:2 참조).

   다윗은 하나님의 임재와 시선에서 벗어날 수 없다는 것을 깨닫고 "내가 주의 영을 떠나 어디로 가며 주의 앞에서 어디로 피하리이까"(시 139:7, 6~16 참조)라고 외쳤다. 하나님의 무소 부재하심은 예배자의 예배를 더욱 단순하게 한다. 우리는 하나님을 예배하기 위해 특별한 지역이나 건물, 예전이나 형식에 의존할 필요가 없다. 우리가 수영을 하거나 높은 산을 오르거나 쇼핑몰의 수많은 사람 속에 있어도 우리 마음이 하나님의 장막이다. "하나님의 무소 부재하심은 언제 어디에서나 하나님과 거리감 없이 친밀하고 참된 교제를 누릴 수 있도록 보장한다(G. W. 브로밀리).[15]

3. **하나님의 나타난 임재**^{HIS MANIFEST PRESENCE} : "나타난 임재"는 하나님의 목적과 뜻을 알리기 위해 하나님이 자신을 계시하시는 것이다. 변함없는 임재와 하나님의 무소 부재하심은 영원한 사실이지만 하나님의 나타난 임재는 특정한 시간과 순간에 하나님의 자녀를 위한 하나님의 일하심이다. "주는 기이한 일을 행하신 하나님이시라 민족들 중에 주의 능력을 알리시고"(시 77:14, 90:16, 겔 28:25, 요 17:6, 고전 12:7, 골 1:26 참조).

우리가 하나님을 전적으로 의지하며 예배할 때 하나님은 우리에게 자신을 나타내신다. 이것은 우리의 영적인 갈급함에 반응하시는 하나님의 은혜의 역사다. 하나님의 임재가 나타나지 않은 상태에서 예언적 예배를 드릴 수 없다. 다윗은 주님의 무소 부재하심에서 결코 벗어날 수 없음을 깨달았다(시 139:7). "나를 주 앞에서 쫓아내지 마시며 주의 성령을 내게서 거두지 마소서"(시 51:11).

한번 사람으로 가득한 방을 상상해보라. 내가 만일 그 방에 의사 한 명이 있다고 말하면, 모든 사람이 그 의사가 누구인지 주위를 둘러볼 것이다. 방 안에 분명히 의사가 있지만 아무도 누가 의사인지는 모른다. 하지만 의사가 환자들을 치료하기 시작하면 방

안에 있는 사람들은 누군가 설명하지 않아도 의사가 누구인지 안다. 자신의 행위로 자신의 존재를 나타내는 것이다.

하나님의 임재도 이와 같다. 우리가 모여서 예배할 때 항상 함께하겠다고 말씀하신 성경을 통해 우리는 하나님이 함께 하시는 것을 안다. 하지만 예배 중 특별한 순간에 하나님이 영광스러운 임재와 노래나 기도, 성령의 은사나 설교, 친교 등을 통해 한 개인이나 교회 전체에 말씀하실 수 있다. 하나님은 항상 자녀들에게 자신을 나타내길 원하시므로 우리는 예배 중에 하나님이 역사하실 수 있는 여지를 만들어야 한다. "두세 사람이 내 이름으로 모인 곳에는 나도 그들 중에 있느니라"(마 18:20).

우리는 하나님이 주권적인 계시로 우리 안에 운행하시기 원한다면 마음을 순종과 수용의 태도로 채워야 한다. 우리가 할 일은 우리 마음이 전능하신 하나님이 거하실만한 거룩한 처소가 되도록 자신을 내려놓고 하나님의 얼굴을 전심으로 구하는 것이다.

하나님의 임재는 주님의 변치 않는 임재의 계시가 임할 때 나타난다. 하나님의 임재를 위해 자기 마음을 주님의 성소로 내어드리고 언제나 하나님이 자기와 함께 계신 것처럼 사는 사람들이 하나님의 임재를 체험할 가능성이 높다.

예수님은 하나님이 함께하셨기 때문에 권능을 나타내셨다(요 3:2, 행 10:38). 마르다가 예수님께 죽은 나사로를 살려 달라고 했을 때 예수님은 이렇게 말씀하셨다. "내 말이 네가 믿으면 하나님의 영광을 보리라 하지 아니하였느냐"(요 11:40). 하나님이 함께하시는 것을 믿는 사람들은 하나님의 임재가 나타날 것을 기대하라. "하나님의 임재의 나타남"의 랍비식 해석을 보자.

랍비들은 이 땅에 나타난 하나님의 임재를 "쉐카이나[SHEKINAH]"라고 불렀다. 쉐카이나라는 단어는 성경에 나오지 않지만 랍비의 구약 성경 주석인 유대 탈굼에서 "하나님의 임재" 혹은 "하나님의 나타나심"을 표현할 때 지속적으로 사용한다. 랍비들은 하나님의 무소 부재하심을 믿었기 때문에 하나님의 국지성[LOCALIZATION]을 피하려고 "거주하다"라는 의미를 가진 쉐카이나를 사용했다. 랍비들은 하나님이 항상 무소 부재하시면서 동시에 하나님이 자녀들에게 임재를 나타내신다는 것을 온전히 이해했기 때문에 이것을 가리켜 쉐카이나라고 불렀다.[16]

그레고리 와일드는 은사주의 신학에서 하나님의 임재와 예배 장소를 이해하는 탁월한 요약을 제공한다.

참된 신학은 하나님에 관한 교회의 고백이며 이 고백은 하나님이 자신의 임재를 나타내며 계시하신 말씀으로 반응하고 조정한다."[18]

"은사주의자들에게 하나님이 사람의 찬양 중에 거하신다는 개념은 매우 중요하다. 이 개념을 통해 은사주의자들의 모든 삶이 거룩하며 일상 자체가 사랑의 하나님이 함께하시는 것을 향한 찬양의 응답이기 때문이다. 성령님의 권능으로 하루 하루가 주님의 죽으심과 부활을 나타내는 주일과 같아서 주일 아침에 모여 부르는 찬양은 평생 하나님께 드리는 찬양의 삶의 실체가 된다. 은사주의 공동체는 사람들의 삶에 끊임없이 성령님을 초청함으로써 믿음을 가진 새로운 피조물, 신자가 되어 살기 때문에 성령의 임재를 기원하는[EPICLETIC] 공동체라고 할 수 있다.[17]

4장

성경 원어로 찬양과 예배 이해하기

"예배는 하나님의 전적인 완전하심을
인정하고 축하하는 것이다.
하나님을 누리는 기쁨은
하나님을 발견하는 특권에서 시작한다."[1]
- 앤드루 윌슨 딕슨 -

성경에서 찬양과 예배를 표현할 때 사용한 원어인 히브리어와 헬라어를 연구하면 찬양과 예배의 성경적 개념과 성령님의 의도를 명확하게 이해할 수 있다. 데이비드 피터슨은 찬양과 예배의 원어 연구에 접근하는 적절한 관점을 설명한다. "성경에서 예배와 찬양을 나타내는 단어들은 별개의 개념이 아니라 하나님과 관계를 맺는 방법의 모자이크와 같다."[2]

히브리어 성경에서 찬양을 표현할 때 쓰인 단어는 50개가 넘는다. 성경은 이 단어들을 다 "찬양"이라고 번역하지는 않지만 모두 하나님을 찬양하는 행위를 묘사한다.[3] 나는 지난 30년간 성경 원어들을 깊이 연구했고 여러 자료에서 좋은 통찰력을 얻었으며 이번 장에 내가 연구한 찬양과 예배의 단어에서 가장 중요한 것을 요약하여 설명할 것이다. 여기에 제시하는 찬양과 예배의 정의는 내 연구와 스트롱 성경 종합 용어 색인과 구약 신학 단어집, 바인 신약 단어 해설 사전에서 발췌한 것이다. 각 원어에 향후 연구에 도움을 줄 스트롱 사전 번호와 발음표기를 포함했다.

찬양의 히브리어 원어

히브리어에는 찬양을 의미하는 7가지 핵심 단어가 있다. 이 단어들은 고요한 선언으로 시작해서 가장 활기차고 외관상 극단적으로 보이는 찬양까지 다양한 모습을 표현한다. 창세기부터 계시록에 하나님을 향한 풍성한 예배 표현이 나오지만 오직 말로만 참된 예배를 표현하는 경우는 매우 드물다. 특히 찬양과 침묵을 같이 언급하는 내용은 거의 없으며 찬양의 원어는 대부분 여러 사람과 함께 큰 소리로 찬양하는 모습을 표현한다. "구약 성경에 찬양을 표현하는 원어는 대부분 동사이며, 소리의 단어라는 점이 중요하다. 구약에서 찬양은 항상 소리를 동반한다. 찬양은 목소리로 표현하며, 공개적이고 활기차다."(테리 로)[4]

1. **바락** BARAK(BAW-RAK', 1288) : 킹제임스 성경은 바락을 두 번 "찬양"으로 번역했다(삿 5:2, 시 72:12~15). 하지만 최근 번역본에서 바락을 약 70회 "찬양"으로 번역했다.

- 무릎 꿇다, 축복하다, 절하다.
- 충만한 기쁨으로 기억하다 - 하나님은 모든 축복의 근원이시다.

2. **야다** YADAH(YAW-DAW' 3034) : 야다는 손을 의미하는 히브리어 야드 YAD에서 나왔으며 손을 뻗거나 내밀다, 손으로 가리키다,

던지다, 펼치다라는 의미이다. 찬양을 의미하는 유다^{JUDAH}
라는 이름도 야다에서 나왔다(히 7:14 또는 대하 20:21; 시 9:1;
28:7; 43:4; 111:1; 134:2; 138:1, 시 134:2 성소를 향하여 너희 손을 들
고 여호와를 송축하라)

● 손을 뻗어 고백하다.
● 손의 권능
● 손을 올려 숭배 혹은 경배하다.
● 하나님의 속성 혹은 주님의 역사하심을 공개적으로 선포하고
표현하다. 수동적이지 않은 적극적 찬양.

3. 토다 ^{TOWDAH(TO-DAW', H8426)} : 토다는 야다에서 파생했으며 찬양을
통해 믿음을 외적으로 표현하는 것을 의미한다. (시 50:23,
69:30, 107:22, 사 51:3)

● 감사 드리다.
● 하나님이 하실 일에 믿음으로 찬양의 제사를 드리다.

4. 자마르 ^{ZAMAR(ZAW-MAR', 2167)} : 자마르는 찬양을 음악으로 표현하
는 핵심 단어이며 시편에 40회 이상 나온다. 항상 악기 연
주와 관련이 있으며 노래는 관련이 있을 때도 있고 없을
때도 있다. 헬라어 성경은 이 단어를 프살로^{PSALLO : 찬송을 부르다}
로 번역한다. (시 47:7, 57:7, 68:4, 144:9, 147:7, 149:3)

● 문자 그대로 "현을 튕기다"
● 멜로디를 만들다.
● 악기와 노래로 찬양하다 - 하나님을 찬양하는 음악을 만들다.

5. 샤바흐 SHABACH(SHAW-BAKH', 7623) : 시편은 한 교단이나 한 나라가 아닌 모든 나라와 민족이 하나님께 외치라고 선포한다. 선지자들이 성령님의 영감을 받아 구약 성경을 기록하게 하신 하나님께서 이 방법으로 찬양받기 원하신다.

● 칭찬 혹은 극찬하다.
● 큰 소리로 소리치거나 말하다.
● 찬양으로 영광 혹은 승리를 돌리다.

너희 모든 나라들아 여호와를 찬양하며(소리치거나 크게 말하며) 너희 모든 백성들아 그를 찬송할지어다(환호하고 크게 말할지어다)(확장번역) (시 35:27, 63:3, 145:4, 147:12, 단 2:23, 4:34,37 시 117:1)

6. 할랄 HALAL(HAW-LAL' 1984) : 성경에서 찬양으로 가장 많이 사용한 단어로 구약에 대략 121회 나온다. 구약 신학 단어집에 따르면 할랄은 공예배의 필수 요소였으며 이 단어에서 "주님을 찬양하라"는 의미의 명령형 "Hallelujah!"(Halal과 하나님의 이름인 Yahweh의 축약형인 Jah의 결합)가 나왔다. (대상 16:4, 36, 23:5, 30, 25:3, 29:13, 대하 5:13, 7:6, 8:14, 20:19, 21, 30:21, 31:2, 스 3:10-11, 느 5:13, 12:24, 시 22:23, 26, 34:2, 35:18, 44:8, 56:4, 63:5, 69:30, 34, 74:21, 84:4, 99:3, 105:3, 107:32, 109:30, 111:1, 119:30, 164, 175, 145:2, 148:1-7, 149:3, 150:1-6, 잠 31:28, 31, 렘 20:13, 31:7, 욜 2:26 참조)

● 하나님의 영광을 인정하고 찬양하다
● 선명하고 밝은 소리를 내다

- 하나님의 선하심을 찬양하고 축하하다
- 빛나다, 자랑하다, 떠들썩하다
- 정신없이 지껄이다, 어리석어 보이게 하다

"시편 전체의 웅장한 클라이맥스인 150편은 모든 절마다 할랄을 사용하는데, 이 영광의 예배 선언서의 처음부터 끝까지 할렐루야가 울려 퍼진다." - 어니스트 젠틸[5]

7. 테힐라 <small>TEHILLAH(TEH-HIL-LAW' 8416)</small> : 테힐라는 할랄의 파생어로서 명사이다. 테힐라의 복수형 테힐림은 시편의 히브리명이다. 성경은 300번 이상 하나님께 찬양하라고 명령한다.

- 노래하다, 노래로 축하하다
- 할랄을 노래로 표현하다
- 칭찬하다, 찬양하다
- 높은 찬양<small>HIGH PRAISE</small>

성경은 "테힐라"라는 단어를 찬양의 의미로 자주 사용하지 않았지만 테힐라를 사용하는 구절은 찬양 중에 특별한 일이 일어나는 것처럼 보인다. 테힐라의 찬양은 마치 하나님이 거하시거나 역사하시는 찬양 같다. 테힐라의 초자연적인 특성은 예언적인 연관성을 나타낸다. 그래서 우리는 테힐라를 찬양의 의미로 사용한 구절을 볼 때 이러한 초자연적이고 예언적인 특성을 감안해야 한다. 아래 테힐라를 사용한 성경 본문에 담긴 상황과 문맥은 매우 다르지만 하나님의 임재의 실재가 눈에 띄게 나타난다는 점을 눈여겨보자.

역대하 20:22 "…그 노래와 찬송(테힐라)이 시작될(할랄) 때에 여호와께서 복병을 두어 유다를 치러 온 암몬 자손과 모압과 세일 산 주민들을 치게 하시므로 …" 히브리 원문에 22절 이전까지 찬양을 표현할 때 야다와 할랄을 사용했다. 우리는 "노래하는 군대"가 두 손을 높이 들고 입으로 큰소리를 내며 열정적으로 하나님을 찬양했다는 것을 알 수 있다. 그런데 22절부터 찬양에 해당하는 히브리어가 "테힐라"로 바뀐다. 노래하는 군대가 테힐라를 시작할 때 하나님께서 이스라엘의 찬양 중에 내려오시어 대적을 무찌르셨다고 나온다. 대적은 큰 소리나 소음을 두려워하지 않는다. 신약 성경을 보면 우리의 대적 원수 마귀도 울부짖는 사자처럼 엄청난 소음을 만든다. 대적은 하나님의 명백한 임재가 역사하는 노래와 춤을 두려워한다. 테힐라의 찬양은 마치 양날의 검과 같다(시 149:6, 시편 149:1절은 테힐라의 찬양으로 시작한다).

시편 22:3 "이스라엘의 찬송 중에 계시는 주여…" 마치 왕이 보좌에 앉듯이 하나님께서 우리의 찬양 중에 앉으신다. 하나님이 우리의 찬양을 받으실 때 우리는 하나님 나라의 권세를 체험한다(시 114:2 참조). 하나님은 우리의 찬양이 있든 없든 관계없이 온 우주의 왕이시지만 우리의 찬양을 통해 하나님의 왕 되심을 알려주신다.

시편 33:1 "… 찬송은 정직한 자들이 마땅히 할 바로다." 같은 구절을 NKJV성경은 이렇게 표현한다, "… 정직한 자들에게서 나오는 찬양은 아름답다." 우리가 테힐라의 찬양으로 하나님을 만날 때 예배자의 얼굴은 초자연적인 아름다움으로 빛난다(시편 147:1 참조).

시편 33편은 찬양을 아름답고 정직한 행위라고 묘사한다. 하나

님의 사람들이 하나님을 올바르게 찬양하는 것은 아름다운 일이
다. 그들은 하나님께 아름다움을 올려드린다…. 찬양은 하나님
을 향한 아름다운 행위이다! (알렌)[6]

시편 34:1 "… 내 입술로 항상 주를 찬양하리이다." 아버지의
임재가 역사하는 테힐라의 찬양은 높은 차원의 기쁨이 지속하게
한다. 참된 예배자들은 단숨에 하나님을 찬양하고 하나님과 교제
를 누린다. 주 안에서 항상 기뻐하라… (빌 4:4 또는 시 35:28 참조).

시편 40:3 "새 노래 곧 우리 하나님께 올릴 찬송을 내 입에 두
셨으니 많은 사람이 보고 두려워하여 여호와를 의지하리로다."
테힐라 찬양의 노래는 볼 수 있다. 이 노래는 소리로 이루어진 일
반적인 노래와 다르다. 테힐라의 노래는 하나님의 모습과 명백한
임재가 있기 때문에 단순한 음악 그 이상이다. 우리가 하나님께
서 주시는 예언적인 노래를 기다리면 이 구절의 약속이 이루어질
것이다. "많은 사람이 보고 두려워하여(경외하여, 예배하여) 여호와
를 의지하리로다." 우리는 단지 들리는 노래가 아니라 보이는 노
래를 부를 새로운 복음 전도의 위대한 날을 앞두고 있다.

시편 65:1 "하나님이여 찬송이 … 주를 기다리오며…", "주께
침묵이 있으며[찬양으로 폭발하는 순종적인 경외심]…"(확장번역). 이 구
절의 테힐라 찬양은 침묵에서 나온다. 우리는 하나님이 나타나시
는 것을 기다리는 방법을 배워야 한다. 강한 시청각 자극이 넘치
는 이 시대에 이전보다 더욱, 주님의 임재 안에 우리 마음을 고요
하게 하는 방법과 임재안에 머물면서 하나님의 놀라움과 경이로
움이 우리 마음을 사로잡게 하는 방법을 배우는 것이 중요하다.

시편 100:4 "감사함으로 그의 문에 들어가며 찬송함으로 그의 궁정에 들어가서…" 테힐라의 찬양은 찬양과 예배 사이의 문이다. 우리는 테힐라를 통해 주님의 궁정, 지성소로 들어간다.

이사야 42:10 "… 여호와께 새 노래로 노래하며 땅끝에서부터 찬송하라." 확장번역은 테힐라의 찬양이 이교도 세계는 전혀 들어보지 못한 새로운 노래라고 표현한다. 아무리 창의적이고 재능 넘치는 작곡자, 음악가, 가수들의 작품이라도 열방에서 일어나는 테힐라 찬양의 아름다운 새 노래에 비교할 수 없다. 하나님의 영광으로 감동받은 천국의 소리가 지금까지 이 땅에서 나온 가장 뛰어난 음악을 능가할 것이다.

이사야 60:18 "… 네가 네 성벽을 구원이라, 네 성문을 찬송이라 부를 것이라." 구원은 하나님의 사람들을 둘러싸는 보호막과 같다. 테힐라의 찬양은 하나님의 자녀들이 하나님이 거하시는 곳으로 들어가는 문이다.

이사야 61:3 "… 찬송의 옷으로 그 근심을 대신하시고…" 슬픈 마음이 있는 사람들은 시온(주님이 임재하시는 장소)에서 3가지 은혜를 받는다. 1) 왕관 혹은 화관(확장번역), 2) 기쁨의 기름, 3) 찬송(테힐라)의 옷. 우리는 테힐라의 옷을 입어야 한다.

이사야 61:11 "주 여호와께서 공의와 찬송을 모든 나라 앞에 솟아나게 하시리라" (또한 이 62:7, 합 3:3, 습 3:19~20). 테힐라의 찬양과 예배는 우리가 주님을 얼굴을 마주 보게 한다. 테힐라의 찬양 속에서 열방이 하나님의 권능과 은혜를 보고 알게 될 것이다.

예배의 히브리어 원어

히브리어에서 하나님을 예배한다는 단어는 "샤하^{SHACHAH(SHAW-KHAW'} ⁷⁸¹²⁾"이다. 참된 예배의 영적인 상태는 말로만 하는 것이 아니라 적극적인 행위와 함께한다. 성경의 창세기부터 계시록까지 하나님을 예배하는 풍성한 헌신적인 행위들이 기록되어 있다. "샤하" 는 우리가 하나님을 예배하는 행동에서 의미를 끌어낸다.[7] 고대 히브리인들은 예배를 정의하는 최상의 방법이 하나님 앞에 철저한 겸손을 보여주는 행동의 과정을 설명하는 것임을 알았다.

● 떨어뜨리다, 즉 엎드리다, 절하다, 경외심을 표현하다, 예배하다.

● 겸손하게 간청하다.

동사 샤하는 히브리어 성경에 170번 나온다. 이 단어의 어원은 신이나 하나님(출 34:8, 삼하 12:20, 왕하 19:37) 혹은 왕족(삼하 14:22, 왕상 1:16)앞에 엎드려 절하거나 심지어 땅에 엎드려 기거나 뒹구는 행위에서 나왔다. 이 단어가 우리에게 주는 기본 개념은 우월한 존재 앞에서 열등한 존재의 무가치함과 겸손이다. 문맥상 예배의 의미로 사용된 다른 히브리어는 다음과 같으며 예배뿐만 아니라 다양한 의미로 번역된다.

● 다라쉬^{DARASH(DAW-RASH' 1875)} : 찾거나 구하다(스 4:2, 6:21, 시 24:6, 69:32, 사 11:10).

● 아바드^{ABAD(AW-BAD' 5647)} : 섬기다, 일하다, 봉사하다(출 3:12, 사 19:21, 23).

● 샤라트^{SHARATH(SHAW-RATH' 8334)} : 시중들다, 사역하다(신 10:8, 18:5~7, 시 103:21).

구약의 예배는 하나님을 두려워하는 것과 깊은 관계가 있다. 하나님을 두려워한다는 개념은 경외심^{AWE}, 존경^{RESPECT}, 예배^{WORSHIP}, 추앙^{VENERATION}과 같은 단어로 표현하 수 있다. 우리는 말씀에 하나님을 향한 경외심이 나올 때마다 그것이 우리를 향한 예배의 부르심인 것을 알아야 한다. 하나님을 경외하는 것은 마음의 태도만이 아니라 부지런히 추구해야할 생활 방식이다. 문맥상 경외함으로 사용한 히브리어는 야래$^{YARE(YAW-RAY'\ 3372)}$이며 다양한 형태로 300번 이상 "무서워하다, 경외하다, 몹시 두려워하다, 경외함으로 서 있다, 예배하다"라는 의미로 사용되었다. 우리는 말씀을 읽으며 주님을 경외하며 살도록 명령하는 구절을 공부함으로써, 경외함의 중요함과 많은 의미를 배울 수 있다. 다음 구절들을 읽으면서 하나님을 경외하는 것이 어떻게 예배의 기초가 되는지 생각해 보자.

"이스라엘이 여호와께서 애굽 사람들에게 행하신 그 큰 능력을 보았으므로 백성이 여호와를 경외하며 여호와와 그의 종 모세를 믿었더라" (출 14:31)

"곧 백성의 남녀와 어린이와 네 성읍 안에 거류하는 타국인을 모으고 그들에게 듣고 배우고 네 하나님 여호와를 경외하며 … 그의 자녀에게 … 네 하나님 여호와 경외하기를 배우게 할지니라" (신 31:12~13)

"여호와를 경외하는 도는 정결하여 영원까지 이르고…" (시 19:9)

"여호와의 친밀하심이 그를 경외하는 자들에게 있음이여 그의 언약을 그들에게 보이시리로다" (시 25:14)

"여호와는 그를 경외하는 … 를 살피사" (시 33:18)

"주를 두려워하는 자를 위하여 쌓아 두신 은혜 곧 주께 피하는 자를 위하여 인생 앞에 베푸신 은혜가 어찌 그리 큰지요" (시 31:19)

"여호와의 천사가 주를 경외하는 자를 둘러 진 치고 그들을 건지시는도다 … 그를 경외하는 자에게는 부족함이 없도다" (시 34:7, 9)

"… 일심으로 주의 이름을 경외하게 하소서" (시 86:11)

"여호와는 위대하시니 지극히 찬양할 것이요 모든 신들보다 경외할 것임이여" (시 96:4)

"이는 하늘이 땅에서 높음 같이 그를 경외하는 자에게 그의 인자하심이 크심이로다 … 여호와께서는 자기를 경외하는 자를 긍휼히 여기시나니 … 자기를 경외하는 자에게" (시 103:11, 13, 17)

"여호와를 경외함이 지혜의 근본이라…" (시 111:10, 또한 잠언 1:7, 9:10, 15:33 참조)

"… 여호와를 경외하며 … 자는 복이 있도다" (시 112:1)

" 여호와는 자기를 경외하는 자들과 그의 인자하심을 바라는 자들을 기뻐하시는도다" (시 147:11)

"여호와를 경외하는 것은 생명의 샘이니…" (잠 14:27)

" 겸손과 여호와를 경외함의 보상은 재물과 영광과 생명이니라" (잠 22:4)

하나님은 성경에서 주님을 사랑하며 경외하는 것을 자주 순종과 연결하신다(요 14:23)! 내가 가장 좋아하는 주님을 경외하는 구절은 전도서 12:13이다. 이 말씀은 이 땅에 살았던 사람 중에 가장 현명한 사람이 남긴 마지막 말이다. 확장번역 성경은 이 구절을 번역하면서 주님을 향한 경외심의 유익한 통찰력을 포함했다.

나는 모든 것을 들었다. 인생의 목적은 하나님을 경외하는 것이다. 하나님을 알고 하나님을 경외하고 예배하며 그의 계명을 지키는 것이다. 이것이 사람의 모든 것이며 [창조의 충만한 본래 목적, 하나님의 섭리의 목적, 성품의 뿌리, 모든 행복의 근원, 해 아래 모든 부조화스러운 상황과 조건에 대한 조정] 그리고 모든 인간의 의무니라. (전 12:13, 확장번역)

이 구절에 나오는 경외함의 3가지 요소에 주목하라.

1. 예배 : "주님을 경외하고 예배하며"

2. 하나님의 성품을 이해하는 것 : "주님을 알고"

3. 순종 : "그의 계명을 지키는 것이다"

현대 교회는 하나님을 향한 경외심 부족과 잘못된 두려움 때문에 약해질 대로 약해졌다. 모든 그리스도인은 삶의 모든 우선순위와 이해관계보다 하나님을 향한 거룩한 경외함과 말씀을 향한 존경심, 임재를 향한 존중을 회복해야 한다. 내가 아래 두 인용문을 어디에서 찾았는지 기억나지 않지만, 주님을 향한 경외심이 우리를 어떻게 하나님의 임재로 인도하는지 아주 잘 설명한다.

● 하나님을 경외하는 것은 주님 앞에 서는 것이며 하나님을 두려워하는 것은 주님 앞에서 도망치는 것이다.[8]

● 거룩한 경외심은 하나님을 기쁘시게 하는 사랑스러운 염려이다.[9]

신약 성경에 사용된 찬양과 예배의 헬라어

구약과 마찬가지로 신약 성경 저자들도 찬양과 예배를 표현할 때 내면의 느낌보다 찬양과 예배의 행위로 설명한다. 다음은 신약 성경에서 사용한 예배와 찬양의 헬라어이다.

1. 찬양

1) 아이노스^{AINOS}(AH'EE-NOS 136(134에서 유래)

● 하나님을 찬양하다(마 21:16, 눅 2:13, 20; 18:43; 19:37; 24:53; 행 2:47; 3:8-9)

2) 에파이노스^{EPAINOS}(EP'-AHEE-NOS 1868(1909와 134에서 유래)

● 극찬하다, 칭찬하다(롬 2:29; 13:3; 고전 4:5; 11:2, 17, 22; 고후 8:18; 엡 1:6; 12:14; 빌 1:11; 4:8; 벧전 1:7; 2:14)

3) 훔네오^{HUMNEO}(HOOM-NEH'-O 5214(5215에서 유래)

● 노래로 축하하다,
● 찬양의 노래 혹은 찬송(히 2:12)

4) 독사^{DOXA}(DOX'-AH 1391)

● 영광, 명예, 존경, 위엄
● 명성(눅 14:10; 요 9:24; 12:43; 벧전 4:11)

5) 율로게오^{EULOGEO}(YOO-LOG-EH'-O 2127(2095와 3056에서 유래)

● 좋게 말하다
● 축복하거나 축복을 선언하다

● 감사하다 (눅 1:64)

6) 유세베오 EUSEBEO(YOO-SEB-EH'-O 2151(2152에서 유래)

● 하나님을 향해 숭배심이 넘치다 혹은 경건하다
● 존경하다(행 17:23)

7) 아레테 ARETE(AR-ET'-AY 703(730에서 유래)

● 탁월함
● 찬양 (벧전 2:9)

2. 예배

1) 테라퓨오 THERAPEUO(THER-AP-YOO'-O 2323(2324에서 유래)

● 기다리다, 모시다, 시중들다 혹은 봉사하다
● 치료하다 혹은 고치다(행 17:25)

예배와 치유의 연결성에 주목하는 것은 매우 흥미로운 일이다. 우리가 테라퓨오로 예배할 때 "치료하는 여호와"(출 15:26)이신 하나님과 마주한다. 우리가 하나님을 예배할 때 하나님의 모든 선하심과 아름다운 덕이 우리에게 부어지며 그 결과, 우리는 치유받고 변화되며 온전해진다. 마태와 마가는 나병 환자가 치유를 위해 예수님께 나온 사건을 기록했다(마 8:2; 9:18; 15:25; 막 5:6). 나병 환자가 예수님 앞에 나와서 제일 먼저 한 일은 자신의 필요를 구한 것이 아니라 예배하는 마음으로 엎드리는(프로스큐네오) 것이었다. 육체와 정서와 영적 치유를 위한 최상의 장소는 하나님의 임재가 역사하는 찬양과 예배의 자리이다.

2) 드레스케이아^{ETHELOTHRESKEIS(ETH-EL-OTH-RACE-KI´-AH, 1479(2309, 2356에서 유래)}

● 종교적 규칙 준수, 성결함 (골 2:18)

3) 라트류오^{LATREUO(LAT-RYOO´-O, 3000)}

● 공개적으로 예배하다

● 하나님을 섬기다

● 봉사하다 - 때로 경건하고 올바른 삶을 통해 (행 7:42; 24:14; 롬 1:9;
  빌 3:3; 히 10:2)

우리는 노래가 예배라고 생각하지만 참된 예배는 노래가 아니
라 섬김이다. 그래서 우리가 전심으로 하나님을 예배한다면 우리가
속한 공동체도 전심으로 섬겨야 한다. 당신은 공동체를 섬기는가?

4) 프로스큐네오^{PROSKUNEO(PROS-KOO-NEH´-O, 4352(4314에서 유래)}

"~향하여"를 의미하는 프로스와 "입 맞추다"라는 의미의 큐네
오의 합성어. 프로스큐네오는 신약 성경에 50회 이상 나오며 예
배의 의미로 가장 많이 사용한 단어이다.

● 손에 입 맞추다,

● 입 맞추다 (혹은 개가 주인의 손을 핥듯이)

● 사랑을 드리다

● 경의를 표하며 자신을 낮추다

● 존경하다, 예배하다. (마 2:2, 8; 4:9-10; 눅 4:7; 요 4:20-24; 12:20; 행
  7:43; 8:27; 24:11; 고전 14:25; 히 11:21; 요한계시록 전체에서 이 단어
  를 예배로 사용한다)

5) 세보마이^{SEBOMAI}(SEB'-OM-AHEE, 4576)

● 공경하다, 경외하다, 예배하다, 헌신하다. (마 15:9; 막 7:7; 행 16:14; 18:7, 13; 19:27)

성경에서 찬양과 예배로 사용한 히브리어와 헬라어는 3가지 개념으로 요약할 수 있다.

1. 눈에 보이는 행동으로 경외심을 표현하는 예배

2. 하나님 앞에 겸손한 태도를 적극적으로 실천하는 예배

3. 보상을 생각하지 않는 섬김과 희생으로 표현하는 예배

예수님의 삶은 감사와 찬양과 예배로 가득 차 있다.

● 예수님의 수태고지(눅 1:46~55)

● 예수님의 탄생(마 2:1~12; 눅 2:13~14, 17, 20, 38)

● 예수님의 정결예식(눅 2:28~32)

● 예수님의 삶과 가르침(마 5:11~12; 6:9~10; 21:15~16; 26:26~27; 막 14:22~25; 눅 6:23; 10:17~21; 15:5~6, 9; 22~32; 17:15~16; 18:38, 43; 19:37~40; 24:50~51; 요 4:5~42; 6:11, 23; 11:41)

● 예수님의 부활 이후(마 28:9, 17; 눅 24:50~53; 요 20:20~28)

● 예수님의 현재 사역(시 22:25; 히 2:11~12, 예언적 예배에 역사하셔서 말씀하시고 노래하시는 예수님을 의미함)

예수님의 승천 후 제자들의 첫 번째 일은 성전 다락방으로 가서 예배하는 것이었다. 제자들은 예배와 기도와 찬양으로 하나님

을 송축하며 예수님의 약속을 기다렸다(눅 24:52~53; 행 1:14). 오순절이 되자 제자들은 성령으로 충만해서 방언을 말하기 시작했다. 오순절을 맞아 각 나라에서 이스라엘로 찾아온 경건한 사람들은 제자들이 각자 자기 나라말로 하나님을 찬양하는 것을 들었으며 단 하루 만에 3천 명이 구원받았다(행 2:11, 41). 이방인들이 성령을 받을 때 그들도 방언으로 하나님을 찬양했다(행 10:46). 현대의 신자들도 초대 교회의 예와 사도들의 가르침을 본받아 끊임없는 찬양의 삶을 살도록 부르심 받았다.

신약 성경의 요한계시록은 예배로 가득 차 있다. 계시록은 승천하신 그리스도의 영광스러운 계시와 천상의 끊임없는 예배의 분위기로 가득하다. 하나님의 보좌는 요한계시록의 핵심이며(계시록에서만 총 32회 보좌를 언급한다) 참된 예배를 이해하는 열쇠가 하나님의 보좌라는 것을 보여준다. 리처드 레너드는 요한계시록을 "신약에서 예배를 가장 잘 표현한 책"[10]이라고 부른다.

창세기는 놀라운 창조주께서 사람과 얼굴을 마주하고 친밀히 동행하는 모습으로 시작하며 요한계시록은 친밀함의 자리를 회복한 사람이 들어갈 영원한 예배와 교제의 모습으로 천국 예배를 소개하며 구속사의 마침표를 찍는다. 요한계시록은 하나님의 기록된 말씀을 마무리하기에 참으로 적절한 방법이다!

PROPHETIC
WORSHIP

VIVIEN HIBBERT

2부

고린도후서 3:18

예언적 예배를 위한 성경적 패턴

II CORINTHIANS 3:18
THE SCRIPTURAL PATTERN FOR
PROPHETIC WORSHIP

예배는 넘치는 사랑이자 극도의 순종이다.

- 샬롯 베이커 -

예배의 진리와 실천은 어린아이라도 그 경이로움을 체험할 수 있을 만큼 정말 단순하다. 하지만 예배라는 진리의 길이와 넓이, 깊이와 높이를 온전히 탐구하려면 많은 연구가 필요하다. 예배의 여정은 참으로 광대하고 영원한 여정이므로 우리는 하나님을 더 완전하고 친밀하게 알아가려고 노력해야 한다.

나는 예언적 예배의 개념을 단순하게 요약하기 위해 고린도후서 3:18에 나오는 7가지 핵심에 근거하여 내가 믿는 예언적 예배의 성경적 형태를 설명했다. 고린도후서 3:18절 말씀은 우리를 향한 하나님의 개인적이며 친밀한 초대와 하나님을 향한 우리 믿음의 철학적이고 지적인 측면을 연결하는 매우 흥미로운 구절이다. 이 핵심적인 구절은 예언적 예배의 본질을 신학적으로 요약한다.

우리가 다 수건을 벗은 얼굴로 거울을 보는 것 같이 주의 영광을 보매 그와 같은 형상으로 변화하여 영광에서 영광에 이르니 곧 주의 영으로 말미암음이니라 (고후 3:18)

매우 흥미롭게도 이 한 구절에서 "영광"이라는 단어가 3번 나온다. 성경에서 3과 관련한 숫자나 개념은 이런 의미가 있다.

- 문제의 완료를 의미한다.

- 완전한 신성을 의미한다.

- 우리를 향한 하나님의 계획을 밝혀줄 원리가 있다.

허버트 로키어는 3이라는 숫자에 통찰력을 추가한다. "3은 부활을 상징하며 무엇이 진짜이고 완벽한지, 본질적이며 거룩한지 나타내는 중요한 숫자이다. 피타고라스는 3을 시작과 중간과 끝을 나타내는 완전수라고 부른다. 3은 하나님의 상징이다."[1]

나는 고린도후서 3:18절에서 예언적 예배의 7가지 핵심 원리를 도출한 후, 각 원리마다 한 장을 할애하여 설명했다. 각 장의 핵심인 고린도후서 3:18 관련 구절을 장의 맨 처음 부분에 이탤릭체로 강조했다. 예언적 예배의 7가지 원리는 아래와 같다. [2]

1. 우리가 다 : **예배의 제사장들**[PRIESTS] - 예배는 모든 사람을 위한 것이다.

2. 수건을 벗은 얼굴로 : **예배의 준비**[PREPARATION] - 예배는 투명해야 한다.

3. 거울을 보는 것 같이 : **예배의 우선순위**[PRIORITY] - 예배는 예언적이다.

4. 주의 영광을 보매 : **예배 안의 임재**[PRESENCE] - 예배는 초월적이다.

5. 그와 같은 형상으로 변화하여 : **예배의 목적**[PURPOSE] - 예배는 변화시킨다.

6. 영광에서 영광에 이르니 : **예배의 경로**[PATHWAY] - 예배는 영원하다.

7. 곧 주의 영으로 말미암음이니라 : **예배의 능력**[POWER] - 예배는 성령님을 통해 시작한다.

이제 이 7가지 원리를 자세히 알아보자.

5장

예배는 모든 사람을 위한 것이다

"우리가 다"

"하나님은 영혼 깊은 곳에 심긴 말할 수 없는 탄식이다."
- 장 폴 리히터 -

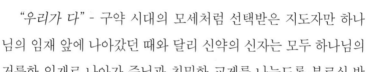

"우리가 다" - 구약 시대의 모세처럼 선택받은 지도자만 하나님의 임재 앞에 나아갔던 때와 달리 신약의 신자는 모두 하나님의 거룩한 임재로 나아가 주님과 친밀한 교제를 나누도록 부르심 받았다. "사람이 자기의 친구와 이야기함 같이 여호와께서는 모세와 대면하여 말씀하시며 모세는 진으로 돌아오나 눈의 아들 젊은 수종자 여호수아는 회막을 떠나지 아니하니라(출 33:11)."

신약의 성도들은 모두 이 거룩한 만남의 초청장을 받았다. 고린도후서 3:18을 따르면 나이나 지식, 신앙을 가진 기간에 따른 제한 없이 모든 신자가 하나님과 열정적이고 친밀한 예배를 누릴 수 있다. 하나님은 기독교의 가장 중요하고 심오한 진리인 예배를 모든 인류가 경험할 수 있도록 만드셨다. 훌륭한 배경이나 높은 지식, 유명한 학위, 헌신된 부르심이나 특별한 재능이 필요 없이 오직 하나님을 향한 굶주린 마음과 목마른 영혼만 있으면 된다. 우리가 하나님의 보좌로 나아갈 수 있게 하는 다음 3가지 진리를 생각해 보자.

- 예수님의 죽음 : 예수님은 피 흘리심과 육신의 죽음으로 우리를 위한 길을 여셨다(엡 2:13; 히 10:19~20).

- 회개 : (히 10:22)

- 맑은 물(하나님의 말씀으로 씻음) : (히 10:22)

사도행전 17:23에 바울은 아덴에서 "알지 못하는 신"을 숭배하는 사람들을 발견하고 그들이 숭배하는 신이 죽음에서 부활하신 예수님이라고 말했다. 하나님의 이름에 하나님의 성품이 충만하게 계시되기 때문에 하나님의 이름을 모르면서 예배하는 것은 흔하지 않은 일이다. 하지만 모든 사람의 예배를 받기 합당하신 자비로운 하나님이 아덴 사람들에게 은혜를 베푸신 까닭에 그들은 사도 바울의 복음 전도를 받을 수 있었다.

하나님은 우리가 각자의 자리에서 하나님께 나아오기를 기대하신다. 구원받은 사람과 죄인, 부요한 사람과 가난한 사람, 젊은 사람과 늙은 사람, 지혜로운 사람과 어리석은 사람, 겸손한 사람과 교만한 사람, 강한 사람과 약한 사람 모두 하나님은 환영하신다. 모든 사람이 왕의 궁정에서 열리는 잔치에 초대받았다!

오늘날 세계 여러 곳에서, 특히 성경을 볼 수 없고 설교를 들을 수 없는 곳에 사는 많은 사람이 초자연적으로 예수님을 만나고 믿고 있다. 예수님은 사람들의 마음에 자신을 알리신다. 예수님의 이름을 들어보지 못한 사람들이 전적인 하나님의 은혜로 그리스도의 제자가 되는 일이 일어난다.

우리 모두에게 역할이 있다 - 우리는 모두 제사장이다

"우리가 다" - 교회의 모든 회중이 예배에서 맡은 역할이 있다는 사실은 아주 중요한 사실이다. 성경은 예배가 모든 피조물의 보편적인 책임이라고 분명히 말한다. "호흡이 있는 자마다 여호와를 찬양할지어다 할렐루야"(시 150:6).

베드로와 요한은 모든 신자를 제사장이라고 표현한다(벧전 2:5, 9; 계 1:6). 우리는 모두 하나님의 임재의 제사장이다. 하나님의 계획은 거룩한 왕 같은 제사장인 신자를 통해 하나님 나라가 전 세계에 스며들게 하는 것이다. 교회 회중은 그저 신자에서 그치는 것이 아니라 예배하는 제사장이 되었다. 만일 교회가 이 깊은 진리를 이해하고 예배한다면, 단지 예배뿐만 아니라 교회 생활과 섬김과 삶의 모든 영역을 변화시킬 수 있지 않을까?

제사장은 언제나 사람과 하나님 사이에 선다. 우리는 제사장으로서 하나님께 헌신하며, 하나님을 대표하고, 사람을 하나님께 인도하는 책임이 있다. 히브리어로 "제사장"은 코헨^{COHEN, KOHEN}으로, "하나님의 임재에 가까이 가는 사람"(출 19:22; 30:20)이라는 뜻이다. 하나님께 가까이 가서 섬기는 예배는 모든 신자의 임무이자 책임이며 특권이다. 우리는 자신을 위해 하나님께 가까이 나아갈 뿐만 아니라 다른 사람이 하나님께 나아갈 길을 만든다.

교회는 지난 2000년간 "제사장직"을 규정된 훈련 과정을 통과하고 임명된 사역자들에게 맡겨놓았다. 이것은 아론과 그의 아들과 후손이 이스라엘 민족을 대신하여 하나님 앞에 서도록 구별한 구약에 근거한 것이다. 하지만 사실 신약에는 "전문 제사장^{PROFESSIONAL PRIEST}"의 언급이 없다.

신약에서 제사장이라는 단어를 언급할 경우 둘 중의 하나다. 구약의 제사장을 가리키거나 새 언약으로 제사장이 된 신자들을 가리킨다. 신약 성경 기자들은 모든 그리스도인이 신앙 연륜이나 헌신의 정도와 상관없이 제사장이라고 분명하게 기록했다. 그리스도의 몸 된 교회가 거룩한 왕 같은 제사장으로서 자신의 역할과 중요성을 바르게 이해하면 예배에 접근하는 방식이 바뀐다. 회중 한명 한명이 관중이 아닌 하나님의 얼굴 앞에 서는 제사장이기 때문이다. 사도 바울은 에베소서 4:11~12에서 새로운 유형의 지도력을 소개한다. 이 새로운 유형의 지도자들은 신약 교회에서 회중이 직접 하나님을 섬기도록 훈련하고 준비시키는 역할을 하며 준비된 신자들은 예배로 자신의 주 사역을 섬긴다.

예배하는 교회가 건강한 교회다. 모든 회중이 참여하는 예배가 건강한 예배다. 모든 회중이 예배에서 하나님의 임재를 경험할 때, 그 임재가 회중에게 스며들어 하나님의 임재를 전달하는 제사장이 되어 삶을 통해 하나님을 세상에 전파한다. 모든 회중이 관중이 아닌 참여자가 되는 건강한 예배는 결과적으로 우리 삶의 모든 영역에 하나님의 선한 영향력을 끼친다. 예배 안에서 하나님의 임재를 경험한 회중을 통해 세상은 하나님께 나아갈 제사장을 얻는다는 것을 잊지 말자. 이것은 모든 회중의 부르심이다.

세상에 하나님을 믿지 않는 수많은 영혼의 참된 갈망은 오직 하나님께 있기 때문에 나는 온 세상이 교회가 거룩한 왕 같은 제사장이 되어 하나님의 임재를 통해 지성소로 들어가기를 간절히 원한다고 믿는다. 세상은 자신을 하나님께 인도할 제사장이 필요하기 때문이다. 수많은 종교가 세상에 자신을 알리려고 애쓰지만 우리는 예배에서 경험한 하나님의 임재로 우리 안에 살아계신 그리스도를 전달해야 한다. 우리가 하나님의 임재 안에서 경험한 영광이 우리가 세상에 전할 복음이다! 교회가 참된 예배를 드릴 때 역사상 가장 큰 부흥의 파도가 세상을 덮을 것이다. 마이클 마셜은 이렇게 표현한다. "사람이 할 수 있는 모든 체험에서 참된 기독교 예배를 벗어나는 것은 없다."[1]

모두 하나 되어 예배하라

"우리가 다" - 고린도후서 3:18에서 바울은 교파, 세대, 문화, 취향과 상관없이 모든 신자가 예배해야 한다고 선포한다. 하나님은 "예배"라고 부르는 주님과 나누는 친밀한 교제와 깨달음을 모든 신자가 받도록 부르신다. 하나님은 우리가 예배 중에 때때로 활기 넘치고 열정적으로 예배하기를 원하신다. 성경은 다음과 같은 명령으로 가득하다. "너희 만민들아 손바닥을 치고 즐거운 소리로 하나님께 외칠지어다(시 47:1)." "땅의 모든 끝이 여호와를 기억하고 돌아오며 모든 나라의 모든 족속이 주의 앞에 예배하리니"(시편 22:27 또 시 22:29; 45:17;, 66:4; 67:3, 5; 79:13; 86:9; 96:9; 98:4; 106:48; 117:1; 145:10, 21; 사 42:10; 66:23; 롬 15:11; 계 15:4).

모든 민족과 나라가 예배하도록 부름 받았으며 우리 모두 멈추지 않고 계속 찬양하는 삶으로 부름 받았다. "내가 여호와를 항상 송축함이여 내 입술로 항상 주를 찬양하리이다"(시 34:1, 또한 시 35:28; 44:8; 71:8 참조). 사실 성경에 하나님을 찬양할 때 수줍음 많은 사람이 묵직한 예배 스타일로 의자에 몸을 기댄 것 같은 모습은 찾을 수 없다. 진심을 담은 성경적 예배 표현에서 면제된 특정

교단이나 문화는 단언코 없다.

　아마도 바울은 고린도후서 3:18에서 모든 신자를 삶을 변화시키는 예배로 초청할 때, 먼 미래의 교회가 지금처럼 예배 형식이나 신자의 취향과 다양성 같은 논란을 겪을 줄은 몰랐을 것이다. 현재 우리에게 예배에 관한 다양한 문제와 논란이 있지만, 여전히 모든 성도가 하나님의 임재 앞에 나와 열렬하고 진정한 헌신으로 주님의 놀라운 임재에 반응하라는 부르심은 조금도 약해지지 않았다.

　나는 조용한 방식으로 하나님을 예배하는 사람이 틀렸다고 생각하지 않는다. 하나님께 드리는 헌신의 표현과 형식은 때와 장소와 상황에 따라 무척 다양하다. 실제로 성경에 하나님을 찬양하라는 명령은 본질적으로 외적인 표현보다 마음과 더 연관이 있다. 예배와 찬양에서 내면의 태도나 외적인 표현을 강조하거나 방어하기 위해 성경을 지나치게 단순하게 해석하고 한편으로 치우치게 주장하는 것은 옳지 않다. 하지만 성경은 찬양을 표현할 때 열정적이고 진지한 마음에서 나오는 반복적이고 활기차며 공개적인 표현을 강조한다. 로버트 웨버는 이렇게 표현한다. "성경과 신학, 혹은 역사를 근거로 수동적인 예배를 정당화할 수 없다."[2]

　바울이 소수의 특별한 사람이 아닌 모든 신자를 예배로 부르는 것은 공동체 예배에서 연합의 중요성을 다시 한번 생각하게 한다. 하나님은 우리 노래와 사랑의 표현만큼 연합으로 송축 받으신다. 우리는 한마음과 생각과 목소리로 연합하여 예배해야 한다. "한마음과 한 입으로 하나님 곧 우리 주 예수 그리스도의 아버지께 영광을 돌리게 하려 하노라"(롬 15:6).

우리 모두 예배하기로 선택하자

"우리가 다" - 우리가 한결같이 경건한 삶을 살려면 의지를 말씀앞에 복종시켜야 한다. 예식^{RITUAL}은 계시^{REVELATION}보다 쉽다. 참된 예배는 우리의 시간과 힘과 감정을 요구한다. 우리는 다윗처럼 "나는 찬양할 것이다, 나는 예배할 것이다"라고 결단하며 선포하는 법을 배워야 한다. 성경에 다윗은 100회 이상 자기 자신에게 주님을 찬양하고 예배하라고 명령한다. "오직 나는 주의 풍성한 사랑을 힘입어 주의 집에 들어가 주를 경외함으로 성전을 향하여 예배하리이다(시편 5:7)", "내가 전심으로 여호와께 감사하오며 주의 모든 기이한 일들을 전하리이다 내가 주를 기뻐하고 즐거워하며 지존하신 주의 이름을 찬송하리니(시편 9:1~2)"

참으로 친절하신 하나님은 우리 삶의 다른 모든 영역처럼 예배 영역에도 자유의지를 주셨다. 우리는 입력된 명령을 따라 예배하는 로봇이 아니라 자발적인 헌신으로 주님과의 친밀한 예배를 선택하는 하나님의 친구로 부르심 받았다. 그런 점에서 예배는 신자의 선택에 달린 문제이다. 하지만 우리가 하나님을 예배하기로 선택하고 실천할 때마다 하나님이 충만한 기쁨으로 가득한 임재로 우리 선택에 응답하시는 것을 발견할 것이다. 야고보는 이렇게 말한다.

"하나님을 가까이하라 그리하면 너희를 가까이하시리라…"(약 4:8).

영국 출신의 탁월한 예배 인도자이며 저술가인 그래함 켄드릭은 이렇게 말했다.

"어떤 경우에 예배는 마음에서 자연스럽게 우러나와 시작하지만, 또 다른 경우에는 의지가 필요할 때도 있다. 어떤 쪽이든 중요한 것은 하나님이 우리의 변덕스럽고 믿을 수 없는 감정이 아니라 예배받으시기 합당하신 하나님이시라는 점이다. 하나님은 몫은 우리 안에 예배의 불을 공급하는 것이고 우리의 몫은 예배하려는 의지를 실천하는 것이다."[3]

자, 이제 우리 하나님과 거룩하고 친밀한 교제를 누리자.

6장

예배는 투명성을 위한 자리이다

"수건을 벗은 얼굴로"

예배는 마음을 달래거나 필요를 채우고
축복을 얻기 위한 것이 아니라 하나님과 함께 있는 것이다.

- 저드슨 콘월 -

"수건을 벗은 얼굴로" - 하나님은 우리 마음의 깊은 곳에 주님의 영광과 비밀을 계시하기 원하신다(시 42:7; 92:5; 단 2:22; 고전 2:10). 우리가 하나님 앞에 거룩함 기대감으로 정직하고 투명하게 나아갈 때, 우리 마음의 소망이 하나님의 임재 안에서 채워질 것이다. 하나님의 성품과 말씀의 비밀은 자신의 얼굴에서 수건을 벗은 사람들에게 임한다.

하나님의 영광을 보기 위해 수건을 제거하라

안타깝게도 우리 모두의 마음에 어떤 종류이든 하나님을 볼 수 없도록 가리는 가림막이 있는데, 성경은 이것을 "수건"이라고 표현한다. 그중에 죄와 상처는 우리가 하나님과 형제자매로부터 숨게 만드는 대표적인 가림막이다. 하나님과 거룩한 교제를 누리지 못하게 막는 수건을 벗는 방법이 있다. 먼저 자기 자신을 정직하고 투명하게 바라봄으로써 수건을 제거하고 십자가를 지고 성전의 휘장을 찢으신(마 27:51) 위대하신 예수님께 진심으로 기도해서 제거하는 것이다. 하나님의 말씀과 개인기도와 임재가 충만한 예배는 우리 마음을 덮은 수건을 찢고 마음 밭을 경작하여 하나님의 영광을 준비하게 한다.

찰스 스펄전은 이렇게 말한다. "사람의 생각과 추론은 진리를 담아둔 상자를 단단하게 잠그는 강철 쐐기와 같다. 그러나 기도는 우리가 거룩한 비밀이 담긴 강철 상자를 여는 데 사용하는 지렛대이며 우리는 기도로 감춰진 보물을 얻을 수 있다."[1]

하나님 아버지는 세 종류의 사람을 찾으신다

예배는 우리 얼굴을 덮은 수건을 벗기고 하나님의 헤아릴 수 없는 놀라운 신비가 우리 마음에 임하게 한다. 하나님께서 놀라운 신비를 주시는 3종류의 사람이 있다.

1. **하나님을 경외하는(예배하는) 사람** :"여호와의 친밀하심[달콤하고 만족스러운 교제의 비밀]이 그를 경외하는 자들에게 있음이여 그의 [깊은 내적] 언약을 그들에게 보이시리로다" (시 25:14, 확장번역)

2. **의로운 사람** : "그의 은밀한 교제와 비밀스러운 조언이 타협하지 않는 의로운 자, 정직하고 주님에게 의로운 자에게 있으며"(잠 3:32, 확장번역)

3. **하나님의 선지자** : "주 여호와께서는 자기의 비밀을 그 종 선지자들에게 보이지 아니하시고는 절대 행하심이 없으시리라"(암 3:7)

참된 예배의 대가

"수건을 벗은 얼굴로" - 참된 예배는 우리가 참여할 수 있는 가장 공개적이고 값비싼 행위이다. 우리는 하나님의 손이 우리 삶의 어떤 영역을 만지실지 알지 못하지만 하나님 앞에 모든 것을 기꺼이 드러내어 펼쳐놓아야 한다. 하나님을 예배할 때 어떤 것으로도 우리 얼굴을 가릴 필요 없으며 또 하나님 앞에 숨기고 가릴 수 있는 것은 없다. 그리스도께서 죽으실 때 우리와 아버지 하나님 사이에 있는 휘장을 찢으셨다(마 27:51; 막 15:38; 눅 23:45).

우리가 예배할 때마다 하나님과 우리 사이를 가로막는 휘장을 열어 지성소로 들어가게 하신 예수님의 십자가의 의미와 가치를 기억하고 모든 가식을 버려야 한다. 우리는 자주 하나님을 예배할 때 온전히 하나님께 집중하지 못하고 다른 것을 생각하는 자신을 발견한다. 나도 그럴 때가 있는데, 그럴 때마다 나 자신에게 "뭐해, 예수님을 바라봐!"라고 말하며 스스로 바로 잡는다. 우리는 얼굴을 덮은 수건을 벗어야 하나님을 바라볼 수 있다.

얼굴에서 수건을 벗는 것은 하나님께 마음을 여는 것과 하나님이 우리 마음과 생각과 삶의 약점을 다루시게 하는 것도 포함한다. 예를 들어 어떤 그리스도인들은 왜곡된 자아상 때문에 두려움에 사로잡히거나 죄에 압도당하며 고군분투한다. 겉으로 볼 때는 경건해 보이는 신자들도 연약함 성품으로 주변의 형제자매를 고통스럽게 하고 주님의 마음을 아프게 한다. 주변 사람들은 문제를 정확하게 보지만 정작 본인은 문제가 얼마나 심각한지, 얼마나 뿌리 깊게 박혀 있는지 모르고 자신은 아무 문제 없다고 대수롭지 않게 생각한다.

우리가 하나님께 우리 얼굴과 마음을 덮은 수건을 벗겨달라고 부르짖을 때 비로소 무덤 같은 우리 마음 상태를 깨닫고 하나님의 임재 안에서 변화할 수 있다. 우리는 예배를 통해 우리를 위해 죄와 죽음을 이기신 주님을 바라봐야 한다. 예배는 옛것에서 새것으로 변하는 자리이다. 예수님은 우리에게 명령하셨다. "네 마음을 다하고 목숨을 다하고 뜻을 다하여 주 너의 하나님을 사랑하라"(마 22:37; 막 12:30). 다음은 바울이 우리 마음에 일어나야 할 변화의 과정을 강조한 말씀들이다.

1. 너희는 이 세대를 본받지 말고 오직 마음을 새롭게 함으로 변화를 받아… (롬 12:2)

2. 오직 너희의 심령이 새롭게 되어(엡 4:23)

3. 너희 안에 이 마음을 품으라 곧 그리스도 예수의 마음이니(빌 2:5)

4. 메시아이신 예수 그리스도께서 나타나실 때 너희에게 주실 온전한 소망과 변함없는 은혜(하나님의 은총)를 온전히 바랄지어다 (벧전 1:13, 확장번역)

토저는 하나님과의 친밀한 예배를 방해하는 우리 마음의 육신적 덮개를 이렇게 설명한다.

"수건은 빛을 차단하고 우리에게 하나님의 얼굴을 가린다. 수건은 우리 안에 살아 있는 타락한 육적 본성이다. 십자가를 거부하며 심판받기 싫어한다. 이 수건은 우리가 절대로 인정하고 싶지 않아 하며 끝까지 모른 체하고 싶은 은밀하고 수치스러운 죄가 촘촘히 짜인 수건이다. 우리가 자신의 마음을 바라볼 때, 이 육신의 수건이 있을 것이다. 이 수건은 우리 삶의 원수요 영적 성장의 가장 강력한 장애물이다."[2]

우리는 입술로는 진리를 찾지만 사실 진리는 언제나 선택을 요구하기 때문에 그 대가가 매우 크다. 우리는 자신의 부적절함과 가치 없음에 집중하지 말고 하나님을 닮아가든지 아니면 다시 어둠으로 돌아가든지 선택해야 한다. 우리가 옛 자아를 고수하면서 예수님을 믿으면 성격의 작은 문제조차 모른 채 스스로 비참할 뿐 아니라 주변의 많은 사람에게 상처를 주며 살아가게 된다.

나는 꽤 오래전에 예배를 앞두고 누군가와 다툰 일을 기억한다. 하나님의 임재로 들어가자마자 나는 하나님이 내 태도를 기뻐하지 않으신다는 것을 바로 알았다. 사실 이 깨달음은 대단한 통찰력이 필요 없으며 누구든 하나님의 임재 안에 들어가면 알 수 있는 것이다. 더이상 누가 옳은지 그른지는 중요하지 않았다. 그저 내 마음이 하나님의 임재로 나아가기에 적합하지 않았기 때문에 나 자신을 낮추고 상대방에게 먼저 가서 용서를 구했다.

가장 귀한 보물인 예배는 우리에게 큰 대가를 요구한다. 나는 여러분을 응원한다. 예배는 영혼의 모험이다. 하나님이 우리를 자아 깊은 곳으로 이끄실 때 그저 하나님의 영광을 보면서 주님 앞에 투명해지자.

수건을 벗어라

"수건을 벗은 얼굴로" - 우리가 스스로 수건을 벗어야 하는 영역이 있지만, 이 일을 이루시는 분은 "모든 휘장을 찢으신 주님"[RENDER]

OF ALL VEILS"이시다. 나는 고후 3:18을 볼 때마다 결혼식의 제일 중요한 순간, 신랑이 신부의 얼굴에서 베일을 걷어 내고 입 맞추는 것이 생각난다. 우리 마음의 베일, 수건을 걷어 주님 앞에 투명해지도록 우리 신랑이신 예수님이 오셨다. 우리가 드리는 예배는 우리의 진정한 사랑이신 예수 그리스도를 향한 헌신의 입맞춤이다.

솔로몬의 아가서는 입맞춤을 원하는 술람미 여인의 고백으로 시작한다. "내게 입 맞추기를 원하니 네 사랑이 포도주보다 나음이로구나"(아 1:2). "주님을 향한 입맞춤"이라는 주제에서 우리가 명심해야 할 3가지가 있다.[3]

1. 한 번에 한 사람에게만 입 맞출 수 있다. 예배자들은 오직 주님만 바라봐야 한다.

2. 말을 멈추어야 입 맞출 수 있다. 깊은 예배로 들어가면 말을 멈추고 내면의 성소에서 주님과 교제하는 순간이 다가온다.

3. 입맞춤은 얼굴과 얼굴의 만남이다. 예배는 얼굴과 얼굴의 만남이기 때문에 더욱더 즐겁다.

호세아 2:14~23을 보면, 하나님께서 사랑하는 교회를 거친 들로 인도하시는 장면이 예언적으로 그려져 있다. 하나님은 거친들(광야)에서 우리를 만나고 약혼하기 원하신다. 주님은 거친 들에서 이런 일을 하신다.

● 우리의 사막을 포도원으로 바꾸신다. : 15절
● 우리의 골짜기를 소망과 기회의 문으로 바꾸신다. : 15절
● 우리의 슬픔을 노래로 바꾸신다. : 15절

- 거짓 우상(바알)을 숭배하는 우리 마음을 오직 주님만 "내 남편" 이라고 부르짖는 마음으로 바꾸신다. : 16~17절

- 우리 깨어진 약속을 새로운 언약으로 바꾸신다. : 19~20절

우리 하나님이 신부들을 얼마나 기뻐하시며 사랑하시는지! 하나님은 우리가 옳은 곳에 서도록 인도하시고 깨끗게 하시며 회복하시는 분이다.

1. 몰약과 유향과 상인의 여러 가지 향품으로 향내 풍기며 연기 기둥처럼 거친 들에서 오는 자가 누구인가 (아 3:6)

2. 그의 사랑하는 자를 의지하고 거친 들에서 올라오는 여자가 누구인가 (아 8:5)

예배는 우리가 하나님과 만나는 장소이다. 하나님이 거친 들에서 우리 마음을 황홀하게 하실 때, 우리는 아가서에서 연기 기둥으로 비유한 "주님이 정복한 도시"가 된다. 우리가 하나님을 전적으로 의지하며 집중적으로 헌신할 때 우리는 주님의 향기, 승리의 향기를 발한다.

갈보리에서 휘장을 찢으신 예수님

"수건을 벗은 얼굴로" - 그리스도인은 예수님의 갈보리 공로로 말미암아 사람이 만든 모든 수건과 가림막이라는 장애물을 제거하고 하나님께 나아갈 수 있다. 다음의 말씀들은 우리가 담대함으로 하나님의 보좌로 나아가는 영광스러운 초대를 받았다는 것을 보여준다. "그러므로 우리는 … 은혜의 보좌 앞에 담대히 나아

갈 것이니라"(히 4:16). "그러므로 형제들아 우리가 예수의 피를 힘입어 성소에 들어갈 담력을 얻었나니 그 길은 우리를 위하여 휘장 가운데로 열어 놓으신 새로운 살 길이요 휘장은 곧 그의 육체니라… 우리가 … 나아가자"(히 10:19~20, 22 또한 엡 2:13 참조).

우리 허물 때문에 찔리시고 우리 죄악 때문에 상하신(사 53:5) 그리스도께서 우리가 하나님께 나아갈 수 있는 증표로 성전의 성소와 지성소를 나누는 휘장을 위에서 아래로 찢으셨다. 하나님은 모든 신자에게 자신을 나타내시길 간절히 원하신다!

모세는 출애굽기 33:18에 성경에서 제일 위험하고 놀라운 기도를 드렸다. "원하건대 주의 영광을 내게 보이소서." 이 고백은 하나님과 깊고 친밀한 교제를 나누기 원하는 영혼의 간절한 외침이다. 그러나 하나님은 모세에게 자신의 얼굴을 보고 살 수 있는 사람은 없다고 말씀하시며 반석 틈에 두신 후 손으로 덮으셨기 때문에 모세는 하나님이 지나가신 후 등만 볼 수밖에 없었다.

현대에도 사람의 육신은 하나님의 영광스러운 임재에 압도된다. 현대에 나타나는 많은 부흥과 기적은 하나님께서 사랑하는 자녀들이 버틸 수 있을 만큼만 영광을 아주 살짝 보여 주시는 것이다. 지금도 여전히 우리는 모세의 때처럼 주님의 영광을 보려면 반석 사이에 숨어야 한다. 우리가 숨을 반석은 어디인가? 갈보리 언덕에서 흘리신 예수님의 보혈이 우리를 덮어서 하나님의 쉐카이나 임재 안에 서게 한다. 우리가 하나님을 볼 때 육신이 녹아내리고 영이신 하나님을 닮는다(요일 3:2).

하나님의 5가지 피난처를 묵상해 보라. 이 피난처는 하나님과 친밀함을 나누는 거룩한 곳으로 들어가는 비밀의 문이다.

- 어둠의 은밀한 처소(욥 20:26, 시 18:11, 사 45:3)

- 하나님의 장막의 은밀한 처소(시 27:5)

- 하나님의 임재의 은밀한 처소(시 31:20)

- 우렛소리의 은밀한 처소(시 81:7)

- 절벽, 산의 은밀한 처소(아 2:14)

"수건을 벗은 얼굴로" - 예배와 중보는 밀접한 연관이 있다. 하나님 앞에 투명하게 서는 예배자들은 중보자가 되어야 한다. 하나님 아버지는 세 종류의 사람을 찾으신다. 1) 잃어버린 영혼(눅 15:11~32), 2) 예배자(요 4:23), 3) 중보기도자(사 59:16). 이 3종류의 사람은 예배와 영원히 끊을 수 없는 관계이다.

우리는 하나님의 얼굴을 구한다

"수건을 벗은 얼굴로" - 우리 얼굴에서 수건을 벗으면 하나님의 얼굴에서 오는 축복을 더 많이 받을 수 있다(시 119:135, 67:1). "여호와는 그의 얼굴을 네게 비추사 은혜 베푸시기를 원하며"(민 6:25). 우리는 하나님의 얼굴과 임재를 구해야 한다. 히브리어에서 "얼굴"과 "임재"는 서로 같은 단어이다.

파님PANIYM : 하나님의 얼굴을 보는 것은 하나님의 임재 안에 있는 것이며 하나님의 영광을 마주하는 것이다.

너희는 내 얼굴을 찾으라 하실 때에 (너희의 제일 큰 필요로서 나의 임재를 묻고 구하라 하실 때에) 내가 마음으로 주께 말하되 여호와여 내가 주의 얼굴(주의 임재)을 찾으리이다 (주의 말씀을 근거로 마땅히 묻고 구하리이다) 하였나이다 (시 27:8, 확장번역)

당신의 얼굴에서 하나님의 영광과 아름다움이 빛을 비추어 모든 사람이 보게 하라. 전심으로 하나님의 임재 안으로 들어가라.

7장

예배는 예언적이다

"거울을 보는 것 같이"

"하나님을 보는 것은 하나님을 사랑하는 것이요,

하나님을 사랑하는 것은 하나님을 예배하는 것이다."

- 저드슨 콘월 -

"거울을 보는 것 같이" - 이번 장의 핵심 단어는 "보는 것"이다. 많은 사람이 예배를 노래와 음악으로 한정하지만 참된 예배는 하나님의 아름다움을 "보는 것"이다. 우리 얼굴에서 죽은 종교와 잘못된 신학과 인본주의적 신념으로 이루어진 수건을 벗을 때 비로소 하나님의 영광을 볼 수 있다. 하나님은 예배를 무미건조하고 형식적인 행사로 만든 것이 아니라 하나님을 만나는 통로로서 생명력 넘치고 의미 있으며 기쁨으로 충만하게 만드셨다.

모든 신자의 가장 큰 소망은 하나님을 보는 것이며 가장 강력한 예배 체험은 하나님을 "보는 것"으로 시작한다. 우리가 하나님을 보기 시작할 때 우리 예배는 예언적으로 변한다. 예배 인도자 폴 발로쉬가 만든 "내 맘의 눈을 여소서^{OPEN THE EYES OF MY HEART}"라는 예배곡은 고린도후서 3:18을 아주 잘 표현했다.

내 맘의 눈을 여소서 내 맘의 눈을 열어
주 보게 하소서 주 보게 하소서
주 이름 높이 들리고 영광의 빛 비춰 주시며
권능 넘치길 보기 원하네
거룩 거룩 거룩 거룩 거룩 거룩
거룩 거룩 거룩 주 보게 하소서[1]

하나님을 바라보라

시편 123편에서 시편 기자는 예배자의 뜨거운 마음을 묘사한
다. "¹하늘에 계시는 주여 내가 눈을 들어 주께 향하나이다 ²상전
의 손을 바라보는 종들의 눈같이, 여주인의 손을 바라보는 여종의
눈같이 우리의 눈이 여호와 우리 하나님을 바라보며 우리에게 은
혜 베풀어 주시기를 기다리나이다"(시 123:1~2).

참된 예배자는 하나님을 만나고 싶을 때 언제든지 주님을 바
라볼 수 있다. 삶에 큰 위기가 닥칠 때만 하나님을 찾고 구하는 것
아니라 항상 하나님을 찾고 구해야 하며 우리 내면의 영적인 눈의
초점이 항상 하나님의 임재에 있어야 한다. 저드슨 콘월은 이렇
게 강조한다.

> 감사와 찬양은 종종 그리스도의 역사하심에 반응하지만, 예배
> 는 항상 하나님의 성품에 기초한다. 기본적으로 예배는 하나님
> 을 체험해야 가능하기 때문에 하나님을 보지 못하면 예배할 수
> 없다. 우리가 예배하려면 하나님의 임재 안에 있어야 한다. 참된
> 예배는 우리가 그리스도를 제대로 볼 때부터 시작한다.[2]

다윗은 하나님과의 친밀한 교제를 통해 하나님의 의로 옷 입었기 때문에 모세처럼 하나님의 얼굴을 구할 수 있었다. 우리도 하나님께 가까이 나아가려면 의의 옷을 입어야 한다. 이것은 전적으로 하나님의 은혜로 가능한 것이며 하나님의 승인을 위해 우리가 할 수 있는 일은 하나님을 바라보는 것 외에는 아무것도 없다. 우리가 하나님을 볼 때 다윗이 기도한 것처럼 외칠 수 있다. "나는 의로운 중에 주의 얼굴을 뵈오리니 깰 때에 주의 형상으로 만족하리이다"(시 17:15).

고후 3:18에 중요한 영적 원리가 있다. 우리는 우리가 보고 예배하는 하나님을 닮는다. 이 계시는 예배를 단순히 의무적인 행위 이상으로 만든다. 예배는 하나님과 하나님의 자녀 사이에 일어나는 생명과 헌신의 거룩한 교환이다. 다윗이 하나님 보기를 원했던 것은 단지 개인적 소망이 아니라 하나님의 명령이기도 했다.

> 내가 여호와께 바라는 한 가지 일 그것을 [끈질기게] 구하리니 곧 내가 내 평생에 여호와의 집에[주의 임재 안에] 살면서 여호와의 아름다움[달콤한 매력과 기쁨에 찬 아름다움]을 바라보며 그의 성전에서 사모하는 그것이라 … **너희는 내 얼굴을 찾으라** 하실 때-[너희의 중요한 필요로서] 나의 임재를 묻고 구하라 하실 때-내가 마음으로 주께 말하되 여호와여 내가 주의 얼굴[하나님의 임재]을 찾으리이다-주의 말씀을 근거로 마땅히 묻고 구하리이다-하였나이다(시편 27:4, 8, 확장번역)

이제 우리는 하나님의 얼굴을 보는 예배자가 될 기회가 있다. 하나님의 큰 은혜로 반석이신 그리스도(롬 9:33, 고전 10:4)께서 우리로 하나님 안에 숨을 방법을 만드셨다. "이는 너희가 죽었고 너희 생명이 그리스도와 함께 하나님 안에 감추어졌음이라"(골 3:3).
하나님을 보기 원하는 사람들은 먼저 바위에 숨어야 한다.

- 모세가 바위 사이에 숨겨졌다(출 33:21~22)

- 다윗이 바위에 숨겨졌다(시 27:5)

- 예수님이 바위에 숨겨졌다(마 27:60~28:2)

얼마나 놀라운 계획인가! 그리스도께서 죽으시고 부활하사 우리 안에 사신다! "너희 안에 계신 그리스도시니 곧 영광의[을 깨닫는] 소망이니라"(골 1:27, 확장번역). 많은 신자가 그리스도께서 자신을 위해 죽으신 것을 믿지만 자신의 자아가 그리스도 안에서 죽고 그리스도 안에 숨겨진 사람으로 살아야 한다는 위대한 신비의 2번째 부분은 잘 알지 못하고 누리지 못한다.

나는 몇 년 전 테네시에 있는 쉐카이나 교회 예배에 참석했다. 교회에 하나님의 은혜가 놀랍게 역사하셔서 교인들은 매일 오전과 밤에 기도회를 열었으며 예배 때마다 하나님의 초자연적 운행하심이 있었다. 하나님의 임재가 정말 압도적이어서 의자 밑에 숨고 싶을 정도였다. 그러나 하나님의 임재 앞에 숨을 곳은 없다. 만일 바닥에 깔린 카펫을 찢어 그 밑에 들어갈 수 있다면 그렇게 하고 싶을 정도였다. 어느 순간 내가 지은 죄가 생각나면서 회개하기 시작했고 이사야처럼 울부짖었다. "화로다 나여 망하게 되었도다"(사 6:5). 하나님이 죄를 깨닫게 하시는 이유는 우리가 회개하고 새롭게 되어 수치의 옷을 벗고 하나님의 은혜로 의의 옷을 입기 위함이다. 의의 옷을 입은 사람이 하나님의 얼굴을 볼 수 있으며 하나님을 보는 사람들은 하나님을 닮아 거룩함을 추구하게 된다.

"거울을 보는 것 같이" - 히브리서 9:24~28의 록키어의 언급에서 우리는 하나님의 나타나시는 시점의 3가지 측면을 볼 수 있다. 하나님은 사랑하는 자녀들 앞에 적극적으로 자신을 나타내신다. 나는 록키어의 관점을 좀 더 쉽게 이해하도록 바인 헬라어 사전의 정의를 사용해 표 2로 이번 장 끝에 정리했다.

"거울을 보는 것 같이" - 항상 예배는 하나님을 바라보는 것을 포함한다. 우리의 눈을 자기에게서 돌려 하나님께 초점을 맞출 때 예배받으시기 합당하시며 홀로 유일하신 하나님을 발견한다. 예배는 우리가 하나님을 바라본 결과 자신의 연약함을 깨닫고 겸손한 내려놓음과 사랑의 마음으로 우리 마음을 하나님께 드릴 때 일어난다. 우리는 하나님의 임재 안에서 자아의 의미 없는 필요와 주변 상황을 생각하느라 너무 많은 시간을 낭비한다.

자아는 어떤 음악으로 예배하는가에 초점을 두지만 참된 예배는 하나님을 보는 데 초점을 둔다. 계시록을 보면 천상의 존재는 다른 것을 구하지 않고 하나님 보좌를 둘러서서 오직 하나님만 바라보며 예배하며 그 결과 하나님의 영광의 광채 안에서 하나님의 아름다움에 사로잡힌다. 천상의 예배는 하나님을 보는 것이다.

거울

"거울을 보는 것 같이" - 우리가 자아라는 거울을 보면 자기 모습이 비치지만 하나님이라는 거울을 보면 하나님의 얼굴을 보고 하나님의 형상으로 변화한다. 이 초자연적인 바라봄SUPERNATURAL BEHOLDING의 역사가 일어나는 유일한 방법은 우리 안에 계신 하나님의 임재뿐이다. "너희 안에 계신 그리스도시니 곧 영광의 소망이니라"(골

1:27). 이것이 예언적 예배의 본질이다. 거울의 본질은 보는 사람의 모습을 그대로 전달하는 것이다. 우리는 그리스도께서 우리 얼굴을 덮은 수건을 벗기시는 만큼 하나님을 볼 수 있다.

고대 거울은 일반적으로 구리나 은, 금 같은 금속이었으며 바빌론 유수 이후 팔레스타인에서는 청동으로 거울을 만들었다.[4] 고대 거울은 금속 재질이었기 때문에 녹이 슬거나 변색이 쉬워 깨끗히 유지하기 위해 정기적으로 관리해야 했다. 마찬가지로 우리도 정기적으로 하나님의 말씀을 읽고 예배해야 하나님을 향한 우리의 시선을 선명하게 유지할 수 있다.

나는 고린도후서 3:18에 나오는 거울의 비유가 하나님의 말씀과 임재를 상징한다고 생각한다. 우리가 말씀과 임재의 빛 안에 설 때, 그 신비한 빛이 우리 삶에 비추어 주변 사람에게 반사된다. 성경 주석가 아담 클라크는 이것을 이렇게 표현한다.

유대인과 그리스인, 로마인이 사용하던 거울은 광을 잘 살린 금속으로 만들었기 때문에 햇빛이 강한 때는 반사된 빛도 강했고 심지어 얼굴이 아주 환해 보이는 일도 자주 있었다. 아마도 사도 바울은 이 말씀에서 이런 현상을 언급하는 것 같다. 이 거룩한 거울은 신자의 영혼에 완전하신 하나님의 형상을 비춘다. 그러므로 신자가 예수님의 복음을 열심히 묵상하고 복음의 저자이신 예수님을 믿으면 그 영혼이 주님의 거룩한 광채로 빛난다. 우리가 주님의 말씀을 묵상할 때 우리는 우리가 따라야 할 영광스러운 하나님의 형상을 보는 것이다. 하나님의 성령이 끼치는 영향을 믿고 받아들임으로써 우리 형상이 우리가 보는 것과 같은 형상으로 변화한다. 한때 우리는 죄와 타락으로 하나님의 형상을 잃어버렸지만 이제 예수 그리스도 안에서 다시 회복했다. 우리가 하나님의 형상으로 변화하는 이유는 그리스도로 말미암아 우리에게 하나님의 얼굴이 비치기 때문이다.[5]

우리가 열린 마음과 수건을 벗은 얼굴로 하나님의 말씀을 볼 때 이전에 보지 못한 그리스도의 모습을 발견한다.

언제 어디서나 사람들이 성경의 진리를 찾은 결과는 예수님을 예배하는 예배의 마음이 깨어나는 것이었다. 성경에 기록된 진리의 말씀이 열리면 사람들의 마음에서 역동적인 일이 일어난다. 삶이 변화하며 그리스도께서 높임을 받으시고 하나님의 자녀들의 마음에서 예배가 흘러나온다. 사람의 마음에서 일어나는 이 놀라운 기적은 말로 설명할 수 없다.[6]

일반적으로 거울을 보는 이유는 자신을 잘 꾸미는 데 있다. 우리는 하나님을 바라보며 주님의 영광의 옷으로, 주님의 아름다운 성품으로, 주님의 완전한 거룩함으로 우리 자신을 단장해야 한다.

하나님의 얼굴을 구하라

"거울을 보는 것 같이" - 고린도후서 3:7~16에서 바울은 모세의 얼굴에서 비추는 영광을 볼 수 없던 사람들의 상태를, 우리 모두 하나님의 영광스러운 얼굴을 보라고 부르는 초대와 대조한다. 바울은 이렇게 제안한다.

[7]돌에 써서 새긴 죽게 하는 율법 조문의 직분도 영광이 있어 이스라엘 자손들은 모세의 얼굴의 없어질 영광 때문에도 그 얼굴을

주목하지 못하였거든 [8]하물며 영의 직분은 더욱 영광이 있지 아니하겠느냐 [9]정죄의 직분도 영광이 있은즉 의의 직분은 영광이 더욱 넘치리라 (고후 3:7~9, 개정)

모세가 성막에서 하나님과 교제를 나누고 나오자 군중들은 모세의 얼굴에서 나오는 빛을 두려워하여 수건으로 덮었다. 예수님은 모세와 비교조차 할 수 없는 영광으로 옷 입으셨지만, 성경에 예수님을 본 군중이나 죄인들이 예수님의 얼굴빛에 물러났다는 기록은 없으며 오히려 군중과 죄인들이 예수님의 얼굴에서 나오는 은혜와 진리의 빛으로 모여들었다. 예수님의 따뜻한 눈길과 부드러운 음성과 섬세한 손길이, 마음이 상한 사람들을 치유했다. 두려워하지 말고 주님의 영광을 향해 계속 달려가자!

"거울을 보는 것 같이" - 우리는 예언 은사의 존재를 믿는지 안 믿는지의 관점이 아니라 예언적인 사람으로서 예배해야 한다. 예언적인 사람은 기회가 있을 때마다 하나님을 찾는다. 데이비드 블룸그렌 박사는 이렇게 이야기한다. "회중 예배에 예언적 기름 부음이 임하면 영적인 차원이 변하고 예배 장소에 거룩한 생기가 임한다. 예언의 영이신 성령님은 예배의 영적인 분위기를 바꾸시고 거룩한 임재로 예수님을 증거한다."[7]

"거울을 보는 것 같이" - 성령님은 찬양과 예배에서 다양한 방법으로 그리스도를 보여 주신다. 다양한 방법은 우리가 하나님을 더 분명히 보게 한다(더 구체적인 것은 24장에서 자세히 설명할 것이다). 모든 예술이 예언적 예배를 위한 훌륭한 도구다. 우리는 예술을 통해 하나님의 음성을 듣고 영원을 엿본다. 예술은 우리의 영적 감각과 자연적 감각을 하나님께 열어준다.

음악이 하나님의 기름부음을 받으면 예언적인 비밀을 드러내는 수단이 된다. 하나님의 기름부음 받은 음악은 마치 주님의 음성과 같다. 이것은 귀로 듣는 소리가 아니라 마음으로 느끼는 기름부음이다. 예언적 예배자는 이 기름부음 받은 예언적인 음악의 층^{LAYER}안에서 하나님의 임재로 노래하고 연주한다.

표 2 - 하나님의 나타나심의 3가지 측면

히브리서 9:26 과거의 나타나심	히브리서 9:24 현재의 나타나심	히브리서 9:28 장래의 나타나심
"… 죄를 없이 하시려고 … 나타나셨느니라"	"… 이제 우리를 위하여 하나님 앞에 나타나시고"	"… 두 번째 나타나시리라"
파네로오^{phaneroo} - 나타나다(본 모습을 드러내지 않거나 거짓으로 가장하여 나타나는 자와 반대로 참된 성품을 나타내거나 드러내다)에 해당하는 헬라어.	엠파니조^{emphanizo} - 나타나다("빛나다", 물리적인 나타남에 사용[마 27:53, 요 14:22], 혹은 그리스도의 사랑 안에 거하는 믿는 자의 영적 체험을 은유적으로 표현[요 14:21])에 해당하는 헬라어.	옵토마이^{optomai} - 나타나다("보다", 영단어 optical이 여기서 나왔다)에 해당하는 헬라어.
이 나타나심은 과거이며 영속적이다.	이 나타나심은 현재 진행형이다.	이 나타나심은 미래적이며 완전하다.
우리는 죄의 형벌에서 구원받는다.	우리는 죄의 권세에서 구원받는다.	우리는 철저한 죄의 존재에서 구원받는다.
뒤를 볼 때 우리를 위해 죽으신 예수님을 본다.	위를 볼 때 우리를 위해 간구하시는 예수님을 본다.	앞을 볼 때 우리를 위해 다시 오실 예수님을 본다.

8장

예배는 초월적이다

"주의 영광을 보매"

"예배는 하나님의 영광과 영원히 뗄 수 없다."

"주의 영광을 보매" - 놀라운 광경이다! 고린도후서 3:18에 따르면 우리는 예배할 때마다 하나님의 영광을 보는 특권이 있다. 예배의 주된 목표는 사람이 주님의 영광을 체험하는 것이다. 하나님은 성경에 영광의 주님(하나님)으로 나타나신다(시 24:8, 10, 29:3, 행 7:2, 고전 2:8, 엡 1:17, 약 2:1). 저드슨 콘월은 영광이 없는 하나님은 존재하지 않는다고 말한다.[1]

국제 표준 성서 백과사전은 이렇게 서술한다. "궁극적인 의미에서 하나님의 영광보다 더 중요한 주제는 없다."[2] 나는 감히 성경 전체의 핵심 주제가 하나님의 영광이라고 말하고 싶다. 성경은 무한한 지혜와 영광으로 온 우주를 창조하신 하나님의 이야기이다. 하나님의 계획은 단순하고 심오하며 강력하다. 하나님은 자유의지로 주님을 예배할 사람들을 창조하셨다. 예배의 맥락에서 하나님의 사람들은 주님의 영광을 보고 그 영광의 형상으로 변화하여 이 땅에서 하나님의 영광을 전하는 사역자로 섬긴다.

"거울로 얼굴을 보듯이, 우리 역시 그리스도 복음의 영광스러운 약속과 특권을 본다. 우리가 이 복음을 묵상할 때 갈망과 소망으로 약속을 고대하며 믿음으로 이해한 나타난 영광, 영광의 하나님의 영광스러운 형상인 의와 참된 거룩함을 누리는 데까지 변화한다."[3]

"주의 영광을 보매" - 영광을 의미하는 히브리어 카보드[KABOD(KWA-BODE', 3519)]는 '무게, 화려한 광채, 영광스럽고 풍부한, 엄청난 무게'를 의미한다. 하나님의 영광은 영혼 위에 놓인 숭고한 무게와 같다. 하나님의 무게는 부담스러운 것이 아니며 하나님의 모든 영광스러운 성품을 깨닫는 단계마다 기쁨과 즐거움이 주는 충만한 만족함이 기다리고 있다. "성경적 예배자에게 하나님은 생각이나 개념이 아니다. 하나님은 존재의 깊은 차원에서 만나는 저항할 수 없는 설득력이 있는 실재이시다."[4] 우리는 하나님의 성품이 우리 모든 생각과 호흡, 마음과 소원에 스며들 때까지 하나님의 영광의 무게가 우리 삶에 머물게 해야 한다.

하나님께서 그 말씀의 계시를 숨기시나니 그 영광의 은밀한 곳에라. 그러나 모두의 앞에서 왕들이 명예롭게 되는 것은 하나님께서 하신 모든 말씀의 깊은 의미를 얼마나 철저하게 파헤치는지에 의해서라. (잠 25:2 THE PASSION TRANSLATION)

몇 년 전 나는 어떤 교회의 중보기도자 모임에 참석했다. 집회가 끝나고 한 친구가 차로 숙소까지 바래다 주었는데, 나와 친구는 하나님이 아직 하실 일이 남아 있기 때문에 주님의 임재 안에 더 머물러야 한다는 분명한 감동을 받았다. 집에 도착해서 친구가 차의 시동을 끈 순간, 즉시 하나님의 카보드^{KABOD} 영광이 차 안을 가득 채웠다. 이때 내가 체험한 것은, 마치 거대한 손이 나를 좌석 깊숙이 밀어 넣는 것 같은 느낌이 들었다. 말 할 수 없었고 숨 쉬는 것도 어려웠지만 나와 친구는 두려움이나 불편함이 전혀 없었다. 심지어 우리는 약간 우스꽝스럽다고 느꼈다.

몇 시간 같은 몇 분이 지났지만 하나님은 여전히 거룩한 영광의 무게로 우리를 누르셨다. 그 시간 이후로도 하나님의 무거운 임재가 몇주 간 우리에게 남아 있었다. 지금도 나는 하나님의 임재안에서 영광의 무게를 느끼며 하나님과 교제한다. 우리가 하나님을 만나는 이유는 단지 신기한 체험을 하기 위한 것이 아니라 우리 마음에 하나님의 형상을 만드는 데 목적이 있다. 나는 하나님께서 이 체험을 통해 내가 하나님의 영광을 체험하도록 내 마음을 "보정"하셨다고 믿는다. 여러분에게도 거룩한 보정의 은혜가 임해서 하나님을 더 깊이 만나기를 기도한다

하나님의 영광이 우리의 감각을 채우신다

"주의 영광을 보매" - 하나님의 영광은 마지막 때 이 땅에 나타날 초자연적인 역사하심 그 이상이다(합 2:14). 하나님은 우리 감각으로 주님을 더 깊이 알 수 있게 하셨다. 하나님의 영광은 우리의 자연적인 감각인 시각, 청각, 촉각, 미각, 후각을 통해 주님의 성품과 속성을 계시한다. 하나님은 할 수 있는 모든 수단을 사용하셔서 우리 곁에 더 가까이 다가오기 원하신다. 이렇게 사랑이 많으신 하나님은 온 우주를 영광스러운 임재로 채우셔서 주님의 놀라운 목적을 나타내신다.

하나님은 우리 모든 감각에 충만한 기쁨을 주신다. 눈에는 아름답고 귀에는 은혜로우며 코에는 달콤한 향을 주신다. 예수님의 탁월함은 세상에서 제일 좋은 향료와 비교할 수 없을 정도로 귀하다. 예수님 안에서 모든 달콤함을 경험할 수 있으며 주님이 계신 곳이면 어디에나 달콤한 임재를 쏟아부으신다. (찰스 스펄전)[5]

출애굽기 33:18~23과 34:5~7에서 모세는 성경에서 가장 위험하고 유쾌한 기도를 드렸다. 모세는 하나님의 영광 보기를 원했다. 하나님의 반응은 아주 흥미롭다. 이 본문은 우리에게 하나님의 영광을 체험할 수 있는 2가지 중요한 방법을 알려준다.

1. **하나님의 영광을 보다** : 하나님은 모세에게 자신의 얼굴을 보는 자는 아무도 살아남을 수 없다고 말씀하셨다. 모세의 기도가 위험한 이유가 이것이다. 우리는 하나님의 영광을 보는 것이 하나님의 얼굴을 보는 것임을 알아야 한다(하나님의 영광을 보는 것의 또 다른 말씀들 : 출 16:7, 시 63:2, 97:6, 사 35:2, 40:5, 62:2, 마 24:30, 막 13:26, 눅 21:27). 하나님의 영광을 보는 것은 치유와 기적, 집회 공간 안에 눈으로 볼 수 있는 영광의 구름 혹은 기타 비범한 영향력 같은 초자연적인 나타나심을 포함한다.

2. **하나님의 영광을 듣다** : 하나님은 모세를 바위틈에 숨기시고 자신의 이름을 선포하셨다. 모세는 오직 하나님의 등을 보고 하나님의 음성을 듣는 것만 허락받았다. 또 이전에 모세는 타오르는 떨기불에서 나오는 하나님의 음성("스스로 있는 자", 출 3:4~14)을 듣고 영원히 바뀌었다. 하나님은 소리로 우리에게 영광의 영역을 계시하기 원하신다.

3. 하나님의 영광을 맛보다 : 하나님은 우리가 주님의 선하심을 맛보아 알도록 초대하신다(시 34:8). 하나님의 말씀은 꿀보다 달고(시 119:103) 그 열매는 신부의 입에 달다(아 2:3). 하나님은 "알면 맛보게 될 것이다"라고 말씀하지 않으셨다. 우리가 하나님의 말씀을 마음에 받아들이고 주님을 "맛봄"으로써 우리 눈이 하나님의 영광을 향해 열린다. 아담과 하와는 에덴동산에서 선악과를 맛보았다. 그들은 단 한 번의 맛봄으로 더 깊고 위대한 하나님의 영광으로 나아가는 문을 닫고 온 땅에 파멸을 퍼뜨렸다. 이제 맛봄으로 우리 시각이 회복되고 하나님과 나누는 교제가 새로워질 것이다.

4. 하나님의 영광의 향기를 맡다 : 주님의 결혼 예복에는 몰약, 침향, 육계의 향기가 난다(시 45:8). 술람미 여인은 우리 주님의 이름이 쏟아 놓은 향기를 같다고 노래했다(아 1:3). 특히 아가서에서 주님은 "몰약"으로 묘사되며 향품으로 향내를 풍기는 상인이시다(아 3:6). "아바 아버지"(막 14:36, 롬 8:15, 갈 4:6)라는 외침은 "아빠, 나는 당신의 향기를 사랑해요"라는 뜻이다.[6]

5. 하나님의 영광을 만지다 : 예수님 당시에 많은 사람이 예수님의 옷자락 끝이라도 만지면 질병에서 나을 것을 알았다(마 9:21, 14:36, 막 3:10, 5:28, 6:56, 8:22, 10:13, 눅 6:19). 나는 기도와 예배 안에서 하나님의 영광의 감촉과 무게를 수없이 체험했다. 하나님의 영광이 임하면 마치 하나님의 손이 나를 의자나 바닥으로 누르시는 것 같다. 그러면 나는 몇 시간 동안 움직일 수 없었다. 어떨 때는 하나님의 사랑이 내 마음에 즐거운 고통을 일으키시어 호흡이 가빠질 정도다. 이것은 절대 무서운 체험이 아니다. 하나님은 사랑으로 우리를 취하신다. 하나님의 모든 손길과 하나님의 영광

에 접촉하는 것은 내 마음의 또 다른 영역이 정복당하여 하나님의 성품이 각인된다는 의미이다. 모든 신자가 하나님의 영광을 보고, 듣고, 맛보고, 향기 맡고, 만지도록 허락받았다.

영광의 층

"주의 영광을 보매" - 성경에는 450개 이상의 구절에 하나님의 영광이 나온다. 나는 이 중에 약 절반 이상이 신약성경에 나온다는 것을 알고 무척 놀랐다. 우리는 하나님의 영광이 나오는 성경 구절을 통해 다음의 사실들을 배울 수 있다.

1. **영광의 장소** : 하나님의 영광은 성소에 들어오고 나갈 수 있다(겔 10:4, 18, 44:4). 하나님의 영광은 장막을 거룩하게 한다(출 29:43). 하나님의 영광은 때로 성소를 가득 채운다(대하 5:14, 7:1~3, 시 63:2, 겔 43:5, 44:4, 계 15:8). 하나님의 영광이 온 땅을 채울 것이다(민 14:21, 합 2:14, 시 57:5, 11, 72:19, 108:5). 하나님의 영광이 열방에 선포될 것이다(대상 16:24, 사 42:12, 66:18). 하나님의 영광이 모든 처소의 모든 사람을 통해 선포될 것이다(대상 16:28~29, 시 29:1~2, 96:3, 7~8). 하늘이 하나님의 영광을 선포한다(시 19:1, 97:6). 하나님의 보좌 앞에서 끊임없이 하나님의 영광이 선포된다(사 6:3, 계 4:8). 하나님의 영광은 임재를 동반한다(대상 16:27).

2. **영광의 효과** : 하나님의 영광이 임하면 종종 사람이 서 있지 못했다(왕상 8:11, 대하 5:14, 7:2, 겔 44:4, 행 22:6). 하나님의 영광은 두려움을 불러일으킨다(시 102:15, 사 2:10, 19, 21, 59:19, 눅 2:9).

3. **영광의 면류관** : 하나님은 영광으로 옷 입으시고 영광의 면류관 쓰신다(욥 40:10, 히 2:9). 하나님의 사람들은 주님을 위해 영광의 면류관을 만든다(사 62:3). 하나님은 자신의 자녀들의 영원한 영광의 면류관이 될 것이다(사 28:5, 벧전 5:4). 우리의 하나님은 영광의 왕이시다(시 24:10).

4. **마지막 때와 영원한 영광** : 하나님은 영광중에 나타나실 것이다(시 102:16). 이 땅의 모든 사람이 영광중에 오실 하나님을 볼 것이다(마 24:30). 하나님의 영광이 영원히 지속한다(시 104:31, 마 6:13, 벧전 5:11, 계 4:9, 11, 5:12~13, 7:12, 19:1). 하나님의 영광이 영원토록 빛날 것이다(사 60:19, 21:23).

5. **영광의 소유** : 하나님의 영광은 지혜로운 사람의 유산이다(잠 3:35). 하나님의 영광은 그 누구와도 나눌 수 없다. 영광은 오직 하나님의 것이다(사 42:8, 48:11). 사람은 죄 때문에 하나님의 영광에 이르지 못한다(롬 3:23). 우리의 큰 소망은 하나님의 영광이다(롬 5:2, 골 1:27). 하나님은 우리 삶에서 주님과 주님의 영광의 역사를 더 잘 이해하도록 지혜와 계시의 영을 주신다(엡 1:17~19).

6. **영광의 계시** : 하나님의 영광은 하나님의 백성들에게 보일 것이다(사 60:1-2, 62:2, 학 2:7). 하나님은 주님의 백성 안에 또 그들을 통해 주님의 영광을 드러낼 계획이시다(사 43:7, 60:7, 요 17:10, 22, 롬 8:18, 30, 고전 2:7, 10:31, 고후 10:17, 갈 6:14, 엡 3:21, 5:27, 벧전 5:1). 큰 기쁨을 동반한다(벧전 4:13, 5:1). 하나님의 영광은 주님을 섬기는 자들을 둘러싼다(사 58:8). 하나님의 영광은 예수

님 안에 또 주님을 통해서 나타난다(요 1:14, 2:11, 12:23, 13:31-32, 14:13, 17:1, 4~5). 오직 하나님만이 모든 영광 받으시기에 합당하신 분이시다(계 4:11, 5:12).

초월적이며 신비한 영광

"주의 영광을 보매" - 참된 예배는 반드시 초월적 요소를 포함한다. 수직적인 예배는 하나님에 관해 노래하기보다 하나님께 노래한다. 초월적 예배는 우리 자신의 필요에 초점을 맞추지 않고 왕이시며 아버지이신 놀랍고 영광스러운 하나님께 초점을 맞춘다. 권위의 존중을 많이 잃어버린 오늘날, 우리는 쉽게 자아에 집중하고 하나님을 익숙하게 여긴다. 우리는 우리 모든 호흡이 하나님의 손안에 있는 것과(욥 12:10, 34:14~15) 하나님의 얼굴이 태양처럼 빛나는 것과(계 1:16), 하나님이 위대한 권능과 위엄의 옷을 입으신 것과(대상 29:11, 시 93:1, 104:1), 하나님만 지혜로 충만하시며 완전히 아름다우시고 그 무엇과도 비교 불가한 완전한 분이라는 것을(욥 9:10, 11:7) 잊어버렸다.

라마르 보쉬맨은 자신의 글에서 초월적 예배를 설명한다. 신자들이 예배에서 자기 필요와 그 필요를 충족하는 능력을 구하는 데 지나치게 많은 시간을 소비하고 있으며, 이제는 예배의 초점을 우리 필요가 아닌 주님의 위엄에 맞추어야 한다고 주장한다.

우리가 초월적 예배를 체험할 때 현실의 시간이 의미가 없어지고 모든 것이 변한다. 우리가 초월적인 차원의 예배를 체험할 때 하나님의 놀라운 임재를 깨닫는다. 우리의 예배는 우리의 감정과 필요와 상황을 초월해야 한다.[7]

리처드 레오나드는 초월적 예배를 이렇게 설명한다.

참된 성경적 예배의 초점은 언제나 예배받으시는 하나님께 있다. 성경적 예배자는 하나님의 신비 앞에서 압도적인 경외심과 존경, 심지어는 두려움을 느끼며 창조주 앞에 나아간다. 우리는 예배의 초월적 측면으로 하나님을 체험한다.[8]

하나님의 신비한 임재를 체험하는 방법은 하나님의 성품과 뜻을 감미롭게 알려주시는 잔잔한 감동과 신현^{THEOPHANY}이라고 알려진 눈에 보이는 놀라운 만남에 이르기까지 다양하다. 하나님과의 만남은 이기심과 지적인 생각을 초월하며 우리 전 존재가 주님을 바라보고 주님께 사로잡히게 한다. 리처드 포스터는 이 체험을 "하나님의 쉐카이나에 침노당하는 것"이라고 언급한다.[9]

신현 – 하나님의 나타나심

성경에는 많은 신현이 나온다. 나는 이 중 일부를 '표 4 – 하나님과의 만남'에 요약했다. 신현을 연구하는 목적은 하나님을 만나는데 필요한 것과 하나님의 영광이 나타나는 다양한 방식, 그리고 하나님의 영광이 사람에게 끼치는 영향을 이해하는 것이다. 우리 목표는 단지 초자연적인 현상을 체험하는 것이 아니라 하나님의 깊은 지식을 얻는 것이다. 우리는 여러 성경 인물처럼 열심과 헌신으로 하나님을 추구해야 한다.

나는 도표 3에서 성경 인물과 하나님이 만난 장소를 기록했다. 성경 인물이 하나님을 바라보며 얼마나 오랜 시간을 보냈는지, 하나님을 만나는 특별한 광경을 위해 자신의 삶을 어떻게 준비했는지, 실제로 무엇을 보았는지, 그들에게 나타난 초자연적인 계시는 어떤 것인지, 어떤 계시를 받았는지, 그리고 개인적인 삶에 어떤 결과와 영향이 있는지, 하나님이 방문하신 결과로 어떤 변화가 찾아왔는지 살펴보았다.

하나님의 영광

하나님의 영광은 그 자체로 우주에서 가장 강력한 능력이다. 예배는 하나님의 권능과 영광의 계시가 임하는 기류를 만든다. 신자의 삶은 하나님의 권능과 생명과 영광을 보여주는 진술서다. "그런즉 너희가 먹든지 마시든지 무엇을 하든지 다 하나님의 영광을 위하여 하라"(고전 10:31).

하나님의 빛은 신자의 눈을 멀게 하는 힘이 아니라 하나님의 참된 본성을 알려주는 초자연적인 계시의 빛이다. 하나님을 하는 것이 거룩한 계시이다. 우리의 지혜로는 절대 하나님을 알거나 이 삶을 이해하지 못하므로 하나님을 향한 우리 이해와 세계관은 오직 하나님의 임재와 말씀의 빛에서 출발해야 하나님의 관점을 이해할 수 있다. "… 주의 빛 안에서 우리가 빛을 보리이다"(시 36:9).

> "성령님은 우리 마음의 악함으로 어둡게 움푹 들어간 부분을 비추신다. 하나님의 보좌에서 나온 한 줄기 빛이 피조된 지혜에서 나오는 정오의 광채보다 낫다."(찰스 스펄전)[10]

표 3 - 성경에 나오는 하나님과의 만남

이름	장소	기간/시간	준비	나타나심	받은 메시지	결과	변화된 삶의 영역
아담/하와 창세기 2-3장	에덴동산 창세기 2-3장	?	하나님이 그들을 형성하셨다.	하나님은 그들 앞에서 공개적으로 가니셨다. 창세기 3:8	하나님은 자신의 어떤 것이든 그들에게 보이셨다.	1. 하나님과 연합 2. 죄 없음	우리는 단지 그들이 영광에서 영광으로 이르렀을 것이라 추정한다.
에녹 창세기 5:22-24	?	?	늘 하나님과 동행했다.	?	?	하나님께서 그를 데려가셨다	영화로운 몸을 받았다.
아브람 창세기 12:7	세겜	?	하나님의 명령에 순종	하나님이 나타나심	아브람과 후손을 향한 무조건적인 약속	제단을 세웠다	믿음의 사람으로 성장했다.
아브람 창세기 17:1-22	?	?	하나님의 명령에 순종	하나님이 나타나심	아브람의 언약과 아들 약속	그는 엎드렸다/웃었다	이름이 바뀌었다
아브람/사라 창세기 18:1	마므레 상수리 나무	?	하나님의 명령에 순종	세 사람(하나님)이 그 옆에 서 있었다	여호와께 능하지 못한 일이 있겠느냐? 이전 약속의 확인, 소돔과 고모라의 멸망	돌라나가 영접하며 몸을 땅에 굽혔다.	?
사라 창세기 21:1	게라르	?	하나님의 약속을 믿음 - 히 11:11	?	?	사라의 몸이 새로 워졌다. /잉태할 수 있었다.	사라가 잉신했다.

이름	장소	기간/시간	준비	나타나심	받은계시	결과	변화된 삶의 영역
야곱 창세기 28:10-22	모리아 산으로 추정	하룻밤	가족 및 유산에서 분리	12절 열린 하늘/하늘과 땅 사이의 사다리/오르락 내리락하는 천사들/주님께서 곁에 서 계심	아브람 언약의 회복/16절 "여호와께서 과연 여기 계시거늘"	17절 경외와 두려움	마음이 변화가 시작됨/22절 야곱이 하나님께 드리기 시작
야곱 창세기 32:22-32	브니엘 (하나님의 얼굴). 얍복 나루	하룻밤	9절 기도/22-23절 얍복을 건너고 신뢰한 모든 것을 뒤에 두고 홀로 있음	야곱이 주님과 밤새도록 씨름함 24-30절 하나님의 얼굴을 봄	야곱이 계시를 받음. 주님께서 야곱의 이름을 바꾸심	1. 2절 회개 2. 26절 축복을 위해 하나님과 씨름함	1. 28절 그의 이름과 성품이 변화됨(그는 하나님의 왕자가 됨) 2. 25, 31절 다리를 절게 됨
모세 출애굽기 3-4:7	시내산의 일부인 호렙산으로 추정	3일	애굽의 40년. 광야의 40년. 모세의 애굽의 왕자셨지만 겸손해짐	1. 떨불에 불이 붙으나 타지 않음 2. 천사가 나타남 3. 하나님의 음성 4. 지팡이가 뱀으로 변했다가 다시 지팡이가 됨 5. 손이 나병에 걸렸다가 치유	14절 하나님이 처음으로 자신에게 이름을 붙이심-스스로 있는 자. "나는 나타냈고, 나타나며, 나타낼 것이다."	1. 모세가 두려워 그의 얼굴을 숨김 2. 그의 신을 벗음	하나님의 부르심 - 목자에서 구원자로

이름	장소	기간/시간	준비	나타나심	받은계시	결과	변화된 삶의 영역
모세 출애굽기 19-24:8	시내산 (가시덤불)	3일	1. 10절 사람들이 성화되었다 2. 11절 그들은 3일을 기다렸다	1. 19:9 두터운 구름 속에 하나님의 임재 2. 16절, 20:18 지진, 천둥, 번개 3. 18절 시나이산 연기와 불 4. 20:21 짙은 어둠 5. 19:19 하나님의 음성	20:1-17 십계명	1. 두려움과 떨림 2. 멀리 떨어져 서다 3. 나무 가까이 오는 자는 죽음	19:6, 모세가 구원자뿐만 아니라 제사장으로 부르심 심받음 20:21 모세가 믿음과 순종으로 하나님께 반응, 하나님 가까이 나아감.
모세 출애굽기 24:9-31:18	시내산	40일 주야	24:16 하나님의 임재 안에서 6일간의 기다림	24:17 하나님의 영광의 모습은 집어삼킬 못한 불과 같았다	모세의 장막에 관한 명령	모세가 하나님께 가까이 나아갔다	32:7-28 하나님의 부르심-제사장이 된 모세
모세 출애굽기 33-34	시내산/호렙산 기슭, 그리고 도슨 위	40일 주야	7절 죄의 진과 분리	1. 10절 구름 기둥 2. 11절 얼굴을 맞대고 이야기하시는 하나님 3. 23절 하나님의 등을 봄	1. 34:6-7 하나님의 성화심과 엄하심-심주님의 이름 2. 34:28 십계명	34:8 모세는 즉각 엎드려 경배함	34:29-25 모세의 얼굴이 하나님의 얼굴처럼 빛나서 가리야 했음

이름	장소	기간/시간	준비	나타나심	받은메시지	결과	변화된 삶의 영역
여호수아 여호수아 5:13-6:5	여리고 근처 길갈	?	1. 5:2-9 순종 2. 유월절을 지킴	칼을 빼어 손에 든 남자-여호와의 군대 대장 (예수님)	6:2-5 여리고 승리를 위한 전투계획	1. 얼굴을 땅에 대고 엎드려 경배했다 2. 신발을 벗었다.	하나님의 부름 신-여호수아는 구원자이며 전사가 되었다
엘리사 열왕기하 2:1-14	요단	한 순간	1. 엘리사는 엘리야의 곁에 있었다 2. 길갈에서의 고집	1. 불수레 2. 불말 3. 엘리야가 들려 올라가다	9절 갑절의 기름부음	1. 12절 외치다 2. 자신의 옷을 찢다 3. 14절 엘리야의 겉옷으로 물을 가르다	하나님의 부름 신-엘리사는 이제 종일뿐만 아니라 선지자가 되었다
이사야 이사야 6:1-13	예루살렘 성전으로 추정	?	이사야의 아버지 형제인 웃시야 왕의 죽음	1. 높이 들린 보좌에 앉으신 주님 2. 1-4절 스랍 3. 4절 하늘의 문이 흔들리는 것을 보았다 4. 6-7절 하나님의 제단 숯이 그의 입에 닿았다 5. 8절 삼위일체에서 말씀하시는 것을 보았다	1. 5절 사람의 죄성 2. 8-10절 백성을 향한 하나님의 마음	1. 5절 회개 2. 6-7절 정화 3. 8-9절 부르심	1. 울부짖음-"그들에게 화있을지어다"에서 "화로다 나여" 2. 6-7절 정화 3. 그의 부르심

이름	장소	기간/시간	준비	나타나심	받은 계시	결과	변화된 삶의 영역
에스겔 에스겔 1:1-13	그발	?	사로잡힘	에스겔 전체는 환상으로 가득하다. 스랍, 불, 회오리바람, 구름, 하나님의 보좌, 네 생물, 주님의 영광, 열린 하늘, 하나님이 에스겔에게 하실 때 하나님의 영이 그에게 임했다. 땅과 하늘 사이에 들어 올려졌다.	1. 하나님의 영광과 주님의 예언적 계획 2. 하나님의 말씀을 하실 때 주님을 보고 들었다	1. 1:28, 3:23 얼굴을 땅에 대고 엎드렸다 2. 3:15 놀라서 칠 무스로 7일을 보냄	3:8 하나님은 에스겔이 백성에게 예언적 메시지를 전달하라고 른 고 나음 전하도록 준 진하라고 공급하지 않는 의지와 성품을 그에게 주셨다.
이사야 이사야 6:1-13	예루살렘으로 추정	?	이사야의 아버지 형제인 웃시야 왕의 죽음	1. 높이 들린 보좌에 앉으신 주님 2. 1-4절 스랍 3. 4절 하늘의 문이 흔들리는 것을 보았다 4. 6-7절 하나님의 제단 숯이 그의 입에 닿았다 5. 8절 삼위일체에서 말씀하시는 것을 보았다	1. 5절 사람의 죄성 2. 8-10절 백성을 향한 하나님의 마음	3:29 조서를 내림 - 각 나라는 주님을 섬길지어다.	30절 느부갓네살 왕의 궁정에서 높임 받음

이름	장소	기간/시간	준비	나타나심	받은메시지	결과	변화된 삶의 영역
다니엘 다니엘 7:9-28	바빌론 -벨사살 왕 원년	?	포로 생활 중에도 신실함	1. 9절 옛적 2. 9절 하나님의 보좌 3. 10절 하나님의 섬기는 천사	1. 9절 하나님의 이름, "옛적부터 항상 계신 이"-성경에서 하나님으로 마지막에게 붙여진 이 유일한 이름 2. 14절 하나님의 나라 3. 하나님의 영원한 제왕	7:15, 28 그는 근심하고 번민하고 경계했다	28절 다니엘은 자신이 생각으로 번민함. 그의 얼굴빛이 변했지만 이를 비밀로 간직함.
다니엘 10장	힛데겔 강가/ 티그리스 강	?	1. 9:3 기도 2. 10:2-3 3주 간 슬퍼함 3. 10:12 깨달음을 위한 다니엘의 마음. 다니엘이 하나님 앞에서 겸손과 말에 주님은 음제로 반응하셨다.	5-6절 비범한 사람 (그리스도)	1. 미래의 사건 2. 다니엘은 천사와의 초자연적인 관계를 사이의 생을 엿봄	1. 7절 크게 떨며 도망하여 숨음 2. 몸에 힘이 빠짐 3. 8절 얼굴이 창백해짐 4. 9절 깊은 잠 5. 9절 얼굴을 땅에 대고 엎드림 6. 말할 수 없음	18-19절 힘이 회복됨

이름	장소	기간/시간	준비	나타나심	받은메시지	결과	변화된삶의 영역
마리아 누가복음 1:26-38	나사렛-이방과 경계로 보잘 것 없는 곳	?	28절 은유함. 마리아의 하나님과 맺은 관계로 축복과 은혜를 받게 됨	1. 26-38절 가브리엘 천사가 그녀와 이야기 함 2. 36절 성령님이 임으심	32-33절 마리아가 잉태하여 그 나라가 무궁한 메시야를 출산함	1. 29절 번민 2. 38절 겸손한 순종	열매를 맺어 메시아를 낳게 됨
베드로 야고보, 요한 마태복음 17:1-13	높은 산	?	예수님과 친밀함	1. 2절 예수님의 변모 2. 3절 모세와 엘리야 3. 5절 밝은 구름 4. 5절 하나님의 음성	13절 예수님의 계시	6절 엎드려 심히 두려워함	인자할 수 있는 것은 죽음(제자들은 많이 계실 때 그리고 하늘로 올라가실 때 영광을 입으신 그리스도를 만났다)
스데반 사도행전 6:15, 7:55-60	예루살렘	몇 시간으로 추정	6:3-5, 8, 10, 7:55 그는 지혜, 정직, 믿음, 성령의 능력과 충만함으로 성장함	1. 6:15 그의 얼굴이 천사와 같았다 2. 하나님의 영광 그리고 하나님의 오른편에 서계신 예수님을 봄 3. 55-5절 열린 하늘을 봄	스데반은 하나님의 영광이 계시 될 받음. (그의 설교는 하나님의 영광으로 시작하고 끝난다)	54-57절 듣는 사람들: 1. 마음이 찔리다 2. 스데반을 향해 이를 갈다 3. 큰 소리를 지르다 4. 귀를 막다 5. 그에게 달려들다	6:15 그의 얼굴이 빛나다

이름	장소	기간/시간	준비	나타나심	받은계시	결과	변화된 삶의 영역
바울 사도행전 9:3-8	다메섹 근처의 길 위에서(어떤 이들은 오직 길에서 만 하나님을 만난다)	?	스데반의 순교와 교회 박해	1. 3절(사도행전 26:13) 해보다 밝은 빛이 둘러 쌈 2. 하나님의 음성	1. 예수님-세상의 빛 2. 6절 자신-죄인	1. 4절 땅에 엎드림 2. 6절 놀라고 떪다 3. 8절 3일 간 앞을 못봄	1. 사울에서 바울로 이름이 바뀌다 2. 성품이 바뀌다. 교회를 향한 분노에서 위대한 사도로 옮겨감. 3. 6절 주님을 순신의 마음을 순복함
요한 요한계시록	1:9 밧모섬	?	1. 1:9 환란 2. 1:10 성령에 감동됨	1:13-16 인자 같은 이, 10절 나팔 소리 같은 음성	1. 하나님의 어린양 2. 알파와 오메가 3. 하나님의 보좌 4. 교회 5. 마지막 때 6. 천국 7. 영원	17절 앞드러져 죽은 자 같이 됨	축복받다

9장

예배는 변화시킨다

"그와 같은 형상으로 변화하여"

우리가 예배하는 신들은 우리 얼굴에 자기 이름을 새긴다.
주도권을 잡고 지배하는 신이 사람의 성품을 결정한다.
우리는 우리가 예배하는 대상으로 변화하기 때문에
무엇을 예배하는지 주의해야 한다.
- 랄프 왈도 이머슨 -

"그와 같은 형상으로 변화하여" - 우리는 하나님의 형상으로 창조되었지만 아담과 하나의 죄가 우리를 하나님과 분리했다. 하지만 우리가 예배하면 하나님께 더 가까이 다가가서 하나님을 더욱더 닮을 수 있다. 존 드라이든은 창조를 이렇게 기록한다.

더 부드러이 빚었을 뿐인 사람은
동료의 멸망이 아니라 서로 돕도록 창조되었다.
하나님의 고결한 형상을 따라
친절하고 은혜롭고 자유롭게 창조되었다.[1]

우리가 하나님을 바라볼 때 "거룩한 순환 효과"가 일어난다. 얼굴을 덮는 수건을 벗고 하나님을 볼수록 더 많이 변화한다.

변화는 하나님을 더 보기 원하는 갈망과 소원을 일으키며 그 결과 우리는 더욱 하나님의 형상을 닮아갈 것이다. 이것이 예배의 위대한 성경적 원칙인 "거룩한 순환 효과"이다.

샐리 모건셀러는 우리가 하나님을 예배할 때 하님의 임재 안에서 자아^{SELF}를 버리고 하나님의 마음과 형상이 예배자에게 임한다고 말한다. "본질적으로 기독교 예배는 하나님과 자녀의 영과 진리의 상호작용이며 영적인 교환이다."[2]

"그와 같은 형상으로 변화하여" - 참된 예배를 드리면 반드시 변화가 일어난다. 이것이 하나님과의 만남이 가진 능력이다. 그러므로 예배했다고 말하면서 삶에 변화의 뚜렷한 증거가 없다면 스스로 속고 있는 것이다. 자신이 예배했다고 생각하지만, 사실은 얼굴을 덮은 자아의 수건을 벗지 못했기 때문에 하나님을 보지 못한 것이다. 물론 예배하면서 노래하고 기도도 했겠지만 노래와 말이 우리를 바꾸는 것이 아니라 하나님의 임재와 놀라운 은혜로 가득한 거룩한 만남이 우리를 변화시킨다.

하나님은 예배 안에서 우리 존재의 핵심과 세포까지 모두 바꾸셔서 우리가 생각하고 느끼며 믿고 행동하며 말하는 생활 방식에 궁극적인 변화를 일으키신다. 변화의 결과 우리 삶이 하나님의 거룩한 뜻과 목적을 따라 살게 된다. "소극적인 자아와 연약함 밖에 지극히 높으신 하나님의 성소로 인도하는 문이 있다."[3]

존 스티븐슨은 이렇게 덧붙인다. "당신은 하나님의 권능으로 변화되거나 혹은 하나님의 권능으로 유죄 판결을 받을 것이다."[4] 예배는 영원한 영적인 맞교환을 제공한다. 우리는 예배의 제단에 자아를 남겨두고 그리스도의 형상을 얻는다.

"그와 같은 형상으로 변화하여" - 이 구절에서 사용한 시제는 현재진행형이다. 하나님의 변화의 능력이 우리가 하나님을 바라보는 그 순간 우리에게 역사한다. 우리가 하나님의 영광을 바라보는 동안 거룩한 변화가 지속되며 이 변화에 한계가 없다.

예배는 다른 관점을 제시한다

예배와 찬양은 모든 것을 향해 다른 관점을 제시한다. 자아를 내려놓는다는 것은 우리 마음의 상처와 원죄에서 나오는 생각을 버린다는 뜻이다. 하나님과의 만남에서 우리 삶에 일어나는 변화를 어떤 이들은 연기와 불, 바람과 천상의 목소리 같은 영적인 것으로 생각할 수 있다. 사실 이런 사건들은 실제로 성경에 기록되어 있으며 오늘날에도 여전히 일어나지만 하나님과 만남의 보편적 표준은 아니다.

우리는 자주 "하나님의 음성을 들었다", "하나님을 만났다", "하나님의 임재를 느꼈다", "하나님의 영광을 보았다"처럼 하나님과 만남을 표현한다. 나는 이런 거룩한 교제가 하나님의 자녀인 신자들의 일상이었으면 좋겠다. 하나님은 우리와 끊임없이 교제하기 원하시며, 우리를 향한 하나님의 사랑에 반응하여 하나님을 추구하는 모습을 기뻐하신다.

종종 하나님은 속삭임이나 마음과 생각의 감동으로 우리에게 말씀하신다. 어떤 일이나 상황 혹은 순간에 하나님의 손길로 역사하셔서 우리가 알아차리게 하실 때도 있으며 우리 생각이나 감정으로 알아차릴 수 없도록 아주 미세하게 상황을 조정하시기도 한다. 하나님은 기록된 말씀과 음악, 친구들, 혹은 지도자나 하나님이 지으신 모든 것으로 우리에게 말씀하신다.

우리가 하나님을 만나는 방법과 가능성은 하나님의 영원하신 존재처럼 끝이 없다. 하나님의 사랑과 은혜에 감동하거나 때로는 마음의 강퍅함을 느껴 회개하기도 하고 자신을 향한 하나님의 갈망을 느껴 돌이킬 때도 있으며 이전에는 부족했던 타인을 향한 긍휼의 마음이 일어날 때도 있다. 어색하지만 열정적으로 그리스도를 증거하며 개인적 고군분투 끝에 새로운 희망의 빛을 보거나 절망적으로 보였던 전투에서 승리를 체험하기도 한다.

하나님이 우리에게 어떻게 역사하시든 변화가 함께한다. 때때로 하나님은 한 번에 자신을 다 드러내시지 않고 한겹 한겹 드러내시며, 그때마다 우리 내면의 자아도 한 겹 한겹 변화하도록 점진적으로 이끄신다. 초대 교회 사도들의 변화는 예수님을 믿지 않는 사람들도 단번에 알아차릴 수 있었다. "그들이 베드로와 요한이 담대하게 말함을 보고 그들을 본래 학문 없는 범인으로, 장점은 없는 보통 사람으로 알았다가 이상히 여기며 또 전에 예수와 함께 있던 줄도 알고" (행 4:13, 확장번역).

사람들은 베드로와 요한의 눈빛에 담긴 특별함과 거침없이 말하는 모습에 놀랐다. 사람들이 알던 베드로와 요한은 "학문 없는 범인이요, 그저 장점은 없는 보통 사람"이었기에 때문이다. 베드로와 요한의 삶에 나타난 능력과 성품은 자신에게서 나올 수 없는 것이었다. 부활하신 영광스러운 그리스도와의 교제가 제자들을 며칠 만에 완전히 새로운 사람으로 변화시켰다.

나는 믿지 않는 사람들이 예배하는 교회를 관찰할 때 이런 일이 일어나기를 기도한다. 우리가 식당과 마트, 집과 일터로 돌아갔을 때 사람들이 우리를 보고 달라진 것을 알 수 있어야 한다. 예배는 변화를 일으키고, 변화는 우리 삶에 그리스도의 형상을 나타낸다. 우리 삶을 지탱하는 것은 우리가 아니라 그리스도이시다.

다윗은 시편에 삶을 바꾸시는 하나님과의 만남을 갈망하는 예배자들을 위한 완벽한 기도를 남겼다.

> 매일 동이 틀 때 주의 귀에 들리는 소리 있으니 기도의 제사를 준비하는 내 목소리이나이다. 아침마다 내 삶의 조각들을 제단 위에 펼쳐놓고는 주의 불이 내 마음 속에 떨어지기를 기다리나이다. (시 5:3 THE PASSION TRANSLATION)

이 땅을 위한 하나님의 계획은 영광과 관련이 있다

하나님의 영광을 온 땅에 퍼트리기 위한 하나님의 계획은 단순하다. 예배는 우리를 하나님의 성품에 참여하게 하며(벧후 1:4) 우리는 예배의 결과로 하나님의 영광의 사역자가 되어 세상에 나아간다. "우리로 말미암아 각처에서 그리스도를 아는 냄새를 [어디에나 분명하게 보도록] 나타내시는 하나님께 감사하노라 우리는 그리스도의 [달콤한] 향기니"(고후 2:14~15 확장번역). 우리가 예배와 기도와 교제 안에서 하나님을 바라볼 때 주님의 형상이 우리 존재의 핵심을 관통한다. 우리는 절대 이전과 같을 수 없다. "그들이 주를 앙망하고 광채를 내었으니…"(시 34:5).

"그와 같은 형상으로 변화하여" - 우리 목표는 어떤 사람이나 그 사람의 은사를 닮는 것이 아니다. 유명한 TV 설교자나 여러분의 교회를 방문한 마지막 부흥사를 닮는 것이 목표가 되면 안 된다. 우리 목표는 사람이 아니라 그리스도의 형상을 본받는 것이다.

[나의 확고한 목적은] 내가 그를 아는 것이다 [주님의 놀라우신 위격을] 더 강하고 분명하게 인지하고 깨닫고 이해함으로 점차 주님을 더 깊고 친밀하게 아는 것이다. 그리고 마찬가지로 [믿는 자들에게 행사하는] 주님의 부활에서 흐르는 권능을 알게 될 것이다; 그리고 죽음에 이르기까지 지속해서 변화하는 [영으로 주님의 형상에 이르기까지] 그의 고난에 참여하여 (빌 3:10, 확장번역)

빌립보서 3:10에서 사도 바울은 사고 체계를 조금 바꾸거나 쉽게 영적 깨달음을 얻는 길을 알려주지 않고 오히려 자아가 완전히 죽는 길을 선택하라고 도전한다. 리처드 포스터는 이렇게 말한다. "예배는 소극적이거나 편안한 것을 추구하는 사람들을 위한 것이 아니다. 예배는 우리 자신을 영적인 모험으로 가득한 삶에 개방하는 것이다."[5]

우리는 예배하는 대상을 닮는다

우리는 예배할 때마다 하나님의 모습으로 변화한다. 이 원칙은 우리가 거짓 우상을 숭배하든 참 하나님을 예배하든 적용된다. 아래 말씀을 같이 보자.

[4]그들의 우상들은 은과 금이요 사람이 손으로 만든 것이라 [5]입이 있어도 말하지 못하며 눈이 있어도 보지 못하며 [6]귀가 있어도 듣지 못하며 코가 있어도 냄새 맡지 못하며 [7]손이 있어도 만지지 못하며 발이 있어도 걷지 못하며 목구멍이 있어도 작은 소리조차 내지 못하느니라 [8]우상들을 만드는 자들과 그것을 의지하는 자들이 다 그와 같으리로다 (시편 115:4~8)

시편 기자는 본문에서 우상의 실체를 설명한다. 하나님 아닌 다른 우상을 만들고 숭배하는 사람들은 그 우상을 닮아서 말하고 행동하며 생각하고 살아갈 것이다. 예를 들어 어떤 이들이 권력과 자아를 숭배하면 그 영향력이 말과 행동에서 드러난다. 우리는 이 원칙이 하나님을 알지 못하는 나라와 민족에 그대로 역사하는 것을 본다. 나는 예전에 뱀을 숭배하는 나라를 방문했는데, 그곳의 뱀 숭배자들이 뱀 숭배를 마치고 자기들의 성전을 떠날 때 마치 뱀처럼 땅에 엎드려 몸을 굼실거렸다. 이 얼마나 비참하고 절망스러운 모습인가!

이제 다윗의 기도를 보자. "나는 의로운 중에 주의 얼굴을 뵈오리니 깰 때에 주의 형상으로 만족하리이다"(시 17:15). 확장번역으로 다시 한번 보면 이렇게 표현한다. "나는 의로움(의와 공의와 올바름) 안에서 계속 주님의 얼굴을 바라볼 것입니다. 나는 깨어 있을 때(나 자신을 발견하기 위해) 주님의 얼굴을 보고, [주님과 나누는 달콤한 교제로] 충분히 만족할 것입니다"(시 17:15 확장번역).

다윗은 고린도후서 3:18의 바울과 같은 방법으로 하나님의 얼굴을 볼 수 있었다. 다윗은 아침에 깰 때 자신의 삶을 정의하는 하나님과의 교제와 그 열매로 나타나는 하나님의 형상으로 만족했다. 사도 요한은 이렇게 기록했다. "… 그가 나타나시면 우리가 [하나님의 자녀로서] 그와 같을 줄을 아는 것은 그의 [진짜] 참모습 그대로 볼 것이기 때문이니"(요일 3:2, 확장번역).

하나님은 지금도 이 땅에 영광을 나타내시므로 우리는 마지막 때 하나님의 영광이 나타나 우리가 하나님을 닮게 할 때까지 기다릴 필요가 없다. 우리가 오늘, 지금 하나님을 볼 때 하나님의 형상으로 변화한다. "'전능하신 이 여호와 하나님께서 말씀하사 해 돋는 데서부터 지는 데까지 세상을 부르셨도다 ²온전히 아름다운 시온에서 하나님이 빛을 비추셨도다"(시 50:1~2, 개정).

예배의 부르심은 모든 나라를 위한 것이다

하나님은 모든 사람이 주님 앞에 나와 주님의 영광을 보도록 부르신다. 성경은 하나님을 예배하며 하나님의 임재를 사랑하는 사람들을 "시온^{ZION}"이라고 부른다. 하나님은 예배하며 하나님을 본 사람들, 예배자들을 통해 이 땅에 영광을 비추신다.

"그와 같은 형상으로 변화하여" - 변화의 과정은 신비롭다. 변화를 위한 궁극적인 과정은 갈보리에서 끝났지만 우리 삶에 변화의 과정을 완성하기 위해 결단할 영역이 있다. 우리가 결단할 부분은 삶에 역사하시는 하나님께 동의하고 순종하는 것이다.

바울은 로마 교회에 보내는 편지에 그리스도께서 우리 안에 역사하시는 변화의 중요성을 언급했다. "너희는 이 세대[이 세상]를 본받지 말고 [외부의 관습을 따라 하지 말고] 오직 마음을 [완전히] 새롭게 함으로 [새로운 이상과 새로운 태도로] 변화를 받아 하나님의 선하시고 기뻐하시고 온전하신 뜻이 무엇인지 분별하도록 하라"(롬 12:2 확장번역). 하나님이 역사하시는 일상이 곧 기적이다.

그리스도인의 대부분이 변화의 근본적인 의미를 모른다. 우리는 변화의 의미를 제대로 파악하기 위해 단어의 전체적인 의미를 볼 필요가 있다. 변화를 뜻하는 영어 Transformed는 헬라어 메타모르푸^{METAMORPHOO(MET-AM-OR-FO'-O 3339, 3326 및 3445)}에서 나왔다. 이 헬라어는 변형하다는 의미의 Transfigure로 번역하는데 원어는 '또 다른 형태로 바뀌다'라는 뜻이다. 바인 사전은 이렇게 말한다.

> 하나님의 권능 아래 성품과 행동의 표현이 완전히 변화하는 것
> 이다. 고린도후서 3:18은 신자들이 '그와 같은 형상으로 변화'(즉
> 그리스도의 모든 도덕적 탁월함을 닮음)한다고 설명한다. 이것은 성
> 령님을 통한 변화이다."[6]

영어 메타몰포시스[METAMORPHOSIS]는 헬라어 메타모르푸[METAMORPHOO]의 의
미에 가장 가깝다. 메타몰포시스의 의미는 다음과 같다.

> [1] 번데기가 나비로 변화하는 것처럼 생물의 생애의 한 단계에
> 서 다음 단계로 형태가 변화하는 것 2. 마법을 통한 형태, 구조,
> 또는 물질의 변화. 3. 외형의 두드러진 변화.[7] 그리고 [2] 사람이
> 나 사물의 외모나 행동 방식의 변화[8]

우리가 하나님을 만날 때 일어나는 변화는 애벌레가 번데기
로, 번데기가 나비로 변하는 것처럼 극적이다. 다음은 하나님께
서 우리 삶에 일으키시는 놀라운 변화의 몇 가지 예이다.

- 하나님은 우리 안의 어두움을 가져가시고 빛을 불어넣으신다 :
  "여호와여 주는 나의 등불이시니 여호와께서 나의 어둠을 밝히시
  리이다"(삼하 22:29). 또한 "어두운 데에 빛이 비치라 말씀하셨던
  그 하나님께서 예수 그리스도의 얼굴에 있는 하나님의 영광을 아
  는 빛을 우리 마음에 비추셨느니라 [이 빛은 메시아 예수 그리스도의
  얼굴에서 계시된 것이다]"(고후 4:6 참조 : 욥 12:22, 시 112:4, 사 9:2, 단
  2:22, 미 7:8, 요 12:46, 롬 2:19, 벧전 2:9)
- 하나님은 죽음에서 생명을 일으키시고 아직 존재하지 않는 것을

존재하는 것으로 부르신다 : "하나님은 죽은 자를 살리시며 없는 것을 있는 것으로 부르시는 이시니라"(롬 4:17).

● 하나님은 우리의 문제를 소망의 문으로 바꾸신다(호 2:15).

● 하나님은 우리 마음속의 메마른 땅에 시냇물이 흐르는 곳으로 바꾸시며 그곳에서 기뻐하고 꽃 피우는 법을 가르치신다(사 35:1, 7, 43:19, 4:3 등).

● 하나님은 우리의 어리석고, 하찮고, 약하고, 무시 받는 것을 일부러 택하시고 세우셔서 사람의 지혜와 자고함과 힘과 교만을 이기게 하신다(고전 1:27).

● 죄 없으신 하나님께서 우리 죄를 가져가셨을 뿐 아니라 예수님이 우리의 죄를 지시고 우리를 위해 모든 형벌을 치르셨다. 죄 중에 태어나 속까지 썩은 우리가 받아들여져 하나님의 의가 되었다(고후 5:21).

"영원히 거룩하신 분 앞에 서는 것이 곧 변화하는 것이다. 예배에서 증가한 권능이 우리를 성소로 들어가게 하고, 우리 영혼에 긍휼이 자라게 한다. 예배하면 변화한다"(리처드 포스터).[9]

예배는 우리 안에 그리스도의 형상을 만든다

우리는 그리스도의 형상으로 변화한다.

하나님을 추구하는 것은 전인격이 하나님을 닮도록 노력하는 것을 포함한다. 자발적으로 하나님을 높이고, 창조주와 피조물의 관계가 적절하게 조화된 예배와 순종의 자리에서 우리의 전인격을 기꺼이 복종해야 한다.[10]

"그와 같은 형상으로 변화하여" - 그리스도께서 우리 내면에 일으키시는 변화는 하나의 과정이다. 예배 안에서의 변화는 일회성 사건이 아니며 우리가 선택할 수 있는 것이 아니다. 우리가 하나님을 예배하면 변화한다. "우리가 주님과 연합하여 믿음으로 주님과 주님의 뜻을 바라볼 때 더 위대한 완전함으로 나아갈 수 있다."[11] 빌립보 교회에 보내는 바울의 편지에 담긴 변화 과정의 깨달음을 확장번역으로 보자.

또한 모든 것을 해로 여김은 내 주 그리스도 예수를 아는 지식이 가장 고상하기 때문이라 [정말 엄청나게 귀중하고 탁월한 가치이자 제일 큰 이익이기 때문이라] [주님을 더 완전하고 명확하게 인식하고 이해하며 내가 그를 위하여 모든 것을 잃어버리고 배설물[찌꺼기]로 여김은 그리스도 [기름부음 받은자]를 얻고 [실제로] 그 안에서 있는 사람이니 내 (스스로 이룬) 의는 율법에서 난 것이 아니요 오직 그리스도를 믿음으로 말미암은 것이니 곧 믿음으로 하나님께로부터 난 의라 (빌립보서 3:8~9, 확장번역)

모든 피조물은 하나님의 변화의 영광에 속한다

"그와 같은 형상으로 변화하여" - 창조된 모든 것이 하나님을 볼 때 변화할 수 있다. 예를 들어;

● 하나님께서 소멸하시는 불로 자신을 드러내실 때 그 불은 절대 타지 않는다 : 출 3:2~4, 단 3:21~26

● 생명수이신 예수님의 임재 안에서 물은;

- 대로HIGHWAY가 된다 : 출 14:21~22

- 바위틈에서 솟아 나온다 : 출 17:6

- 사람이 걸을 수 있는 길이다 : 마 14:25~29

- 포도주로 변한다 : 요 2:6~10

● 하나님은 반석이시며, 임재 안에 바위나 산은 때때로;

- 진동하거나 흔들린다 : 출 19:18, 시 68:8, 114:7, 사 64:1, 마 27:51,
  행 16:26

- 연기가 난다 : 출 19:18, 20:18, 시 104:32

- 돌로 만든 우상 다곤처럼 주님 앞에 엎드린다 : 삼상 5:3~4

- 뛰거나 뛰어오른다 : 시 114:4, 6

- 양초처럼 녹는다 : 시 46:6, 97:5

- 밀처럼 탈곡해서 여물로 만든다 : 사 41:15~16

- 노래한다 : 사 44:23, 49:13, 5:12

- **빵으로 변한다 : 눅 4:3**

- 입술을 열어 찬양한다 : 눅 19:40

- 바다로 뛰어든다 : 마 17:20, 21:21~23, 막 11:23

● 하나님은 알파와 오메가, 시작과 끝이다. 주님의 임재 안에서 시
  간을 지키는 태양은 ;

- 하늘에서 멈춘다 : 수 10:12~13

- 뒤로 물러간다 : 사 38:8

자연 요소가 하나님의 임재 안에서 이렇게 극적이고 초자연적
으로 변할 수 있다면, 이 땅에 오셔서 우리를 구원하신 주님의 임
재 안에서 우리는 얼마나 더 많이 변할 수 있을까? 확장번역은 고
린도후서 3:18을 이렇게 묘사한다. "끊임없이 증가하는 영광 속에

주님의 형상으로 계속 변화하여…." 우리의 변화 과정은 일정하고 지속적이다.

"그와 같은 형상으로 변화하여" - 이 영광스러운 진리에 비추어 보면 왜 그리스도인들이 그토록 일상생활에서 자주 나약하고 무력해 보이는지 궁금하지 않은가? 나는 오늘날 교회의 이런 슬픈 현실이 우리 삶에 하나님의 명백한 임재와 예배가 부족하기 때문이라고 생각한다. 우리가 "전능하시고", "지혜로 충만하시며", "기묘자", "치유자(우리를 온전하게 하시는 분)", "구원자", "왕"이신 하나님의 얼굴을 규칙적으로 본다면 이렇게 놀라운 하나님의 특징을 우리 삶에 반영하며 하나님을 증거하는 것이 마땅하다.

우리가 예배 안에서 하나님의 형상을 닮는 것이 성경적인 진리라면 우리는 이제 스스로 자신을 살펴봐야 한다. 우리는 이전보다 더 거룩하고, 더 사랑이 많으며, 더 영·혼·육이 온전하고, 잃어버린 영혼을 구원하려는 열정으로 충만한가? 만일 그렇지 않다면 과연 참된 예배를 드린 것이 맞는가? 리처드 포스터는 교회가 참된 예배를 시작하고 순종하는 삶을 살도록 도전한다. "예배가 우리에게 더 큰 순종을 일으키지 않는다면, 그것은 예배가 아니다. 거룩한 순종은 예배가 현대인을 짓누르는 삶의 무게에서 구출할 마약이 되는 것을 막는다."[12] 토저는 예배와 하나님의 임재를 통한 영적 성장을 언급한다.

우리 종교적 병폐의 즉각적인 치료제는, 하나님의 임재 안에 들어가서 우리가 하나님 안에 있고 하나님이 우리 안에 계심을 깨닫는 영적인 체험에 있다. 영적인 체험은 가련한 편협함에서 벗어나게 하며 우리 마음을 넓게 확장한다. 불타는 덤불에서 벌레

와 곰팡이가 타 없어지듯이 영적인 체험이 우리 삶의 불순물을 제거한다. [13]

예배는 우리 내면의 믿음과 외적 반응을 형성한다

"그와 같은 형상으로 변화하여" - 예배는 우리 내면의 삶을 바꿀 뿐만 아니라 세상을 향한 우리 믿음과 섬김의 표현에도 영향을 끼친다. 사탄은 광야에서 예수님을 향해 만일 엎드려 자신을 경배하면 세상 왕국을 주겠다고 유혹했다. 그러나 예수님의 응답은 단호했다. "사탄아 물러가라 기록되었으되 주 너의 하나님께 경배하고 다만 그를 섬기라 하였느니라"(마 4:10).

예수님의 단호한 응답은 위대한 예배의 원칙을 보여준다. 우리가 무엇을 예배하든, 궁극적으로 우리는 예배하는 그것을 섬길 것이다. 우리가 무언가 혹은 누군가를 더 예배할수록 그것을 향한 우리의 헌신은 더 커지고 우리가 예배하는 것을 닮는다. [14]

우리가 그리스도를 이전보다 탁월하게 섬기고 증거하기 원한다면 우리 삶을 향한 하나님의 임재와 다스리심에 계속해서 순종해야 한다. 하나님을 향한 우리 사랑과 예배는 더 큰 헌신과 갈망으로 하나님을 섬기게 할 것이다.

10장

예배는 영원하다

"영광에서 영광에 이르니"

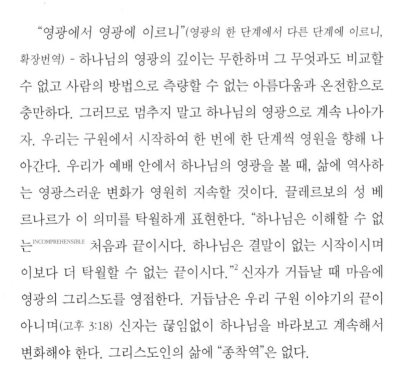

하나님은 무한한 본질의 바다이다.

- 다마스쿠스의 성 요한[1] -

"영광에서 영광에 이르니"(영광의 한 단계에서 다른 단계에 이르니, 확장번역) - 하나님의 영광의 깊이는 무한하며 그 무엇과도 비교할 수 없고 사람의 방법으로 측량할 수 없는 아름다움과 온전함으로 충만하다. 그러므로 멈추지 말고 하나님의 영광으로 계속 나아가자. 우리는 구원에서 시작하여 한 번에 한 단계씩 영원을 향해 나아간다. 우리가 예배 안에서 하나님의 영광을 볼 때, 삶에 역사하는 영광스러운 변화가 영원히 지속할 것이다. 끌레르보의 성 베르나르가 이 의미를 탁월하게 표현한다. "하나님은 이해할 수 없는INCOMPREHENSIBLE 처음과 끝이시다. 하나님은 결말이 없는 시작이시며 이보다 더 탁월할 수 없는 끝이시다."[2] 신자가 거듭날 때 마음에 영광의 그리스도를 영접한다. 거듭남은 우리 구원 이야기의 끝이 아니며(고후 3:18) 신자는 끊임없이 하나님을 바라보고 계속해서 변화해야 한다. 그리스도인의 삶에 "종착역"은 없다.

우리는 사는 동안 계속해서 하나님의 형상이 우리 마음에 역사하시도록 구해야 한다. 우리가 예배에서 받는 제일 큰 은총은 절대 퇴색하지 않으며 다른 무엇과도 비교할 수 없는 하나님의 영광과 하나님의 형상을 닮는 것이다. 예배에서 하나님을 보고 하나님의 영광을 대면할 때 우리 삶이 영원히 변하며 마음의 모든 결핍이 사라진다는 것을 믿어라. "사람의 영혼 안에 거하시는 하나님 자신이 곧 하나님의 지식이다. 하나님께서 우리 안에 역사하시도록 우리가 할 수 있는 가장 큰 일은 하나님의 영광이 임하시도록 길을 만들고 장애물을 제거하는 것이다. 당신의 마음에 하나님이 오실 길을 예비하라."[3]

예배와 영원

"영광에서 영광에 이르니" - 신약성경은 하나님이 어제도, 오늘도, 내일도 영원히 동일하시다고 선포한다(히 13:8). 우리는 이 구절이 예배에 어떤 의미가 있는지 이해할 필요가 있다. 하나님은 영원히 예배받으신다. 하나님을 예배할 때 우리는 이 땅에서 영원에 참여하며 모든 이가 알도록 하나님의 성품과 주권과 나라를 선포하며 재연한다. 하나님을 예배할 때 우리는 천상의 존재와 함께 시간제한이 없는 "영원"이라는 복도 한가운데 서서 밤낮 멈추지 않는 예배의 노래를 부른다. "거룩하다 거룩하다 거룩하다 주 하나님 곧 전능하신 이여 전에도 계셨고 이제도 계시고 장차 오실이시라"(계 4:8).

"영광에서 영광에 이르니" - 어둠을 비춰 이 땅을 창조하신 하나님의 영광이 우리 마음도 비추어 그리스도를 드러낸다.

어두운 데에 빛이 비치라 말씀하셨던 그 하나님께서 예수 그리
스도의 얼굴에 있는 하나님의 영광을 아는 빛을 [예수님에게 나타
나고 계시한 대로] 우리 마음에 비추셨느니라[빛을 보내셨느니라]
(고후 4:6, 확장번역)

태초에 하나님의 영광의 빛이 완전한 어두움을 뚫고 생명이
태어나게 했다면, 동일하신 하나님의 같은 영광의 빛이 지금 우리
안에 하나님을 아는 지식과 하나님의 성품이 태어나게 할 수 있
다. 모든 사람이 구하기만 한다면 찾을 수 있는 하나님의 비밀과
신비가 여기 있다. 하나님께서 우리 마음을 영원히 거할 영광스
러운 처소로 삼으신 것이다. 이것은 단지 소수의 사람만 체험할
수 있는 독점적이고 숨겨진 계획이 아니다. 성경에 무언가가 신
비하다고 하는 것은 하나님께서 계시하지 않으면 우리가 이해할
수 없다는 뜻이기도 하다. 하나님 아버지는 모든 믿는 사람에게
지혜와 계시의 영을 주시어 하나님을 더 온전히 알고 풍성한 영광
에 참여하길 원하신다(엡 1:17~19).

성화와 하나님의 영광

하나님의 영광을 선포하는 성경 구절에 우리가 하나님 안에서
온전해지는 성화의 비밀이 있다. 죄는 사람이 하나님의 생명과
형상과 영광을 구현하는 능력을 잃게 했다. 하지만 하나님은 우
리를 버려두지 않으시고 우리가 하나님과 완전한 교제를 회복하
도록 "예배"라는 방법을 주셨다. 우리가 영광의 하나님을 예배하
며 바라보는 것이 곧 하나님과의 만남이며, 이 체험을 통해 우리

가 깨끗해지며 새롭게 되고 거룩해진다. 모든 그리스도인의 온전함은 예배 안에서 우리 마음에 역사하시는 하나님의 영광을 바라보며 순종하는 것에 달려있다.

이 비밀은 오랫동안 감추어져 있었지만, 지금은 환히 드러났습니다. 하나님께서는 유대인뿐 아니라 모든 사람이, 자신의 배경과 종교적 입장에 상관없이, 이 충만하고 영광스러운 비밀을 속속들이 알기를 원하셨습니다. 이 비밀을 간단히 말씀드리면, 그리스도께서 여러분 안에 계시며, 그분으로 인해 여러분이 하나님의 영광에 참여할 수 있게 되었다는 것입니다. (골 1:26~26 메시지 성경)[4]

성부, 성자, 성령 삼위 하나님께서 우리 삶에 역사하신다. 랄프 마틴은 아래 표에서 이 신비한 삼위일체를 설명한다.[5]

표 4 - 당신 안의 하나님

하나님 안의 당신 (골 3:3, 요 17:21)	당신 안의 하나님 (빌 2:13, 고전 6:20, 요 14:23)
그리스도 안의 당신 (고후 5:17, 롬 8:1, 요 15:4)	당신 안의 그리스도 (골 1:27, 갈 2:20, 요 14:18~20)
성령님 안의 당신 (롬 8:9, 갈 5:16, 25, 요 4:23)	당신 안의 성령님 (고전 3:16, 롬 8:9, 요 14:16)

우리의 보상 - 영광의 면류관

"영광에서 영광에 이르니" - 하나님의 신실한 자녀로서 우리의 영원한 보상은 시들지 않는 영광의 면류관이다(벧전 5:4). 하나님은 거룩하시다. 하나님의 거룩함과 완전하심을 반영하지 않는 것은 하나님 앞에 설 수 없다. 하나님을 둘러싼 모든 것은 하나님의 영광에 참여한다. 그 존재는 천사들(눅 2:9, 9:26, 계 18:1), 그룹(히 9:5), 천상의 도시(계 21:11), 영원히 빛나는 하나님의 영광 안에서 성장하도록 허락된 유일한 존재인 사람들이다. 본질적으로 사람은 영광이 없기 때문에 오직 하나님을 바라봄으로써 영광에서 영광으로 변화하며, 이렇게 변화한 사람만이 하나님 앞에 설 것이다. 하나님은 우리를 주님의 임재에 알맞은 존재로 지으셨다.

요한복음 17장에 나오는 예수님의 위대한 기도는 신자들이 하나님과 함께 거하며 그 영광을 봄으로써 하나님 안에서 서로 하나되게 해달라는 간구이다. "내게 주신 영광을 내가 그들에게 주었사오니 이는 우리가 하나가 된 것 같이 그들도 하나가 되게 하려 함이니이다. … 나 있는 곳에 나와 함께 있어 … 내게 주신 나의 영광을 그들로 보게 하시기를 원하옵나이다"(요 17:22, 24).

분명히, 하나님은 우리가 이 땅에서 하나님의 영광에 참여하여 함께 사역하길 원하시며 모든 그리스도인이 하나님의 영광을 볼 때 영광의 형상으로 변화할 것이다. 하나님께서 육신을 입고 이 땅에 오신 결과 우리는 주님과 교제하며 주님을 닮고 영원히 하나님의 임재 안에 사는 영광의 면류관을 얻게 되었다.

거룩한 아름다움

"영광에서 영광에 이르니" - 우리가 하나님과 동행하며 하나님을 바라볼 때 하나님의 영광이 우리 삶에 겹겹이 쌓이면서 우리의 영·혼·육이 점점 더 아름다워진다. 엘리자베스 엘리엇, 코리 텐

붐, 빌리 그래함 등 하나님을 사랑하며 전심으로 기도하고 복음을 위해 헌신한 믿음의 사람들을 생각해 보라. 그들중의 상당수가 실제 나이보다 훨씬 더 젊어 보인다. 나는 이것이 우연이 아니라 하나님을 경외하는 사람에게 주시는 하나님의 은혜라고 생각한다.

구약성경에 나오는 하나님의 영광은 눈으로 볼 수 있었다. 지금도 많은 성도가 하나님의 영광을 보았다고 말하지만 실제로 하나님의 영광이 나타났다고 말할 수 있는 것은 아주 드물다. 성경에 나오는 모세는 하나님의 영광을 실제로 보고 자기 얼굴에서 하나님의 영광을 반사한 드문 경우였다(출 34:29~35).

신약 시대를 사는 우리는 내면에 거하시는 하나님의 영광과 함께 살아간다. 우리는 구약의 성도들처럼 하나님의 영광을 눈으로 보는 것만 아니라 우리 삶에 하나님의 영광을 품고 살아가는 것이다. "하나님께서 우리 삶에 들어오시고 우리가 그분을 닮아갈 때, 우리는 메시아를 꼭 닮은 형상으로 변화되고 우리 삶은 점점 더 밝아져서 더 아름다워질 것입니다"(고후 3:18, 메시지 성경).[6]

우리가 거룩하신 하나님을 믿은 결과 우리에게 주어진 가장 큰 선물은 하나님의 거룩함에서 오는 아름다움이 삶에 나타나는 것이다. 거룩하신 하나님은 거룩한 사람들만 예배할 수 있다. 물론 사람은 자기의 힘으로 거룩해질 수 없으며 하나님을 바라볼 때 주시는 은혜의 선물이다. 거룩함은 신자의 삶에 기둥 같아서 거룩함이 없으면 믿음이 무너진다. 거룩한 삶은 아름다운 삶이다.

계시록을 보면 그룹CHERUB 천사들이 하나님의 보좌 앞에서 하나님의 거룩을 끊임없이 선포한다(사 6:1~3, 계시 4:8~9). 구약의 제사장들은 하나님 앞에 나가기 전에 몸과 기구, 의복을 정결케 했다

(출 19:22, 28:36~43, 29:1~9, 21, 29, 35~37, 44, 40:12~13 등). 다윗은 이렇게 외쳤다. "여호와의 산에 오를 자가 누구며 그의 거룩한 곳에 설 자가 누구인가 곧 손이 깨끗하며 마음이 청결하며 … "(시 24:3-4).

로마서 3:23은 모든 사람이 죄를 지어 하나님의 영광에 이르지 못한다고 선포한다. 죄가 하나님의 영광을 앗아갔지만 하나님의 거룩함이 우리를 영광으로 인도한다. 사도 바울의 고통은 우리가 복음전도자, 목사, 사역자, 노래하는 자, 기도 용사가 되지 못한 것이 아니라 하나님의 형상을 닮지 못했다는 데 있다. 예배와 거룩이 우리를 하나님의 영광으로 인도하여 임재 안에서 우리를 영광의 사역자로 만드실 것이다. 히브리서 저자는 예배자를 향해 거룩함을 추구하라고 도전한다. 하나님을 보는 것이 예언적 예배의 필수 요소이므로 거룩함이 없으면 하나님을 볼 수 없기 때문이다. 하나님은 우리가 거룩함을 추구하기 원신다.

> 우리를 구원하기 위해 은혜로 자신을 낮추신 하나님께서 우리가 하나님을 예배하기 위한 거룩함으로 올라가길 기대하신다. 하나님께 예배하려면 완전히 거룩해야 한다는 뜻이 아니라 거룩함을 추구해야 한다는 뜻이다. 나는 거룩함이 한결같은 예배자CONSISTENT WORSHIPER가 되는 절대적인 조건이라고 생각한다.[7]

우리가 영광에서 영광으로 변하는 것은 하나님의 은혜와 거룩함으로 자신을 단장하고 영적인 아름다움이 삶에서 나타난다는 의미이다. 하나님의 성품과 권능과 은혜가 우리가 구하는 영광과 아름다움이다. 우리가 하나님을 예배할수록 우리는 하나님을 닮고 겉과 속이 아름다워진다.

하나님의 영광을 나타내다 : 궁극적인 복음 전도의 도구

"영광에서 영광에 이르니" - 우리는 단지 개인 차원의 영적인 목적을 채우려고 영광에서 영광으로 변하는 것이 아니며 우리가 하나님을 보고 변화한 것처럼 온 땅이 하나님을 믿고 변화하는데 쓰임 받기 위해 하나님을 닮는 것이다.

바울과 실라가 비록 감옥에 갇혔지만 담대하게 기도하고 찬양할 때 하나님의 영광이 나타난 사건을 기억해 보라(행 16:25~34). 하나님의 임재와 영광이 나타나기 위한 최소한의 필요조건은 나의 만족이 아니라 사람들의 구원에 있다. 바울과 실라가 갇힌 감옥의 간수와 그 가족 모두가 구원받았다. 성경에 나오지는 않지만 다른 수감자와 간수도 구원받았을지 모른다.

이 땅에 있는 모든 사람의 영원한 운명이 우리가 하나님을 예배하고 하나님의 형상을 닮는 부르심에 순종하는 데 달려있다. 우리의 순종으로 인류를 향한 하나님의 마음과 뜻을 얻고 이 땅에서 하나님의 목적을 성취할 지혜와 은혜와 힘을 얻는다. 우리가 하나님의 영광스러운 형상을 따라 변화할 때, 우리는 영광의 역자가 되어 이웃을 섬기게 될 것이다. "여호와의 영광이 나타나고 모든 육체가 그것을 함께 보리라. 이는 여호와의 입이 말씀하셨느니라"(사 40:5).

교회와 그리스도 예수 안에서 [주님께] 영광이 대대로 영원무궁하기를 원하노라. 아멘 (엡 3:21, 확장번역)

11장

성령님이 예배를 시작하신다

"곧 주의 영으로 말미암음이니라"

"예배는 사람 안에 거하시는 하나님의 영이
하나님 안에 계신 하나님의 영에 응답하는 것이다.
성령님께서 우리를 통해 예배하신다."

- 저드슨 콘월 -

"곧 주의 영으로 말미암음이니라" - "하나님은 영이시니 예배하는 자가 영과 진리로 예배할지니라"(요 4:24). 모든 신자의 마음에 거하시는 성령님은 인격적이시다. 성령님은 우리를 아버지께 인도하며 우리가 어떻게 영과 진리로 예배할지 알려주신다. 우리가 영과 진리로 예배할 때 하나님이 적극적으로 역사하셔서 우리가 영광에서 영광으로, 한 겹 한 겹 그리스도를 닮는 은혜를 주신다.

성령님은 하나님과 우리가 나누는 친밀한 교제의 근원이자 영감이시며 우리는 예배할 때 성령님을 통해 우리의 사랑과 예배와 섬김을 아버지께 올려드린다. 세상의 종교는 사람이 먼저 신에게 다가지만 우리가 믿는 하나님은 먼저 몸을 낮추시고 우리에게 오셔서 관계를 시작하신다. 모든 그리스도인은 성령님의 일하심의 결과로 그리스도를 예배하고 닮아간다. 저드슨 콘월은 이렇게 말한다. "찬양은 어느 정도 사람의 노력으로 가능하지만 예배는 오직 하나님의 거룩한 영이신 성령님의 도움 없이는 할 수 없다."[1]

구원처럼 예배의 여정을 시작하시는 분도 하나님이시며 우리를 온전케 하시는 분도 성령 하나님이시다. 성령님은 우리 의지를 무시하지 않으시며 우리 마음에 하나님의 역사를 갈망하는 소망을 주시고 그 소망의 간구에 친히 응답하신다. 토저가 말하듯, "성령님은 우리가 하나님을 간절히 찾기를 기다리신다."[2] 리처드 포스터는 예배에서 성령님의 간구를 이렇게 설명한다. "예배는 아버지의 마음에서 우리를 향해 나오는 사랑의 노래의 응답을 실천하는 것이다."[3] 우리는 성령님의 역사를 통해 하나님의 사랑을 깨닫는다. 아담 클라크는 이렇게 말한다. "복음의 모든 약속에서 생명과 존재의 실체를 주신 그리스도의 영의 능력으로 말미암아 우리는 하나님의 성품에 참여하는 사람이 되어 세상의 모든 타락을 피한다."[4]

하나님을 예배하려면 우리를 하나님께 인도하시는 성령님을 겸손한 마음으로 온전히 의지해야 한다. 성령님은 하나님과 우리 관계의 근원이시다. 우리는 성령님을 통해 거듭났으며 성령님 안에서 살아야 한다.

성령님 - 우리 예배의 동반자

"곧 주의 영으로 말미암음이니라" - 성령님은 우리를 아버지와 아들을 아는 지식과 사랑으로 인도하시는 인도자이시며 친구이시다. 성령님은 우리가 예배 안에서 다양한 방법으로 즐겁게 아버지를 만나도록 이끄신다.

- **하나님의 얼굴** : 하나님은 예배 안에서 우리에게 자신을 알려주시고(출 32:30, 33:11, 시 17:15, 27:8, 41:12), 우리 마음에 회개를 일으키시며(대하 7:14) 사랑으로 우리에게 입 맞추신다(아 1:1).

- **하나님의 손** : 우리는 예배 안에서 하나님의 신부로 하나님의 손을 잡고 곁에 선다(시 45:9, 사 62:3). 예배 안에 하나님의 축복과 보호하심이 있으며(시 16:1, 18:35, 63:8, 138:7, 145:16, 사 41:10), 하나님의 손이 우리를 영광스러운 그릇으로 빚으시고(사 64:8), 우리를 숨겨주신다(사 49:2).

- **하나님의 발** : 우리는 예배 안에서 하나님의 발 앞에 엎드려 예배한다(마 15:30, 28:9, 눅 7:37-38, 요 12:3, 계 5:14, 7:11).

- **하나님의 잔칫집** : 예배 안에서 하나님은 우리 원수 앞에서 우리를 위해 잔칫상을 베푸시고(시 23:5) 우리는 하나님의 식탁에 앉아 먹을 것이다(아 2:4).

- **하나님의 은밀한 처소** : 우리는 예배 안에서 하나님께 더 가까이 나아가 주님의 보물을 얻는다(시 27:5~6, 31:20, 81:7, 91:1, 잠 3:32, 아 2:14, 사 45:3).

- **하나님 임재의 바깥 뜰** : 우리는 예배 안에서 하나님의 위대하심으로 기뻐하며 찬양한다(시 100:4).

- **하나님의 의와 심판의 자리** : 우리는 예배 안에서 용서와 의를 얻는다(시 35:22-24, 68:5, 82:1, 89:14).

- **하나님의 내실** : 우리는 예배 안에서 하나님과 친밀하고 은밀한 교제를 누리며(아 1:4), 하나님의 날개를 우리에게 펼치신다(룻 3:9, 시 17:8, 36:7, 57:1, 61:4, 63:7, 91:4, 겔 16:8).

- **하나님의 보좌** : 우리는 예배 안에서 왕 앞에 담대히 나아가 겸손히 절한다(에 5:1, 히 4:16, 계 19:4~5).

- **하나님 임재의 바깥 뜰** : 우리는 예배 안에서 하나님의 위대하심으로 기뻐하며 찬양한다(시 100:4).

- **하나님의 성소의 문** : 우리는 예배 안에서 위대하신 하나님의 수행원이자 임재의 궁정의 섬기는 종이 된다(시 24:3, 잠 8:34).

- **기도와 중보기도의 자리** : 우리는 골방 예배에서 하나님의 오른손이 된다(마 6:6, 롬 8:26-27, 34, 딤전 2:1).

성령님이 우리를 하나님 아버지와의 풍성한 만남으로 인도하신다. 우리가 할 것은 성령님께 마음을 열고 전심으로 반응하며 주님께 달려가는 것이다. 예언적 예배는 우리가 언제나 하나님의 임재로 들어갈 수 있는 길을 연다.

하나님과 나누는 특별한 교제

"곧 주의 영으로 말미암음이니라" - 성령님께서 시작하시는 것은 무엇이든 깨끗하고(시 24:3~4) 완전하다(신 32:4, 시 18:30, 19:7). 성경에 나오는 하나님의 사랑과 심판과 자비와 임재와 기쁨은 모두 우리 표현 기준에서 보면 매우 극단적으로 보인다. 하지만 하나님은 우리 기준이 아니라 하나님의 기쁨을 기준으로 우리와 교제하기 원하신다. 우리는 예배에서 "정상적인 것"의 기준을 우리가 아닌 하나님의 기준으로 바꿔야 한다. 하나님의 임재가 충만한 예배에서 우리가 잃을 것은 오직 자아^{SELF} 밖에 없으므로 두려워하지 말고 성령님께서 우리 예배에 주실 참된 자유와 영적인 질서를 신뢰해야 한다.

"곧 주의 영으로 말미암음이니라" - 우리가 성령님으로 충만할 때 우리 삶에서 예배가 저절로 흘러넘친다. "오직 성령으로 충만함을 받으라 시와 찬송과 신령한 노래들로 서로 화답하며 너희의 마음으로 주께 노래하며 찬송하며"(엡 5:18~19). 예배는 하나님과 우리 관계에 기초하며, 우리 관계는 우리 삶에 내주하시는 성령님께 달려 있다.

"곧 주의 영으로 말미암음이니라" - 고린도후서 3:18에서 성령님은 분명한 목적과 의도를 나타내신다. 우리는 하나님과 우리 관계라는 문제를 향한 하나님의 소망을 발견한다. 지금까지 우리가 함께 본 고린도후서 3:18의 여섯 가지 초점은 우리가 해야 할 일에 맞춰져 있었다. 얼굴을 덮은 수건을 벗고 하나님의 영광을 바라보며 우리 삶에 역사하는 하나님의 변화에 순종하는 것이다. 이제 우리 초점은 우리 자신에게서 성령님의 갈망과 결정으로 이동한다.

하나님의 7가지 갈망

헬라어로 "갈망^{DESIRE}"은 열정과 열망이라는 의미가 있다. 하나님은 우리를 향해 불타는 갈망이 있으시다. 하나님은 우리가 아는 것보다 더 많이 우리를 갈망하신다. 성경 전체에서 하나님은 우리를 향한 갈망을 7가지로 표현하신다(KJV를 중심으로). 하나님의 7가지 갈망은 우리와 교제하기 원하시는 하나님의 간절한 열망의 요약이다. 하나님은 우리를 갈망하신다.

1. **하나님의 신부인 교회의 아름다움** : "그리하면 왕이 네 아름다움을 사모하실지라…"(시 45:11). 성경에서 하나님이 무언가를 크게 원하시는 모습을 언급한 것은 이 구절이 유일하다. 하나님은 주님의 형상으로 변화하는 우리의 아름다움을 보기 원하신다.

2. **영원한 하나님의 처소가 될 시온** : "여호와께서 시온을 택하시고 자기 거처를 삼고자 하여 이르시기를 이는 내가 영원히 쉴 곳이라 내가 여기 거주할 것은 이를 원하였음이로다"(시 132:13~14 또한 시 68:15~16 참조). 시온은 예배하는 교회의 시적이며 예언적인 이름이다. 하나님은 예배하는 자녀들 안에 영원히 거하기 원하신다.

3. **우리 내면의 진실함** : "보소서 주께서는 중심이 진실함을 원하시오니…"(시 51:6). 하나님의 자녀들의 아름다움은 내면에서 시작한다. 죄를 지은 다윗은 하나님께 자신을 완전히 씻어달라고 간구한다. 다윗이 하나님과 관계를 회복하고 영원히 성실한 의의 사람(왕상 9:4), 온전한 마음이 있는 사람(왕상 11:4, 15:3), 하나님의 마음에 합한 사람(행 13:22)으로 알려진 비결은 다윗의 중심에서 나온 놀라운 회개 때문이다. 우리가 하나님 앞에 투명하고 거룩하게 살아갈 때 하나님과 우리의 변함없는 관계가 가능하다.

4. **제사보다 인애** : 우리가 하나님을 알수록 "나는 인애를 원하고 제사를 원하지 아니하며…"(호 6:6)라고 말씀하신 이유를 깨닫는다. 하나님은 외적인 제사보다 우리 내면의 의로움과 바른 성품을 원하신다. 이 구절에서 히브리어로 "인애"는 헤세드^{CHECED 2617}로 친절함, 경건함, 아름다움, 은총, 사랑, 자비를 의미한다. 우리는 다른 어떤 종교적 행위보다 이런 특성이 내면에 필요하다. "나는 … 번

제보다 하나님을 아는 것을 원하노라"(호 6:6).

5. **우리(교회)와 나누는 친밀한 교제** : 하나님은 우리 온 마음을 원하신다. "나는 내 사랑하는 자에게 속하였도다 그가 나를 사모하는구나"(아 7:10). 술람미 여인은 연인이 온전히 자신에게 헌신한 것을 알았다. 그녀는 연인의 모든 갈망의 중심이었다. 하나님의 제일 큰 사랑과 깊은 갈망은 신부와 친밀한 교제를 나누는 것이다.

6. **성찬** : "예수께서 말씀하셨다. 내가 고난의 때에 들어가기 전에, 너희와 이 유월절 식사를 함께하기를 얼마나 기다렸는지 너희는 모를 것이다"(눅 22:15, 메시지성경). 우리가 성찬에서 떡을 뗄 때 하나님이 우리에게 자신을 알리신다. 성찬은 단순히 건성으로 드리는 의식이 아니라 신자를 위한 필수 요소이다.

7. **우리가 하나님의 영광을 보기를** : "아버지여 내게 주신 자도 나 있는 곳에 나와 함께 있어 아버지께서 창세 전부터 나를 사랑하시므로 내게 주신 나의 영광을 그들로 보게 하시기를 원하옵나이다"(요 17:24). 예수님의 기도 안에 담긴 마지막 갈망은 우리가 하나님을 있는 그대로 보는 것이다. 하나님은 우리가 얼굴을 덮은 수건을 벗고 예배하기 원하시며 우리에게 자신을 영광을 보여주기 원하신다.

모든 교회와 예배자에게 예언적 예배가 특별한 것이 아닌 자연스러운 것이 되도록 바뀌어야 한다. 2부의 핵심 본문인 고린도후서 3:18을 여러 성경 버전으로 보면서 이 장을 마무리하고 싶다. 각 번역에 담긴 어감에서 하나님과 나누는 더 깊은 친밀함을 향한 부르심을 음미해보라.

"우리가 다 수건을 벗은 얼굴로 주님의 영광을 묵상한다. 우리가 주의 형상으로 변화할 때 영광이 계속 증가한다. 이는 영이신 주로부터 말미암은 것이다."(NIV 직역)

"수건을 벗은 사람은 모두 주님의 영광을 보고 비출 수 있다. 영이신 주님은 우리가 주님의 영광의 형상으로 변화할 때 우리가 더욱더 주님을 닮게 하신다."(NLT 직역)

"얼굴에서 수건을 벗은 우리는 마치 우리가 거울인 것처럼 주님의 영광을 비춘다. 우리는 영광의 한 광채에서 다른 광채로 주님과 같은 형상으로 변화한다. 주의 영이 그것을 이루신다."(THE VOICE 직역)[5]

"우리 모두가 그러합니다! 우리와 하나님 사이를 가로막는 것은 아무것도 없습니다. 우리의 얼굴은 주님의 얼굴빛으로 환히 빛나고 있습니다. 하나님께서 우리 삶에 들어오시고 우리가 주님을 닮아갈 때 우리는 메시아를 꼭 닮은 형상으로 변화되고 우리 삶은 점점 더 밝아져서 더 아름다워질 것입니다."(메시지성경)[6]

"우리 모두는 수건을 벗은 얼굴로 [왜냐하면 우리는] 거울을 보듯이 [하나님의 말씀 안에서] 주님의 영광을 계속 바라보고, 증가하는 광채 속에서 영광의 한 단계에서 다음 단계로 끊임없이 주님의 형상으로 변화한다. [이는] 영이신 주님으로부터 나온다."(확장번역)[7]

우리를 그리스도 닮게 하시는 성령님의 역사에 순종하자.

PROPHETIC
WORSHIP
VIVIEN HIBBERT

PROPHETIC
WORSHIP

VIVIEN HIBBERT

3부

예언적 예배
: 새로운 모범

PROPHETIC WORSHIP : A NEW EXEMPLAR

12장

예배의 전통을 깨라

"예배는 하나님께 나아가는 여정이다"

나는 어린 시절에 전통적인 장로교회에서 자라면서 받은 성경적 기초 훈련에 진심으로 감사한다. 나는 성경에 기초한 모든 주류 교회의 진리와 풍성한 유산을 깊이 존중한다. 하지만 지금은 가장 오래된 교단에서 가장 새로운 독립 교회와 은사주의 교회에 이르기까지 모든 기독교에서 찾을 수 있는 지나치게 경직되고 엄격한 예배 전통과 믿음에 도전할 때이다. 탁월한 성경 교사인 잭 헤이포드 목사는 교회의 오래된 예배 전통을 이렇게 평가한다.

> 교회가 죽음을 불사하고 예배 전통을 지키려 하지만 정작 그 예배 전통으로 온전한 그리스도인으로 살기 힘들다. 예배 안에 구석구석 퍼진 전통으로는 삶을 변화하는 예배 체험을 하기 어렵다. 그리스도의 몸 된 교회는 예배를 향한 진리의 말씀을 전통으로 대체하고 만족스러 한다.[1]

나는 예배의 전통 보다 하나님의 말씀에 기록된 예배의 진리에 더 관심이 있다. 예언적 예배는 구약과 신약의 성경적 예배를 가장 잘 설명하는 모형이다. 예언적 예배는 하나님이 다윗에게 주신 양식이며 모든 신실한 왕이 계승한 예배 모형이다. 신약은 음악과 예술과 예배를 많이 언급하지 않는 것처럼 보이지만 요한 계시록에 펼쳐진 천국 예배의 모습(계 4:21~24)은 역동적이고 예언 적이며 하나님의 임재와 영광으로 충만하다.

하나님은 태초부터 우리 예배 형식을 계속 갱신하시며 변화를 주고 발전시키셨지만 우리가 모든 예배에서 하나님의 음성과 임 재가 역사할 길을 만들기 원하신다는 점은 변함이 없다. 예배의 많은 요소가 바뀌었지만 하나님의 임재라는 우선순위는 모든 시 대를 뛰어넘는 예배의 일관된 핵심요소였다. 가인과 아벨이 제물 을 바친 예배 형식은 모세 시대에 장막의 정교한 희생 제사로 바 뀌었고 하나님은 수백 년 후 다윗에게 동물을 바치는 희생 제사가 아닌 "영적 제사"인 찬양과 예배를 드리도록 명령하셨다. 이후 다 윗의 아들 솔로몬은 성전을 건축했고 모세와 다윗의 장막에서 드 린 희생 제사와 찬양과 예배라는 형태를 통합했다.

신약에서 예수님은 우물가의 여인에게 참된 예배는 특정한 지리 장소가 아닌 사람의 마음에서 시작된다고 말씀하셨다(요 4:19~24). 교회 시대가 시작하자 예배의 변화 속도는 더욱더 빨라 졌고 우리가 아는 것처럼 수 세기에 걸쳐 교회 건축 양식과 예배 음악 형식, 사용하는 악기 종류가 크게 변하였다. 교회 역사를 지 켜보면서 우리는 반드시 변화가 일어난다는 것을 확실히 알 수 있 다. 이 책은 교회 예배의 갱신을 촉구한다.

> 참된 예배 갱신은 피상적인 조치로 일어나는 것이 아라 예배 연 구가 기독교 신학에 핵심이며 필수 분야라는 것을 인정할 때 일 어날 것이다. 갱신은 기독교 예배의 성경과 역사적 출처, 그리고 성령님의 공급하심을 향한 관심에서 시작한다.[2]

"모범"이라는 단어를 사용하다

내가 3부의 제목으로 "모범"이라는 단어를 사용한 이유는 그 의미가 내가 전달하려는 내용의 느낌을 가장 잘 나타내기 때문이다. 많은 사람이 예배의 새 형식을 찾으면서 발상의 전환^{PARADIGM SHIFT}이라는 용어를 사용한다. 모범이라는 용어는 생각이나 발상을 전환하는 것에서 한 단계 더 나아간 것으로 '본을 따라 만들다' 혹은 '따라가거나 모방할 길'을 의미한다. 나는 이 책에서 제시하는 예언적 예배의 모범이 모든 나라와 교단의 각 회중 예배 표준이 되어야 한다고 믿는다.

예언적 예배는 독특하고 특별한 예배 신학을 은사주의 교회와 회중을 위한 독점적 예배 형식이 아니며 문화, 배경, 교파, 규모나 연주자와 노래하는 사람의 기술과 관계없이 어떤 교회라도 이해하고 획득할 수 있다.

예언적 예배는 새로운 예배 형식의 유행이 아니다. 예언적 예배는 모든 교회 예배에 회복해야 할 필수적 요소이다. 우리가 좋아하는 예배 형식이 어떻든지 간에 나는 모든 교회의 예배에 하나님의 임재가 역사할 시간을 만들고 회중이 하나님의 음성 듣기를 기대한다.

나는 지금 모든 교회가 각각의 독특한 교리와 회중 특징을 배제하고 똑같은 방식으로 예배해야 한다고 말하는 것이 아니다. 나는 다양성을 포함한 연합을 믿는다. 우리의 개별적인 독특함은 단순히 속한 교단의 신학과 문화를 반영하는 것에서 멈추지 말고 회중의 개인적 여정과 성품, 그리고 그 안에 역사하시는 하나님의 특별한 일하심의 결과여야 한다.

과거에는 많은 사람이 예배에 참여하는 회중의 개별적인 권리와 인격을 더 많이 배려하라고 요구했다. 한마디로 회중이 불편하게 만들지 말라는 의미이다. 하지만 나는 예배에서 회중의 편안함보다 하나님이 원하시는 것에 더 관심이 있다. 여러분은 어떤가? 이제 하나님이 원하시는 예배가 무엇인지 더 알아보자.

전통적 예배와 예언적 예배의 대조

전통적 예배와 예언적 예배를 대조할 때, 먼저 전통적 예배는 잘못된 것이 아니라는 점을 전제하고 유의해야 한다. 전통적인 예배 관습은 참된 예배를 추구하는데 소중한 유산이다. 하지만 참된 예배는 하나님께 드리는 진정한 헌신의 마음이라는 것도 명심해야 한다. 이 관점은 우리 예배 신학에서 전통이 맡은 역할의 긍정적이고 유익한 면을 볼 수 있는 통찰력을 제공한다.

> "심지어 우리는 비전통주의NON-TRADITIONALISM에 전통적일 수 있다. 전통은 형식의 본질적 특징이 아니라 형식의 반복과 관련이 있다. 예수 그리스도께 드리는 예배가 너무 익숙해져서 단순한 반복 동작으로 전락해선 안 된다."(새미 티펫)[3]

> "전통은 죽은 것을 향한 살아있는 믿음이다. 전통주의는 살아있는 것을 향한 죽은 믿음이다. 전통을 악명 높은 것으로 만드는 것은 전통주의다."(야로슬라프 펠리컨)[4]

> "옛 사람의 발자취를 따라가지 말고 그들이 추구한 것을 찾아라."(마츠오 바쇼)[5]

우리는 예배 의식과 전통이 우리에게 중요하기 때문에 하나님도 중요하게 여기실 것이라고 착각한다. 전통 자체는 나쁜 것이 아니지만 진실한 마음과 헌신 없이 옛 의식을 주장하는 고집이 진짜 문제다. 엠브로즈 비어스의 정의를 보자. "의식주의^{RITUALISM} : 잔디를 밟으면 안 되기 때문에 직선으로 걸을 자유만 있는 네덜란드식 정원."[6] 앤드류 힐도 의식주의에 탁월한 정의를 내렸다.

> 의식주의는 예배자가 자발적이고 적극적으로 예배하지 않을 때 발생한다. 즉, 예배자는 더이상 예배 형식이나 예식을 자신의 개인적 신앙 표현으로 생각하지 않는다. 그러므로 외적인 예배 형식의 참여가 내적인 참여를 보장한다고 할 수 없다.[7]

다음 내용을 읽으면서, 당신도 자기만의 예배 전통의 의식주의에 빠져 있지 않은지 점검해 보라.

- 우리는 하나님께 드리는 예배에 하나님의 성품이 나타나는 것을 막으면서 예배를 우리 취향과 선호에 맞추는 것은 아닌가?

- 우리는 성경에 나오는 참된 찬양과 예배의 모범을 무시하면서 교단의 예배 전통을 추구하는 것은 아닌가? 각 교단을 위해 분리된 성경은 없다는 것을 기억하라. 모든 교회는 하나님이 원하시는 성경에 기록된 방식으로 예배하도록 부르심 받았다. 우리는 예배 방식을 개인적, 교단적 취향과 선호에 근거하여 선택할 수 없다. 성경 전체가 모든 교파와 민족을 위한 예배 규범이자 안내서이다.

- 우리는 매주 예배에서 진심으로 하나님을 섬기는가 아니면 다른 무언가를 얻기 바라는 이기적인 동기와 목적으로 예배하는가? 예배의 목적은 무엇인가?

● 혹시 하나님의 임재와 영광이 나타나지 않는 예배 의식에서 안정감을 느끼는가? 다시 말하면, 하나님이 아닌 인간적인 전통에 기초한 예배 의식에 편안함을 느끼는가?

● 당신이 드리는 매주 예배에 하나님이 역사하실 수 있는 순서와 충분한 시간이 있는가? 만일 그렇지 않다면 예배 순서가 사람의 표현과 활동으로만 가득 차 있는가?

내가 예언적 예배와 전통적 예배를 대조하는 이유는 한쪽을 비판하기 위한 것이 아니라 우리 마음과 예배 표현이 얼마나 성경적인지 정직하게 평가하기 위해서이다. 티핏이 말하듯, 우리가 좋아하는 전통주의 예배 형식은 하나님의 임재 체험을 향한 진실한 마음과 헌신이 부족하며 어떻게 예배하든 결과적으로 미지근하게 만들고 결국 영적으로 완전히 메말라 버리게 한다.

성경에 나오는 예언적 예배 방식과 전통적 예배 방식을 비교하면서 다른 한쪽이 틀렸다고 비판하기보다 새로운 길인 예언적 예배 형식에 참여하는 것이 바른 선택이다. 나는 모든 교단과 예배 전통을 존중하지만 모든 신자가 예언적 예배가 교회에 끼칠 선한 영향력과 엄청난 가능성을 알기를 바란다.

이 책의 의도는 우리가 드리는 예배와 다른 사람의 예배를 단순 비교하는 것이 아니다. 이 책을 한 관점으로 다른 교회의 예배를 비판하는 수단으로 사용하지 말고 오히려 그들이 하나님과 더 깊고 정직한 관계가 되도록 기도하고, 자신도 스스로 하나님과 더 깊고 더 정직한 관계로 들어가도록 도전하기를 바란다. 우리 삶과 예배에 성령님께서 도전하시고 주장하시기를 기도한다.

하나님을 예배할 때 겉으로 드러나는 현상에 지나치게 집착하는 교회는 의식주의에 사로잡힌 교회처럼 균형을 잃었다는 점에서 똑같이 위험하다. 영적인 현상에 집착하는 것은 폴 웨이트먼 훈이 말하듯 "예배 쾌락주의"를 조장할 뿐이다.[8] 예언적 예배와 전통적 예배를 구분하는 쟁점을 요약하는 "표 5 - 전통적 예배 vs 예언적 예배"는 사실상 이 책 전체의 요약과 같다. 이 표는 비판 목적이 아니라 새로운 모범을 제시하는 것에 초점이 있다.

이 도표는 전통적인 교회가 예배에 하나님의 음성과 임재가 역사할 여지를 만들기 위해 바꿔야 할 12가지 영역을 보여준다. 모든 교회는 하나님의 예언적 임재가 역사해야 할 전통적인 방식과 어느 정도 관계가 있으며 전통과 형식, 의식주의^{RITUALISM}에 갱신이 일어나야 예언적 예배가 표준이 될 수 있다.

모든 사람은 새로운 변화보다 익숙한 과거를 좋아한다. 과거의 전통과 관행에 집착하는 태도는 악하다기보다는 연약함에 가깝다. 이제 나는 부디 모든 교회가 담대히 죽은 전통을 깨고 변화하기 원하지만 그렇다고 그리스도의 몸 된 여러 교파가 오랜 시간 구성한 자기만의 독특한 특징과 의미 있는 공헌을 제거하자는 것은 아니다. 각 교단이 자기만의 특징에 유연성을 가지고 예언적 예배의 진리를 포용한다면 우리 예배가 더 풍성해지지 않을까?

내가 이야기하는 변화는 교회 목양팀, 예배팀, 회중 전체에 일어나야 한다. 이 세 그룹 중에 하나 혹은 둘만 변하는 것으로는 충분하지 않으며 목회자, 예배팀, 회중의 예배 이해와 예배 방식이 같이 바뀌어야 한다. 다음 도표에 요점은 앞으로 진행할 각 장의 핵심 사항이며 각 장에서 더 자세한 설명을 볼 수 있다.

표 5 – 전통적 예배 vs 예언적 예배

장	전통적 예배	예언적 예배
13	1. 우리 실천으로 예배를 정의한다. 많은 사람이 예배에서 우리의 다양한 표현과 형태를 기준으로 찬양은 빠른 노래, 예배는 느린 노래라고 정의한다.	하나님이 행하심으로 예배를 정의한다. 찬양은 하나님이 행하신 것, 행하시는 것, 행하실 것을 향한 모든 표현을 포함한다. 예배는 하나님의 분명한 임재를 향한 우리의 반응이다.
14	2. 예배 인도자(혹은 목사)가 예배를 통제한다.	표면적으로 예배 인도자가 예배를 인도하지만, 문지기이자 조력자일 뿐이며 실제로는 성령님이 예배를 인도하고 통제하신다.
15	3. 강단에 서는 소수의 사람들이 예배 사역자로 사역한다(목사, 인도자, 싱어, 연주자 등). 회중은 청중으로 간주한다.	전 회중이 거룩한 제사장이다. 각자 예배에 참여하여 하나님을 섬길 책임이 있다. 예언적 예배에 청중은 없다 - 오직 하나님과 마음과 마음을 마주하는 친밀한 교제만 있다.
16	4. 정해진 시간 제한이 있다.	시간 제한이 없다. 성령님이 이끄시는 한 예배를 지속한다.
17	5. 예배 전체에서 노래 / 찬송은 설교보다 덜 중요하다.	예배에서 노래, 찬송, 설교는 모두 동등하며 똑같이 중요하다.
18	6. 교단이 교회의 예배 형식을 결정하며 형태에 규정된 방식과 개념이 있다.	성경에 기록된 하나님의 말씀이 예배 구조 및 형태의 토대이자 안내서이다.
19	7. 예배가 문화에 의해 크게 영향받는다.	국적이나 문화는 예배의 초점이 아니다. 우리는 하나님 나라에 속하며 하나님 나라에서 적절한 예배의 기준은 왕이신 하나님이 정하신다. 문화적 색채가 있다 하더라도, 예배는 성경을 바탕으로 왕이신 하나님께서 기뻐하며 받으실만해야 한다.

20	8. 음악을 강조한다. 음악과 기타 예술 형태를 공연과 여흥과 반주를 위해 사용한다. 그래서 한편으로는 예배는 예술을 위한 예술이 된다. 예배에 사용한 예술 형태는 자주 그 자체가 목적이다. 예술 형태가 우수한가에 따라 성공적인지 아닌지 결정한다.	하나님의 명백한 임재를 강조한다. 음악을 포함한 모든 예술을 하나님과 하나님의 자녀를 섬기는 목적으로 사용한다. 모든 예술 형태는 예언적인 의미 안에서 사역해야 하며, 예술은 예배 목적이 아닌 수단이고, 예배 목표는 하나님의 영광이다. 예배 성공은 하나님의 임재와 우리 삶의 성령의 열매로 결정한다.
21	9. 수년 간 음악 형식과 목록에 거의 변화가 없다.	연주하는 음악과 우리가 부르는 노래는 하나님께서 나타내신 계시와 비전을 계속적으로 강화하는 도구로 여기며 형식과 목록에 끊임없이 변화를 추구한다.
22	10. 예배 참여를 위해 회중이 영적으로 성숙할 필요가 없으며 예배 인도자와 예배팀에게 필요한 것은 단지 실력 좋은 예술가가 되는 것 뿐이다.	예언적 예배는 회중이 그리스도의 형상 안에서 끊임없이 성숙해야 할 수 있다. 예배 인도자와 팀은 하나님의 임재를 배우고 자신의 삶에 예언적 기름부음을 운반하는 사람이어야 한다.
23	11. 예배는 개인적 체험이다.	예배가 개인적 체험에서 멈추지 않고 공동체 전체의 여정이 된다.
24	12. 현대 예배에서 사람들은 하나님의 음성 듣기를 거의 바라지 않는다. 영적 의사소통의 방향은 대부분 "사람에서 하나님께"만 이루어진다.	하나님의 음성을 듣는 것이 예언적 예배의 주된 목적 중 하나이다. 하나님과 나누는 양방향 의사소통이 열려있다. 즉, 예언적 예배에서는 "사람이 하나님께"와 "하나님이 사람을 향해"가 이루어진다.

13장

찬양과 예배를 다시 정의하라

본질상 예배는 단순히 하나님과 소통하는 것이다.

- 밥 소르기 -

성경의 제일 중요한 주제이자 우리 삶의 중심 목표는 분명히 하나님의 영광이다. 예배의 모든 정의와 예배의 능력, 예배의 목적도 하나님의 영광에서부터 시작한다. 새미 티핏은 이렇게 동의한다. "참된 예배는 언제나 그리스도의 영광이라는 유일한 토대 위에서 하나님을 향해 전심으로 드리는 것이다."[1]

예배의 근원은 하나님의 존귀하심이며 우리가 하나님의 임재로 들어가는 이유는 하나님을 송축하고 섬기는 것이다. 예수님은 요한복음 4:20~24에서 참된 종교, 참된 예배가 무엇인지 알기 원한 사마리아 여인에게 예배의 장소 보다 예배의 대상이신 하나님 아버지가 더 중요하다고 강조하셨다. 당시에 어느 산에서 예배하는지가 중요했던 이유는 예배 장소가 예배자가 어떤 신을 섬기는지 보여주었기 때문이었으며 예수님의 말씀은 당시로는 정말 충격적인 것이었다. 하나님은 예배자의 마음을 보신다(요 4:23~24).

지금까지 수많은 작가가 "영과 진리"를 설명하면서 대부분 예수님께서 마음과 태도, 혹은 예배의 동기와 형태를 언급하신 것이라고 정의한다.[2] 참된 예배는 돌로 만든 성전이 아니라 마음의 성전의 문제이며 형식이 아닌 하나님의 말씀에 헌신하는가의 문제이다. 우리가 찬양과 예배를 어떻게 정의하는가가 성경적 예배를 향한 우리 신학과 이해를 결정하기 때문에 매우 중요하다. 매튜 헨리와 아담 클라크는 요한복음 4:23을 이렇게 주석한다.

만일 우리가 영이신 하나님을 영으로 예배하지 않으면 예배의 목적을 놓치는 것이다.[3] 영으로, 우리는 확정된 마음과 사랑의 열정 즉 우리 안에 있는 모든 것으로 하나님을 예배해야 한다. 진리로, 즉 신실함이다. 우리는 형태가 아닌 권능을 더 의식해야 한다. 영적 예배의 문은 수직적이다. 우리에게 필요한 것은 영과 진리로 드리는 예배이며 이것이 하나님께서 원하시는 것이다.[4]

하나님은 영이시다. 이것은 자연의 나침반에서 가장 크고 숭고한 필수적인 진리이다! 하나님은 작은 부분이 아니라 만물의 이유, 모든 완전함의 근원이시다. 하나님은 영원하시며 만물에 충만하시고 다스리시며 유지하시는 만유의 하나님이시다. 하나님은 무한한 영이시다! 우리가 성령님의 도움으로 영으로 예배하며 우리 모든 사랑과 필요와 갈망을 하나님의 보좌로 가져간다. 우리의 마음 속 모든 목적과 열정, 모든 종교적 예배 행위를 하나님의 말씀으로 인도받을 때 진리로 하나님을 예배하는 것이다.[5]

교회는 수 세기 동안 찬양과 예배 음악을 분류하는 다양한 방법을 사용했다. 은사주의와 오순절 계통은 오랫동안 찬양과 예배를 노래의 형식으로 단순하게(그리고 지극히 부정확하게) 정의한 결과, "찬양은 빠른 노래이고 예배는 느린 노래이다"라고 말해왔다. 지금까지 성경적인 관점으로 정리한 것을 보면 이것은 틀린 정의이다.

은사주의와 오순절 교단의 단순한 찬양과 예배 정의는 마치 하나님을 하늘에서 우리 음악과 노래를 구경하는 분으로 묘사하며 한편으로는 우리가 예배에서 하나님의 역할과 존재를 얼마나 무시하는지 적나라하게 보여준다. 또 1장에서 말한 것처럼 어떤 이들은 하나님을 "한 분이신 청중"이라고 표현한다. 말은 정말 근사하지만 이 표현을 믿는 사람은 반드시 예배자의 적극적인 역할을 강조해야 한다. 우리는 "예배"라고 부르는 위대한 교제에서 하나님을 인도자이자 완전한 참가자로 보아야 한다.

하나님의 임재의 나타남

우리가 하나님을 예배할 때 하나님은 찬양 중에 거하시며 우리와 교제하신다. 하나님의 임재의 결과로 우리는 영원히 변화한다. 앞서 말한 것처럼 예배자들은 자신이 예배하는 것을 닮는다. 하나님은 무소 부재하셔서 언제나 어디나 계시지만 하나님은 특별히 우리 찬양 중에 자신을 나타내시며 말씀하시기를 기뻐하신다. 토저는 이 개념을 이렇게 설명한다.

> "하나님의 무소 부재는 주님의 완전하심에 필요한 엄숙한 사실이다. 하나님의 명백한 임재는 무소 부재와 다른데, 우리는 아담처럼 이 임재에서 도망쳐 에덴동산 수풀 사이에 숨거나 베드로처럼 위축되어 외친다. 주여 나를 떠나소서, 나는 죄인이로소이다"(눅 5:8).[6]

여전히 질문이 남아 있다. 하나님이 나타나시는 때와 방법을 어떻게 알 수 있을까? 이전 장에서 우리는 하나님이 예배에서 말씀하시는 다양한 방법을 보았다. 하나님은 물결처럼 동시에 다양한 방법으로 한 예배에 있는 모든 사람에게 말씀하실 수 있다. 각 사람이 자기 마음에 받은 하나님의 감동을 표현할 때, 마치 퍼즐이 맞추어지듯 일관성 있는 그림이 완성되고 우리는 하나님이 우리 중에 역사하신 것을 깨닫는다.

예를 들어, 하나님은 스바냐 4:17의 말씀처럼 우리를 향해 기쁨의 노래와 사랑의 춤으로 자신을 나타내실 수 있다. 어떻게 가능한가? 영적으로 민감한 악기 연주자들이 하나님의 계시에 영감을 받아 새로운 선율로 신나고 빠르게 즉흥적으로 연주하면서 우리를 향한 하나님의 기쁨을 표현하거나 싱어가 즉흥적인 가사를 받아 노래할 수 있다. 마찬가지로 하나님이 우리에게 부드러운 목자로 나타나시면 악기 연주는 부드럽고 노래는 따뜻할 것이다.

예배를 결정하는 기준은 음악 형태가 아니라 하나님의 임재에 있다. 어떻게 예배가 가능한가? 예배가 가능한 이유는 하나님이 우리에게 임재하셔서 회중이 임재에 반응하기 때문이다. 음악이 빠르든 느리든, 장엄하든 차분하든, 즐겁든 온화하든 결국 하나님의 임재가 예배와 소리의 본질을 결정한다.

나는 쉐이디그로브 교회의 한 예배에 하나님이 구원자로 임하신 날을 잊지 못한다. 올렌 목사님이 영적 압박에서 해방되기 원하는 사람은 모두 강단앞으로 나와서 기도를 받도록 초대했고 금새 강단 앞은 영적인 자유에 갈급한 사람으로 가득했다. 회중을 위한 기도 사역을 시작하기 전에 몇 명의 예배팀 무용수가 강단 위로 올라와 호전적인 움직임으로 손과 발로 나무로 된 강단 바닥을 두드리며 춤추기 시작했다. 얼마 후 예배팀 연주자들이 승리에 찬 음악 소리로 무용팀에 화답하는 순간 절묘하게도 온 회중이 강단 앞에 나온 이들을 위해 중보 기도를 시작했다. 그날 하나님께서 많은 사람을 고치시고 구원하셨다.

하나님의 자녀들이 드리는 찬양 중에 거하시는 주님은 얼마나 놀라운 분인가! 그날 큰 구원의 역사가 있었던 것은 예배의 춤과 음악이 강렬했기 때문이 아니라 예배팀의 무용수들과 연주자들이 하나님의 강한 오른팔과 구원의 권능을 예언적으로 표현했기 때문이었다. 우리가 하나님의 나타나심에 열려 있었기 때문에 하나님의 영광스러운 권능을 경험했다. 우리는 그날 부르기로 한 노래 목록이 아니라 우리에게 나타난 하나님의 임재를 따라 예언적으로 예배한 결과 큰 구원의 기적을 경험했다.

리처드 포스터는 예배에 기적이 일어나길 기대한다. "만일 예수님이 우리 인도자라면, 하나님께 드리는 예배에서 기적을 기대하는 것과 내적 외적 치유가 일어나는 것이 이상한 일이 아니라 정상적인 일이 될 것이다. 사도행전은 단지 읽는 성경이 아니라 우리가 체험하는 성경이어야 한다."[7] 지극히 간단히 정의하면, 찬양은 "빠른 노래"가 아니다. 오히려 찬양은 하나님이 행하셨던 일, 행하시는 일, 행하실 일에 감사와 영광을 돌리는 믿음 충만한 표현이다. 우리는 신약의 제사장으로서 하나님 앞에 우리 마음을 다해 찬양의 제사를 드리는 것이다.

성령님께서 우리 예배를 인도하시어 찬양의 의미를 가르쳐 주셔야 한다. 성령님께서 역사하시면 찬양의 예언적 이해가 임해서 하나님이 하실 일을 보기 전에 하나님의 위대하심을 선포하고 하나님의 역사를 완전히 이해하기 전에 하나님을 기쁘게 된다.

하나님의 임재를 향한 우리의 응답

예배는 하나님의 임재의 나타남을 향한 응답이다. 하나님의 임재 안에 하나님의 성품과 뜻이 계시된다. 그래서 우리는 예배의 자리로 나아갈 때마다 하나님의 임재의 나타나심과 하나님의 음성을 기대해야 한다. 참된 예배는 하나님께서 우리에게 자신을 보여주실 때 할 수 있으며, 우리에게 하나님이 어떤 분이신지 계시가 임하면 우리는 하나님을 예배할 수밖에 없다!

우리는 계시REVELATION라는 단어를 "초-영적인SUPER-SPIRITUALIZE" 것으로 이해하는 실수를 쉽게 저지른다. 하나님의 계시는 일 년에 한두 번, 소수의 "특별한" 사람들만 받는 것이 아니라 모든 하나님의 자녀에게 일상적인 일이다. 계시가 하나님과 신자의 관계를 신선하게 유지하도록 돕기 때문에 하나님의 계시는 우리와 하나님 사이의 개인적, 공동체적 관계에 반드시 필수적이다. 어떤 이들은 예배 중에 임하는 하나님의 계시를 이렇게 언급한다.

"예배는 계시와 응답이다. 우리가 응답하지 않으면 예배는 일어나지 않는다." (알렌 & 보럴)[8]

예배의 본질은 우리가 하나님의 임재에 응답하는 것이기 때문에 우리는 하나님의 임재를 인식할 때까지 예배할 수 없다. 찬양은 우리가 어렸을 때 교회학교에서 배운 교육을 더듬어 할 수 있지만, 예배는 반드시 하나님과 나의 현재 관계에서 시작한다. 즉 우리가 예배하려면 하나님의 임재 안에 있어야 한다. 우리가 예수 그리스도를 보기 전까지 참된 예배를 시작할 수 없다.[9]

나는 하나님께서 회중에게 자신을 계시하신 많은 예배를 기억한다. 푸에르토리코에서 열린 한 예배 컨퍼런스에서 하나님은 우리에게 목자로 임하셔서 예언적인 말씀으로 이것을 확증하셨으며 동시에 연주자가 경쾌한 선율로 리코더를 연주하고 다른 사람이 성경을 봉독했다. 하나님이 우리와 함께하시면서 우리에게 성령의 기름을 부으신 결과, 많은 사람이 치유를 받았다. 몇몇 무용수는 춤과 마임으로 하나님의 역사를 묘사했다. 그날 밤 참석한 사람 중에 선한 목자이신 하나님의 놀라운 계시를 놓친 사람은 없었을 것이라고 확신한다. 나는 시편 23편을 수없이 읽었기 때문에 목자이신 주님의 역할을 지식으로 잘 알았다. 하지만 그날 밤 목자이신 하나님의 특별한 임재가 내 마음을 만졌을 때 하나님을 향한 내 마음과 이해가 이전과 완전히 달라졌다. 선한 목자이신 하나님을 지식으로 아는 것과 임재로 체험하는 것은 아주 다르다.

예배와 계시의 연관성

성경에는 예배를 시작하기 전에 먼저 하나님의 계시와 임재가 나타나는 예가 아주 많다. 창세기 18장에서 22장에 아브라함이 하나님을 체험한 이 내용이 성경에서 예배를 처음 언급한 부분이다. 하나님은 아브라함을 찾아오셔서 아들을 주겠다고 약속하신다. 아브라함은 창세기 22장에서 맏아들 이삭을 바침으로써 하나님을 예배하기로 작정했다. 하지만 하나님은 이미 숫양을 준비하셨고 아브라함은 이 사건을 통해 여호와 이레라는 하나님의 계시를 받고 하나님이 공급하신 숫양으로 예배했다(출 15장, 34:1~9, 대하 7:1~6, 사 6:1~8, 눅 1:39~80, 4:40~41, 5:25, 7:16, 13:13, 17, 17:15~16, 18:43).

예배의 2가지 중요한 문제

1. 모든 예배는 하나님의 자기 계시, 임재의 나타남을 포함하기 때문에 예언적이다. 음악이든 춤이든 혹은 다른 예술적 표현이든 하나님의 임재 안에 모든 사역은 하나님과 자녀 된 우리의 친밀한 교제이면서 동시에 참된 예배 행위의 연장선에 있다. 예배는 하나님께서 임재로 우리 찬양을 채울 때마다 일어난다(시 22:3).

2. 모든 교파와 회중에게 깊고 창의적이며 계시적이고 친밀한 예배가 특별한 일이 아닌 표준이 되어야 한다. 하나님과 우리 관계가 친밀해지면 하나님과 얼굴을 마주하는 예배의 만남을 정기적으로 기대하게 한다. 모든 예배 인도자와 예배팀의 책임은 하나님께서 자녀들 앞에 자신을 나타내길 길을 여는 것이다. 하나님은 하나님의 얼굴을 간절한 마음으로 보기 원하는 신자의 갈망에 응답하기 위해 인내로 기다리신다.

예언적인 예배는 혼잡하고 두려운 것이 아니다. 일단 우리가 영과 진리로 예배하면, 우리는 죽은 전통을 견딜 수 없게 되어 예배에서 영적인 것을 조작하고 통제하려는 인위적인 시도를 더 잘 분별하게 될 것이다.

14장

누가 예배를 통제하는가

내가 하나님을 믿는 것이 내게 가장 중요한 것이다.

- A. W. 토저 -

당신의 교회에서 누가 예배를 통제하는가? 담임 목사님? 찬양 인도자? 노래할 때와 멈출 때, 자리에 앉을 때와 헌금을 드릴 때를 누가 결정하는가? 이것은 예언적 예배를 갈망하는 교회와 지도자들이 해결해야 할 어려운 문제로 지도력과 영적 권위의 새로운 이해가 필요하다. 예언적 예배에서는 회중뿐만 아니라 모든 사람이 성령님의 인도하심에 순종해야 한다.

예배 인도자이신 성령님

예언적 예배의 참된 인도자는 성령님이시기 때문에 우리가 알던 예배 "인도자"는 예배 "문지기" 혹은 예배 "조력자" 역할을 한다. 성령님은 교향악단 앞에 선 탁월한 지휘자처럼 우리 안에 하나님이 주시는 광경을 보이시고 새로운 소리를 일으키신다.

예배 인도자는 예배 중에 성령님이 하나님의 음성을 플루트 FLUTE의 달콤한 연주나 어린아이의 순수한 기도로 표현하기 원하시는 것을 포착하고 즉각적으로 성령님이 주시는 감동을 실천하도록 영적으로 민감해야 한다. 이제 우리는 성가대 지휘자나 예배 인도자의 전통적 역할을 전적으로 다시 생각해야 한다. 예배 인도자는 하나님의 음성이 예배에 역사하는 책임을 맡은 사람으로서 전체 회중의 영적인 자유와 책임을 위임받았다.

사실 우리가 하나님의 음성에 귀 기울인다면 우리 예배 방향에 하시는 하나님의 많은 말씀을 들을 수 있다. 하나님은 우리 모든 예배를 향한 좋은 계획과 목적이 있으시다. 우리 예배를 향한 하나님의 결심과 방향은 이미 정해져 있다. 그러므로 예배 인도자는 모든 회중이 하나님의 인도하심을 따라 예배에 참여하게 하는 책임이 있다. 성령님의 생명과 호흡을 따르는 것이 예배 인도자의 역할이다. 올렌 그리핑 목사는 이것을 "생명의 시점POINT OF LIFE" 이라고 부른다. 예배 인도자는 성령님 안에 있는 생명의 계시로 지금 어떤 노래를 부를지, 어떤 악기를 어떻게 연주할지, 또 그 안에 하나님의 어떤 뜻이 있는지 알 수 있다.

이런 종류의 지도력은 많은 사람이 참여한 예배의 다양한 순간을 끊어지지 않도록 인도하기 때문에 "유동적 지도력"이라고 부를 수 있다. "인도하다"라는 의미는 예배 인도자들이 성령님의 영감을 받아 회중에게 특정한 형태의 응답이나 반응을 요구할 수 있다는 뜻이다. 나는 예언적 예배에서 한 남자가 절차와 질서를 따라 앞으로 나아와 회중이 기도하도록 도전하는 것을 보았다. 또 한 여성은 회중 뒤편에서 아이들을 모아 춤추었다. 또 즉흥적인 연주를 하는 순간에 어떤 트럼펫 연주자가 일어나 연주하고 다른 연주자가 자신을 따르도록 이끌었다. 이 순간 한발 앞으로 나온 이들은 사실 그 순간 예배를 인도한 것이다.

언젠가 한 번은 온 회중이 예배에서 왕이신 하나님을 노래하며 특별한 방식으로 우리 마음에 역사하시기를 고대한 순간이 있었다. 예배가 점점 더 깊어지고 고조되자 어느 순간 트럼펫이 팡파르를 울리며 하나님의 전능하신 임재를 선포했다. 거룩한 침묵이 사람들에게 임했고 마치 누군가 인도라도 한 것처럼 모두 하나님 앞에 엎드렸다. 잠시 침묵의 시간이 흐른 후 인도자가 하나님의 감동을 받아 예언적인 말씀을 선포했는데 마치 그 음성이 천둥 같았다. 그 순간 하나님의 음성을 표현하기에 가장 좋은 악기는 드럼이었다. 인도자의 예언적 선포가 끝난 후 드럼 연주자가 몇 분간 드럼을 연주했는데 정해진 리듬이 아니라 인도자의 선포에 담긴 운율을 따라 연주했다. 마치 드럼 소리가 성전을 진동하는 것 같았으며 우리 마음이 하나님의 임재로 녹아내렸다. 드럼 연주가 끝나고 한참 후 목사님이 나와서 드럼 연주에 담긴 하나님의 마음 설명하시면서 주님께서 우리 마음에 역사를 마치실 때까지 고요히 머물자고 권면하셨다.

돌이켜 보면 목사님과 예배 인도자를 포함해서 그 누구도 회중에게 약 30분 동안 침묵하도록 지시하지 않았으며, 드럼 연주도 누군가의 지시를 따른 것이 아니었다. 분명하게 모든 시간을 성령님께서 인도하셨고 하나님이 모든 영광을 받으셨다. 나는 그때 함께 예배했던 모든 회중이 우레 같았던 하나님의 음성을 지금도 기억하리라 확신한다. 그것은 두려운 소리가 아니라 경이로운 소리였으며 우리 마음 중심을 흔들었다. 우리는 그날 밤 하나님을 향한 더 큰 갈망과 감명 깊은 하나님의 위엄을 충만하게 느끼고 깨달으며 교회를 나섰다.

사실 많은 사역자와 목회자, 예배 인도자들이 예언적 예배가 그 특성상 자신의 권위에 위협적일 것이라고 부정적으로 단정한다. 그러나 성숙하고 영적인 회중이 참여하는 예언적 예배는 사역자나 목회자, 인도자의 권위를 빼앗고 위협하거나 다른 누군가의 왕국을 세우는 방식으로 하나님이 세운 권위와 참석한 회중을 불편하게 하지 않는다. 궁극적으로 교회의 수석 예배 인도자는 하나님이시다. 리처드 포스터는 이렇게 말했다.

> "그리스도께서 우리가 어떻게 예배할지 결정한다는 점에서 오직 그리스도만이 우리 예배 인도자이시다. 개개인은 인도자의 부름을 받아 말씀을 전하거나 예언하거나 노래하거나 기도한다. 이런 방식에서 개인의 평판을 높일 여지는 전혀 없으며 오직 예수님만 높임 받으신다."[1]

하나님을 경외하라

예언적 예배는 예배자에게 더 큰 영적인 해방을 주면서 동시에 하나님을 향한 두려움과 경외심이 더 커지게 한다. 내가 영적인 해방이라는 단어를 사용한 이유는 예언적 예배에 어떤 일이 일어날지는 한 개인에게 달린 것이 아니라 하나님께 달린 것이기 때문이다. 하나님께서 초자연적인 만남과 은총으로 모든 회중의 삶을 만지시며 책임지신다. 그러므로 예언적 예배에서는 명백한 하나님의 임재 감각을 조작할 필요가 없다. 우리가 준비하는 예배의 노래와 가사, 악기는 하나님께서 성령의 호흡을 불어 넣어 사용하시는 도구 혹은 디딤돌이다.

우리는 하나님께서 우리에게 어떻게 역사하실지 완전히 알 수 없다. 하지만 그래도 하나님이 예배를 완전히 통제하시게 해야 한다. 셸리 모건셸러는 교회가 예배를 통제하려는 시도를 멈추고 성령님의 인도를 따를 때 부딪히는 주요 문제인 교만과 자기 높임을 이렇게 설명한다.

> "우리가 진정으로 회중이 성소에서 하나님을 만나고 상호 작용
> 할 수 있는 기회를 주려면, 우리가 예배를 통제하려는 교만과 은
> 밀한 자기 높임을 내려놓아야 한다."[2]

우리의 눈과 귀를 참된 예배 인도자이신 성령님께 기울이자. 주님을 바라보고 주님을 기다리며 주님과 함께하라. 그러면 성령님께서 우리 모두를 주님의 놀라운 위엄으로 가득한 지성소로 인도하셔서 하나님의 생명과 형상으로 솜씨 좋게 변화시키실 것이다.

15장

모든 신자는 제사장이다

참된 예배에 구경꾼을 위한 자리는 없다.

- 새미 티핏 -

기독교 교회는 이론적으로 모든 신자의 제사장직을 믿지만, 이 믿음을 의미 있는 방식으로 실천하는 교회는 매우 드물다. 실제로 성도들은 대부분 자신을 제사장이라고 생각하지 않는다. 우리는 제사장직을 전통적인 시각으로 교회를 섬기는 목회자나 사역자의 부르심이라고 보지만, 하나님의 생각은 완전히 다르다. 제사장은 하나님과 구원받지 못한 사람 사이에 서서 다리를 놓는 사람이다. 이것이 교회와 신자의 제사장적 부르심이다.

> 그러나 너희는 택하신 족속이요 왕 같은 제사장들이요 거룩한
> 나라요 그의 소유가 된 백성이니 이는 너희를 어두운 데서 불러
> 내어 그의 기이한 빛에 들어가게 하신 이의 아름다운 덕을 선포
> 하게 하려 하심이라 (벧전 2:9, 개정)

신약에서 언급하는 "제사장"은 결코 목회자나 전문 사역자를 의미하지 않으며 구약의 제사장이나 우리의 제사장이신 예수님, 혹은 우리를 포함한 모든 신자를 의미한다(벧후 2:5, 9; 계 1:6; 5:10).

현대 교회는 아직 베드로전서 2:1~10에서 말하는 거룩한 왕의 제사장이 되어 삶과 예배를 살아내라는 도전의 참된 의미를 제대로 체험하지 못했다. 신자는 베드로전서 2:5에 언급한 "신령한 집"의 제사장으로 부름 받았다. 신령한 집이라는 표현은 개인 제사장직보다 회중 제사장직을 의미한다. 베드로의 의도는 신자의 삶에 주어진 영적 권위를 제한하고 그저 각자 "교회"가 되어 흩어지라는 것이 아니었다. 우리는 계속된 구절에서 회중 제사장직의 의미와 이유를 발견한다.

"… 신령한 제사를 드릴 …" (벧전 2:5 또한 히 13:15~16 참조)

"… 이것은 너희를 어둠에서 불러내어 자신의 놀라운 빛으로 들어가게 하신 분께 대한 찬양을 너희가 전하게 하려 하심이라. (벧전 2:9, 킹흠정)

신약의 제사장 역할은 "구원받은 사람들과 이 땅에서 아직 구원받지 못한 모든 민족 사이에 서서 찬양과 예배와 기도로 중보하며 섬기는 종"이다. 우리는 잃어버린 영혼들을 위한 중보 기도의 책임을 맡은 제사장이자 종으로서 모든 사람에게 하나님의 구원의 은혜를 선포할 큰 책임을 지고 있다(고후 5:16~19).

예수님과 바울은 우리가 하나님이 가하시는 처소요 성전이며 동시에 하나님을 섬길 책임이 있는 제사장이라고 분명히 가르친다(요 14:23, 고전 6:19~20, 고후 6:16, 엡 4:6). 하나님 앞에서 우리 개인적 예배와 섬김은 교회와 세상을 향한 우리 제사장 사역의 준비 과정이다. 구약 신명기 10:8에 이 제사장 사역이 나오는데, 하나님이 제사장들에게 맡기신 세 가지 사역이다.

그 때에 여호와께서 레위 지파를 구별하여 여호와의 언약궤를 메게 하며 여호와 앞에 서서 그를 섬기며 또 여호와의 이름으로 축복하게 하셨으니 그 일은 오늘까지 이르느니라 (신 10:8, 개정)

1. 언약궤를 매다 : 하나님의 임재를 전하다.

2. 여호와 앞에 서서 그를 섬기며 : 하나님을 예배하다.

3. 여호와의 이름으로 축복하다 : 서로와 온 세상을 섬긴다.

우리가 제사장의 첫 번째 사역인 가는 곳마다 하나님의 임재를 전하는 것을 완수할 때까지 두 번째 사역을 섬기지 못한다는 점을 기억하라. 하나님의 임재를 전하는 것이 가장 중요한 제사장 사역이다. 또한, 하나님 앞에 서서 예배하는 방법을 배우지 못하면 세 번째 사역도 완수할 수 없다. 우리가 하나님의 임재 안에서 예배하며 참된 예배자가 되는 법을 배우면 비로소 그때 세상으로 나가서 예수님의 이름으로 다른 사람을 축복할 제사장의 자격이 생긴다. 참된 예배는 선교와 전도의 바른 이해와 그 효과를 근본적으로 바꿀 것이다. 세상은 하나님의 임재를 전하는 제사장을 기다리고 있다!

하나님의 원래 계획

항상 하나님의 마음은 거룩한 왕 같은 제사장들을 통해 세상을 영광으로 가득 채우는 것이었다. 먼저 하나님은 모든 열방 중에 이스라엘 민족을 거룩한 제사장 나라로 부르셨다. 하나님이 한 나라를 선택하시고 그 존재의 참된 목적을 계시하신 이 사건은 이스라엘 역사에서 가장 결정적인 순간이다.

⁵세계가 다 내게 속하였나니 너희가 내 말을 잘 듣고 내 언약을 지키면 너희는 모든 민족 중에서 내 소유가 되겠고 ⁶너희가 내게 대하여 제사장 나라가 되며 거룩한 백성이 되리라. 너는 이 말을 이스라엘 자손에게 전할지니라. ⁸백성이 일제히 응답하여 이르되 여호와께서 명령하신 대로 우리가 다 행하리이다. 모세가 백성의 말을 여호와께 전하매 (출 19:5, 6, 8 개정)

이스라엘은 민족이 "여호와께서 명령하신 대로 우리가 다 행하리이다"라고 말하며 하나님의 계획에 동의하자 하나님은 그들에게 자신을 나타낼 것이니 준비하라고 말씀하신다. 하지만 이스라엘 민족은 막상 하나님의 영광과 임재가 나타나자 하나님의 임재를 체험할 대가가 너무 버겁다고 판단한 후 자신들을 대표해서 모세가 대신 하나님의 음성을 듣고 전달해 달라고 요청한다.

¹⁸뭇 백성이 우레와 번개와 나팔 소리와 산의 연기를 본지라 그들이 볼 때에 떨며 멀리 서서 ¹⁹모세에게 이르되 당신이 우리에게 말씀하소서 우리가 들으리이다 하나님이 우리에게 말씀하시지 말게 하소서 우리가 죽을까 하나이다 (출 20:18~19, 개정)

하나님과 친밀히 교제하며 음성을 듣는 놀라운 권리를 포기한 이스라엘의 모습을 보여주는 이 말씀은 성경에서 제일 슬픈 구절이라고 해도 과언이 아니다. 그런데 안타깝게도 현대교회와 신도들마저 자신이 직접 하나님과 친밀히 교제하며 음성을 듣기보다 목사와 지도자들에게 하나님이 어떤 분인지 알려달라고 부탁한다. 그 결과, 슬프게도 많은 회중이 하나님의 영광스러운 임재를 감당하기에 역부족이 되었다.

우리는 시편을 통해 이스라엘이 다른 나라에게 축복을 전달하는 부르심이 있다는 것을 확인한다. 시편 67편은 하나님께서 이스라엘을 축복하시어 하나님의 뜻과 구원이 모든 민족에 알려지기를 간구한다. 시편기자는 계속해서 열방이 주님을 찬송하도록 선포한다. 할렐루야, 모든 민족은 주님을 찬양하라! 항상 하나님의 마음 속 계획은 하나님이 세우신 제사장 나라인 우리를 통해 온 세상을 만지시는 것이었다. 우리가 이 진리를 이해할 때 교회 안에 하나님의 임재를 풀어놓는 것이 얼마나 중요한지 깨달을 수 있다. 우리는 하나님의 임재 앞에 서서 서로를 섬기고 공동체와 열방을 섬기는 제사장이다.

제사장적 참여

하나님은 교회를 섬기는 사역에 엘리트 계급을 세우도록 의도하신 적이 없다. 회중으로부터 교회 지도자들과 강단 사역자들을 분리하는 이 엄청나고 지속적인 격차는 분명히 예언적 예배에 큰 악영향을 끼친다. 여러 저명한 작가들이 이 문제를 지적했다.

"예배는 동사VERBS이다. 예배는 우리에게 혹은 우리를 위해 하는 특별한 것이 아니라. 우리가 하는 것이다."[1]

"예배는 한 사람이 아닌 '사람들'의 것이어야 한다."[2]

"하나님의 사람들은 예배에서 단순히 찬양을 부르고 헌금하는 것보다 더 풍성한 몫을 받을 자격이 있지만 예배의 나머지 시간에 기력 없는 청강생이자 수동적인 관중으로 남아있다. 회중은 하나님께 드리는 모든 공적인 예배에서 하나님의 음성과 말씀을 들고 기억하며 믿음을 고백하고 찬양과 기도와 섬기는 중요한 활동을 하도록 초대받았다는 것을 알아야 한다. 예배의 모든 요소는 참여와 선택이라는 동사^{VERBS}로 이루어져 있다."[3]

모든 회중이 예배에 적극적으로 참여하는 것이 성경이 말하는 규범이다. 우리는 목사, 음악 연주자 혹은 성가대와 예배팀이 하는 공연을 보기 위해서 모이는 것이 아니라 하나님의 가장 위대한 "일"에 함께 참여하려고 모이는 것이다. 하나님께 "영적 제사(찬양의 제사)"를 바침으로써 하나님을 섬기는 사역에 참여하는 것이 우리 최고의 부르심이다(찬양의 제사의 상세한 설명은 2장을 참조).

우리는 왕 같은 제사장(벧전 2:9)이다. 우리는 위대하신 왕의 궁정에서 왕을 섬기는 사역자로서 우리의 책임을 다해야 한다. 모든 예배자는 하나님의 궁정의 문지기(시편 84:10, 잠언 8:34), 보좌 앞에 분향하는 사역자(벧전 2:5), 하나님과 나누는 친밀한 교제를 아는 왕의 신부(시 45:9~15, 아가서), 이 땅과 하나님 나라에서 영원히 통치하고 다스리실 하나님의 자녀(요일 3:1~2)가 되는 법을 배워야 한다.

목사, 성직자, 혹은 음악팀이 예배의 모든 측면을 인도하면 결과적으로 회중은 그저 잘 꾸며진 종교적인 쇼를 구경하는 관중일 뿐이다. 좋든 나쁘든 우리는 정기적으로 화려한 쇼와 제품을 생산하는 사회에 살고 있다. 수십억 달러 규모의 스포츠, 미디어, 광고와 예능 산업이 우리의 재정을 지배하고 쉴새 없이 우리의 감각을 흠뻑 적시고 있다. 우리 자녀와 회중이 예배에서 하나님의 임재를 체험하지 못하는 것은 참으로 안타까운 일이다. 하나님의 임재는 할리우드가 상상하거나 제작할 수 있는 그 어떤 것보다 심오하고 감동적이고 웅장하다. 예배가 이렇게 흥미진진하려면 단순히 구경하는 것이 아니라 모든 회중이 참여해야 한다. 새미 티핏과 저드슨 콘월은 이렇게 말한다.

"예배를 구성하는 음악은 본질적으로 참여적이다. 참된 예배에는 구경꾼을 위한 자리가 없다. 예배의 집은 참여하는 사람들의 마음 안에 있다. 예배는 교회 관람석에 앉아 더 재능 있는 사람의 공연을 보는 것이 아니다. 참된 예배는 타인을 위해 공연하는 것이 아니며 오직 하나님의 은혜와 사랑에 참여하는 것이다."[4]

"우리는 특별한 계급이나 역할을 가진 사람을 통해 대리로 예배할 수 없다. 예배는 사람을 위해 하는 것이 아니라 사람이 하나님께 드리는 것이다. 구약의 제사장들은 예배자가 하나님께 다가가는 것을 도왔지만 예배자의 대리자로 의식을 행한 것은 아니다. 성가대의 합창이 회중 찬양을 대체할 수 없으며, 설교자의 설교가 회중 찬양과 예배를 대신 할 수 없다. 예배는 예배자가 직접 참여해야 한다."[5]

전심으로 드리는 예배

회중의 모든 일원은 제사장으로서 예배에 참여할 뿐만 아니라 자신의 영·혼·육의 모든 영역을 예배 사역에 순종하도록 해야 한다. 이것이 하나님의 첫 번째이자 가장 큰 계명이다.

네 마음을 다하고 목숨[생명]을 다하고 뜻을 다하고[즉 생각하는 능력과 도덕적 이해를 다 하고] 힘을 다하여 주 너의 하나님을 사랑하라 이는 첫 번째이자 [원칙적인] 명령이니라 (막 12:30, 확장번역 또는 신명기 6:4-5, 마 22:37, 눅 10:27 참조)

전심으로 드리는 예배가 꼭 시끄럽고 활기찬 것은 아니다. 하나님은 우리 마음의 의도와 목적을 보신다. 나는 간신히 말하거나 거의 행동하지 못하는 환자들을 안다. 그들은 겉으로 표현하지는 못하지만, 열정적이고 신실한 예배의 의무를 다는 것을 알수 있다. 그들은 노래하고 손을 들어 하나님께 응답하려고 온 힘을 다해서 신체의 모든 근육을 사용한다. 여전히 그 입에서 나오는 소리는 거의 들리지 않고 박수는 어색하며 박자도 맞지 않지만, 그 누구도 하나님께 드리는 진실한 찬양의 희생 제사의 본질을 깎아내릴 수 없다.

신자와 불신자가 예배에 바라는 것

고린도전서 14장은 바울이 공적 예배를 드리는 방법을 기록한 중요 구절이다. 바울은 회중이 예배에서 특히 성령의 은사를 질서 정연하게 사용하고 각자의 역할을 이해하도록 신경 쓴다. 또 바울은 불신자가 교회에서 하나님의 임재를 체험하면 일어날 법한 반응을 이야기한다.

[24]그러나 다 예언을 하면 믿지 아니하는 자들이나 알지 못하는 자들이 들어와서 모든 사람에게 책망을 들으며 모든 사람에게 판단을 받고 [25]그 마음의 숨은 일들이 드러나게 되므로 엎드리어 하나님께 경배하며 하나님이 참으로 너희 가운데 계신다 전파하리라 [26] 그런즉 형제들아 어찌할까 너희가 모일 때에 각각 찬송시도 있으며 가르치는 말씀도 있으며 계시도 있으며 방언도 있으며 통역함도 있나니 모든 것을 덕을 세우기 위하여 하라 (고전 14:24~26, 개정)

온 교회가 성령의 은사로 흘러가는 이 예언적 예배에 한 불신자가 참석해서 자신의 비밀을 숨기고 엎드려 하나님을 예배했다. 이 불신자도 하나님의 임재를 느끼고 참된 예배 중에 변화될 수 있었다. 그렇다면 하나님을 아는 우리는 예배 역사하시는 하나님의 음성을 얼마나 더 잘 들을 수 있을까? 적어도 불신자들보다 더 하나님을 기대하고 하나님의 음성을 들을 수 있지 않을까? 당신은, 우리의 예배는 어떤가? 하나님이 역사하시기를 기대하는가 아니면 그저 참석하는 데 의미를 두는가?

종종 예배 중에 질병으로 고통받는 사람들을 위한 치유 사역이나 위로를 위한 기도를 할 수 있다. 이럴 때 우리의 목자이시며 우리의 모든 필요와 상처와 고통을 정확하게 아시는 하나님께서 예배를 그리스도의 몸 된 사역으로 전환하신다.

이 구절의 또 다른 요점은 바울이 교회가 함께 모여서 예배할 때마다 모든 성도를 통해 예언적 흐름이 있기를 기대하는 것처럼 보인다는 것이다. "너희가 모일 때에 각각"(고전 14:26). 여기에 젊은 사람들이나 신학 학위가 없는 사람들이라고 해서 제외되는 것은 아니다. 교회 전체가 모든 사람, 심지어 구원받지 못한 사람들에게 덕을 세우는 방식으로 사역할 수 있다고 기대한다. 교회 예배에서 이런 사역은 회중이 스스로 이 땅에서 가장 위대한 일인 예배로 하나님을 섬기는 거룩한 왕 같은 제사장이라는 사실을 알 때 성취할 수 있다.

전문 사역자의 참된 역할은 그리스도의 몸 된 교회의 모든 구성원이 예배 사역뿐만 아니라 그리스도인의 삶의 모든 영역에서 성숙한 역할을 하도록 준비시키는 것이다.

^{11}그가 어떤 사람은 사도로, 어떤 사람은 선지자로, 어떤 사람은 복음 전하는 자로, 어떤 사람은 목사와 교사로 삼으셨으니 ^{12}이는 성도를 온전하게 하여 봉사의 일을 하게 하며 그리스도의 몸을 세우려 하심이라 ^{13}우리가 다 하나님의 아들을 믿는 것과 아는 일에 하나가 되어 온전한 사람을 이루어 그리스도의 장성한 분량이 충만한 데까지 이르리니 (엡 4:11~13, 개정)

나는 자주 예배가 끝난 후에 성령님께서 예배하는 동안 특정한 성구, 예언적인 감동, 새로운 노래를 하도록 감동을 주셨지만 부끄러워서 앞에 나가 나누지 못했다는 사람들을 만난다. 성령님의 음성을 듣고 순종하는 것은 모든 그리스도인에게 주어진 배움의 과정이지만, 그 불순종의 원인이 낮은 자존감 때문이든 아니면 교만이나 혹은 수줍음 때문이든 결국 다른 사람들이 하나님의 음성을 듣고 반응할 기회를 놓쳐버린 것이기 때문에 마음이 아프다.

나는 한 목사님과 예배팀이 예배에서 찬양과 예배 부분이 끝났다고 생각한 일을 기억한다. 강단 앞까지 나와서 전심으로 예배하던 모든 사람이 자지로 돌아가기 시작했고 예배팀은 악기를 보관함에 담았다. 하지만 여자 싱어 한 명이 눈을 감고 자리에 머물러 있었다. 그녀는 천천히 조심스럽게 아무 반주 없이 목소리로만 하나님의 치유와 회복의 능력을 노래하기 시작했다.

잠시 후 그녀는 하나님이 주시는 자신감을 힘입어 더 담대하게 노래했고 그 모습을 지켜보던 몇 명의 연주자가 그녀의 강력한 치유의 노래에 함께했다. 목사님은 질병으로 아픈 사람들을 강단으로 초대했고 연주자와 싱어들은 하나님의 구원의 노래로 그들을 둘러쌌다.

단지 한 명의 싱어가 하나님이 주시는 감동에 순종한 결과 교회와 회중 전체를 위한 놀랍고 아름다운 순간을 활짝 연 결과 많은 사람이 질병의 치유를 받고 악한 영의 묶임에서 해방되었다. 목사님은 설교 시간에 개의치 않고 성령님의 감동을 따라 개인기도 사역을 이어갔다. 만일 그 여자 싱어가 다른 사람처럼 회중석으로 돌아갔다면 이 놀라운 은혜를 모든 사람이 놓쳤을 것이다.

모든 신자는 예배에서 하나님의 음성에 책임지고 깨어 있어야 한다. 하나님은 자신의 음성을 선포하도록 제사장을 선택하셨다. 회중을 대상으로 한 예언은 더 숙련되고 성숙한 그리스도인의 유일한 특권이 아니라 남성과 여성, 심지어 어린아이들을 포함한 교회 전체의 책임이다.

토미 테니는 교회의 목적을 이렇게 설명한다.

"교회의 원래 목적은 하나님과 사람이 만나는 장소였다. 교회는 당신이 무엇을 얻도록 주신 것이 아니라 당신이 가진 특별한 것을 하나님께 드리도록 창조되었다. 교회의 원래 능력을 회복하기 원한다면 교회의 원래 목적으로 돌아가야 한다."[6]

역대하 7:14에 토미 테니가 말한 교회의 원래 목적으로 돌아가는 방법이 나온다.

"내 이름으로 일컫는 내 백성이 그들의 악한 길에서 떠나 스스로 낮추고 기도하여 내 얼굴을 찾으면 내가 하늘에서 듣고 그들의 죄를 사하고 그들의 땅을 고칠지라."

현대 교회의 모든 신자가 제사장이 되어 전심으로 하나님의 얼굴을 찾을 때 하나님의 영광이 이 땅을 침노할 것이다.

16장

예배의 시간제한

시간은 영원에 도달하기 위해 사용하는 도구이다.
- 존 W. 린치 -

이 땅과 그 안의 모든 것이 하나님의 것이며 매일의 모든 순간이 하나님의 것이다(시 24:1, 고전 10:26, 28). 하나님은 우리가 이 땅에 사는 날 동안 우리 믿음의 저자이며 완성자이시다(히 12:2). 신자의 삶에 최고의 순간은 예배이며 삶의 가장 큰 관심도 언제나 하나님께 드리는 예배에 있어야 한다. 나의 멘토 샬럿 베이커 여사는 마리아가 예수님의 머리와 발에 향유를 쏟아부은 것처럼 "우리도 우리가 소유한 모든 것(자기 자신과 시간을 포함)을 주님께 쏟아부어야 한다"고 항상 이야기했다.

유한한 존재인 사람은 시간제한에 갇혀 있으며 효율성을 추구할 수밖에 없으며 시간제한에 얽매인 효율적인 사고방식은 공동체 예배를 향한 우리 태도에 어느 정도 영향을 끼친다. 많은 교회가 시간제한을 이유로 예배를 대량 생산해서 깔끔하게 포장한 부품처럼 취급한다. 이런 예배는 평범한 성도들의 바쁜 일상에 부담을 주지 않으려는 목회자의 두려움에 기반하며 최대한 짧은 시간 안에 예배의 헌신을 완수하는 데 초점이 맞춰져 있다.

이런 교회의 주일 예배에서 우리는 조금만 찬양과 예배가 길어지면 불안한 눈빛으로 시계와 예배 인도자를 번갈아 쳐다보는 목회자의 모습을 자주 목격한다. 어쩌면 예배가 길어진 탓에 깔끔하게 시작한 주일 아침 "공연"이 망칠지 모른다는 염려가 있는 것은 아닐까? 종종 예배 인도자는 역할의 부담이나 두려움 혹은 시간제한 때문에 충만한 예배를 중단하거나 반대로 단지 계속해야 한다는 느낌 때문에 성령님의 운행하심을 방해하기도 한다. 이런 미숙함은 예배로 하나님과 깊은 교제를 나누기 원하는 회중에게 굉장히 불편하고 당황스러운 경험과 기억으로 남는다.

왕과 청중

우리가 하나님을 예배할 때 하나님은 우리 찬양을 보좌로 삼으셔서 좌정하신다(시 22:3). 우리는 거룩하신 왕의 임재 안에서 얼굴을 마주하고 앉거나 서고 혹은 무릎 꿇어 친밀하게 교제한다. 우리는 예배의 모든 것을 우리 기준으로 생각한다. 하지만 예배는 왕 중의 왕이시며 위대하신 하나님의 임재 안에서 주님을 만나는 것이므로 예배의 기준, 특히 시간 기준은 하나님께 있다. 사람이 만든 일정을 지키기 위해 위대한 왕을 만날 기회를 놓치기 원하는 사람이 있을까?

만일 당신이 이 세상의 왕이나 여왕, 혹은 대통령이나 국무총리를 만났을 때에도 조금만 시간이 지체되면 빨리 모임을 끝내길 바라면서 불안한 눈으로 나가는 문과 시계를 번갈아 쳐다볼까? 오히려 반대로 언행을 신중히 하면서 모든 순간을 기억하려고 노력하지 않을까? 왕이나 여왕, 혹은 대통령이 우리에게 하루 동안 함께 하자고 요청하면 우리는 모든 약속과 계약을 취소하고 모든 친구에게 이 소식을 자랑한 후 약속 날짜를 세며 제일 좋은 옷을 준비하고, 혹시나 있을 질문에 최대한 정중한 답변으로 호의를 얻도록 격식에 맞는 고귀함으로 자신을 준비할 것이다.

나는 회중이 예수님의 임재 안에서 지루하다고 느끼는 가장 큰 이유는 우리가 예배하는 대상이 어떤분인지 모르며, 경험한 적도 없고 아무런 관계성을 느끼지 못하기 때문이라고 생각한다. 왕이나 대통령을 만나는 것은 매우 극적인 일이지만 우리가 교회에 모여 하나님을 예배하는 순간과 비교할 수 없다. 현대교회의 모습은 내가 어릴 때 배웠던 동요를 떠올리게 한다.

> 야옹아, 야옹아, 너 어디 다녀왔니?
> 여왕님을 보려고 런던에 다녀왔지
> 야옹아, 야옹아, 너 거기서 뭐 했니?
> 여왕님 의자 밑에 있는 작은 쥐를 훔쳐봤지

야옹이는 여왕을 보려고 런던까지 먼 길을 여행했다. 야옹이가 여왕의 "의자"를 이야기하는 것을 보면 놀랍게도 여왕의 면전 앞에 간 것도 맞다. 하지만 야옹이는 런던에 간 이유인 여왕은 전혀 이야기하지 않고 쓸데없는 작은 쥐만 이야기한다. 이 동요를 교회에 적용해 보자.

> 그리스도인이여, 그리스도인이여, 어디 다녀왔나요?
> 왕을 보려고 교회에 다녀왔지요
> 그리스도인이여, 그리스도인이여, 교회에서 뭐 했나요?
> 사모님의 우스꽝스러운 머리를 구경했지

물론 우리는 이 동요처럼 예배에서 사모님의 머리만 보는 것은 아니지만 한 가지는 분명하다. 예배의 이유이신 왕 중의 왕 하나님의 놀라운 위엄을 보지 않고 초점을 잃은 체 너무 많은 것에 관심을 두고 있다는 것이다. 우리 하나님은 절대 그런 하찮은 대접을 받으실 분이 아니다. 우리는 예배하기 위해 모여서 막상 사소한 것을 강조하고 세속적인 문제에 집중하면서 가장 중요한 예수님의 임재를 낭비하고 있다. 또 어떤 이들은 누가 예수님께 잘 집중하나 보려고 교회에 간다.[1]

안식을 지켜라

하나님과 함께 보내는 시간은 단순한 우연이나 신학 이론에 따른 계산적인 결정이어서는 안 된다. 하나님은 우리가 하나님과 교제하기 위해 얼마나 많은 시간이 필요한지 이미 아신다. 하나님은 모든 것을 적절한 때에 하시며 늦지도 이르지도 않으신다. 그런 하나님께서 우리에게 하루를 떼어 주님을 위한 거룩한 안식의 날로 지키도록 명령하셨다(출 20:8). 바인에 따르면 히브리어로 안식을 의미하는 사바스[SABBATH]의 의미는 '멈추다, 그만두다'이다. 바인은 더 나아가 이 단어에 "B"가 두 개 있는 것은 "집중적인 힘으로 완전히 중단하는 것"을 가리킨다고 설명한다. 이 개념은 휴식이나 회복이 아니라 활동의 중단을 의미한다."[2]

현대 사회의 빠른 속도와 효율성 추구가 안식과 예배의 날을 향한 신자의 잘못된 인식과 태도에 큰 영향을 끼쳤다. 우리는 어렵지 않게 예배 시간에 여기저기 울리는 호출기와 전화 소리와 진동을 듣는다. 하나님을 위한 안식일에도 우리는 수많은 활동에 둘러싸여 있으며 하나님을 잠잠히 기다리며 머무를 시간과 공간을 허락하지 않는다.

미리암 웹스터 사전은 오래 "머물기LINGER"를 이렇게 정의한다. "평상시 혹은 예상한 것보다 한 장소에 더 오래 남아 있거나 머무르다; 시간이 흘러도 계속 존재하다; 무언가와 헤어지거나 그만두는 것을 늦추다; 느리게 행동하다; 시간을 천천히 보내다; 점차 소멸하지만 살아남는다."

거의 모든 교회가 예배 시간을 정해 놓고 있으며 많은 예배 인도자가 정해진 예배 시간의 제일 앞에 있는 짧은 찬양과 예배 시간을 노래 목록으로 가득 채우지만, 막상 하나님의 임재를 기다리며 주님의 음성을 듣는 시간은 확보하지 않는다. 당신이 인도하거나 참여하는 예배에 하나님의 임재 안에 잠잠히 있으면서 천천히 행동하거나 말하는 시간이 얼마나 되는가?

다윗은 이렇게 말한다. "여호와 앞에 잠잠하고 참고 기다리라 자기 길이 형통하며 악한 꾀를 이루는 자 때문에 불평하지 말지어다"(시 37:7). NLT 성경은 이 구절을 이렇게 번역한다. "하나님의 임재 안에 잠잠하며 주님이 행하시기를 인내하며 기다리라."

나는 예배 안에서 하나님의 임재 안에 잠잠히 거하는 시간을 사랑한다. 하나님의 임재 안에서 당신의 생각을 잠재우고 마음을 고요하게 하며 주님의 음성을 기다리자.

예배 안의 침묵

예언적 예배는 하나님의 음성을 기다리면서 듣고 하나님께 적절하게 응답할 충분한 시간이 필요하다. 성령님이 인도자이신 예배는 사람이 미리 준비하지 않은 즉흥적인 순간이 자주 있다. 고요하거나 침묵하는 특별한 예배의 순간은 기다림과 묵상, 침묵 기도나 노래, 악기 연주와 예언적인 마음을 포함한다. 우리는 예배하고 기도할 때 하나님께 이야기하고 말씀을 묵상하면서 하나님의 음성을 듣고 하나님께 응답한다.

시편 기자는 이렇게 말한다. "너희는 가만히 있어 내가 하나님 됨을 알지어다"(시 46:10). 우리는 고요한 침묵 속에서 하나님을 아는 특별한 지식을 찾을 수 있다. 예배 안의 거룩한 침묵과 고요함은 종종 우리 삶을 완전히 변화시키는 놀라운 순간이다. 휘턴 대학의 교수 앤드루 힐은 이렇게 말한다. "예배 안의 침묵은 소리만큼 중요하다. 침묵은 예배자가 시간에서 벗어나 하나님의 영원으로 인도한다. 침묵은 기독교 예배에서 매우 중요하다. 종종 침묵은 다른 사람의 시선을 끄는 불안한 모습처럼 느껴지지만 기독교 예배에 없으면 안 되는 중요한 부분이다. 우리는 침묵에 익숙하지 않기 때문에 불편함과 무력함을 느끼지만, 통제권을 내려놓고 하나님의 주권으로 들어간다."[3] 침묵 안에서 우리의 일정과 시간 제한은 무의미하다.

> "우리는 하나님의 위엄을 느끼는 감각을 잃으면서 거룩하신 하나님을 향한 신앙적 경외심도 잃었다. 우리는 예배의 영을 잃었고 침묵으로 예배하며 내적으로 잠잠히 하나님을 만나는 능력을 상실했다. 하나님을 향한 생각과 개념을 바르게 갖지 못하면 우리 삶의 내적인 태도와 도덕적 실천을 건전하게 유지하는 것이 불가능하다. 만일 우리가 영적인 능력을 회복하면 삶에서 하나님을 더욱더 가깝게 느끼고 경험하며 생각하기 시작할 것이다."[4]

우리는 침묵과 경외함과 예배를 통합해야 한다. 침묵은 우리가 하나님의 임재 안에서 경험하는 거룩함과 경이로움의 결과이다. 하나님을 향한 예배가 깊어지고 주님의 임재가 나타나면 어떤 말과 고백도 그 힘을 잃고 고요함, 거룩한 침묵이 회중 전체에 임하는 때가 있다. 목회자와 예배 인도자들은 통제권을 내려 놓고 성령님께서 교회를 거룩한 고요함으로 인도하시어 우리 마음에 은밀한 사랑으로 채우시는 순간에 순종할 수 있어야 한다.

몇 년 전, 패서디나 리빙워터 펠로우십의 목사 데이비드 피서 목사님은 예배의 날DAY OF WORSHIP을 선포하고 남부 캘리포니아 전 지역의 예배자를 초대했다. 데이비드 목사님은 이날을 "예배 안식일SABBATH OF WORSHIP"이라고 불렀다. 이 집회에 설교나 광고 계획은 전혀 없었으며 오로지 예배를 위한 날이었다. 하나님은 온종일에 다양한 방법으로 예배자들에게 역사하셨다. 하나님은 우리를 45분 동안 침묵으로 인도하셨으며 거룩한 침묵 속에 예언적인 예배자 2명이 아무 소리 없이 움직임과 동작만으로 아가서에 나오는 주님과 우리 관계의 더 깊은 깨달음으로 회중을 인도했다. 어느 정도 시간이 지나자 악기들이 신부와 신랑의 아름다운 사랑 노래를 음악으로 표현했다. 우리는 연주를 들으며 또다시 거룩한 침묵으로 들어갔다. 이처럼 예배에서 주님께 침묵으로 반응하는 다양한 방법이 있다. 다음은 침묵의 가치를 깊이 생각할 수 있는 2가지 이야기이다. "참되고 위대한 모든 것은 침묵 속에서 자란다. 침묵이 없으면 우리는 현실에 이르지 못하기 때문에 존재의 깊은 영역으로 들어갈 수 없다."[5], "다음 4가지는 항상 함께 간다. 침묵, 경청, 기도, 진리."[6]

솔로몬은 이렇게 말했다. "범사에 기한이 있고 천하만사가 다 때가 있나니"(전 3:1). 우리는 하늘 아래 가장 중요한 목적인 예배를 위해 우리에게 주어진 시간을 어떻게 사용할지 다시 생각해야 한다. 교회가 예배에 너무 많은 시간을 보낸다고 불평할 수 있는 사람이 과연 얼마나 될까? 진짜 문제는 교회의 예배 시간이 너무 짧은 데 있다. 하나님의 음성을 듣고 싶다면 하나님을 예배하면서 충분히 기다리고 머물며 쉼을 얻어야 한다.

히브리어로 "쉼 혹은 휴식"을 의미하는 단어는 다맘[DAMAM 1826]이다. "조용하다, 침묵을 지키다, 자신을 안정하다, 휴식하다, 말을 못 하게 되다, 잠잠해지다, 죽다"라는 뜻이다. 흥미롭게도 "인내하며 기다리다"를 뜻하는 히브리어는 힐[CHUWL 2342]로 "비틀다, 빙빙 돌리다, 춤추다, 몸부림치며 떨다, 두려워하다, 고생하다, 출산하다, 기다리다"를 의미한다. 때때로 예배 안의 기다림은 춤으로 이어지거나 하나님이 우리를 위해 의도하신 목적의 "탄생"으로 이어질 수 있다. 하나님을 기다려라. 거룩한 임재 안에 머물면서 하나님의 음성을 경청하라.

알파와 오메가

예배는 알파와 오메가, 시간의 처음과 끝이신 하나님과의 만남이므로 우리는 하나님이 원하실 때마다 사람의 시간과 질서 개념을 침노하시고 다스리며 초월하실 수 있다는 사실을 받아들여야 한다. 우리가 예배 안에서 하나님을 만나고 영원을 경험할 때 사람의 시간은 멈춘다. 참된 예배는 영원을 만지고 시간을 초월하기 때문에 시간제한이라는 사람의 규칙과 규범에 얽매이지 말아야 한다. "하나님은 영원으로 우리 시간을 침노하신다. 우리는 시간이 아니라 영원을 위해 태어났다. 우리는 시간의 희생양이자 포로이지만 하나님 안에서 영원의 창조물이다."[7]

하나님은 예언적 예배에서 자주 우리가 영원이라는 하나님의 시간을 따르게 하신다. 하나님의 모든 임재의 순간은 이 땅의 시간에 제한받지 않는다. 모든 예배를 "성공적으로" 보이려고 몇 시간씩 멈추지 말고 계속해야 한다는 의미는 아니다. 하지만 모든 예배는 하나님께서 우리 안에 하나님의 일을 성취하는데 필요한 넉넉한 시간을 제공해야 한다.

만일 하나님이 우리에게 역사하셔서 15분 만에 우리를 고치시고 만지시면 우리는 기꺼이 멈추고 예배의 다음 단계로 넘어가야 한다. 또 하나님이 우리에게 1곡을 30분 동안 부르게 하시거나 20분 동안 침묵하게 하시거나 1시간 내내 하나님 앞에 엎드리라고 말씀하실 때 순종할 수 있어야 한다.

이번 장에서 내 제안은 사람의 일정과 의도에 따라 흔들리지 말고 하나님께서 우리와 교감하시는 시간을 가장 우선순위에 놓자는 것이다. 어떤 신자들은 예배에서 하나님을 만나고 싶은 열정보다 예배를 마친 후 점심 식당으로 달려가는 열정이 더 큰 것처럼 보인다. 우리 예배 시간 기준을 다시 한번 점검하자.

17장

예배의 강조점과 우선순위

잠이 신체를 새롭게 하는 것처럼 예배는 영을 새롭게 한다.
- 리처드 클라크 캐벗 -

사도 시대 이후 모든 교회의 예배는 예전적LITURGICAL이었다. 사제들은 라틴어로 찬양, 말씀 봉독, 설교 등 예배의 모든 순서를 진행했고 사람들은 스테인드글라스와 동상, 우상 및 기타 예술품으로 복음을 읽는 것이 아니라 봐야 했으며 예배의 "본 행사"는 항상 영성체COMMUNION였다. 예배의 모든 언어가 라틴어였기 때문에 "설교"는 길지 않았고 라틴어를 아는 사제 외의 일반인은 설교를 이해할 수 없었다. 음악은 우선순위가 없었고 그마저도 가사는 라틴어였다.

13세기부터 미사에 사람들의 언어로 된 "대중적 설교"가 추가되었다. 이 대중적 설교는 주일, 축일, 사순절 그리고 대림절에 프란체스코회 혹은 도미니크회 수도사들이 전했으며 300년 동안 이 방식이 이어졌다.

1537년 10월 31일, 마틴 루터가 독일 비텐베르크 성곽교회 문에 95개조 반박문을 붙였다. 루터는 이렇게 설명했다. "하나님의 말씀이 기독교에서 가장 위대하고, 가장 필요하며, 가장 중요한 것이다." 마틴 루터는 현상 유지에 도전하며 교회 개혁을 촉구했다. 종교개혁은 예수님과 사도들의 설교 강조점을 회복하려 했다. 일반인들의 언어를 설교에 도입했으며 인쇄기의 발명으로 사제가 아닌 일반인도 성경을 소유할 수 있었고 찬송가도 라틴어에서 일상적인 언어로 바뀐 결과, 음악은 수 세기 동안 굶주린 교회에 신학을 가르치는 중요한 도구가 되었다.

교회는 예배에서 설교의 우선순위를 보여 주기 위해 설교단을 높이고 화려한 조각으로 장식했다. 목회자들은 회중의 좌석보다 높은 설교단에 서기 위해 계단을 올라가야 했다. 대부분의 교회에서 설교단이 강단의 제일 중심, 가장 높은 곳에 있었다. 아직도 많은 전통적인 개혁교회들과 특히 유럽 전역의 교회에 이 전통이 고스란히 남아 있다.

교회에 말씀을 회복하자는 의도로 말씀을 읽고 가르치며 영광스러운 신학을 노래했지만 안타깝게도 모든 강조점을 설교에 맞춘 결과 음악과 노래는 오직 설교를 보강하는 부가적인 것이 되었고 이 강조점이 현대에도 지속되고 있다. 설교가 우리 예배의 중요한 부분인 것은 맞지만 하나님의 임재 안에서 드리는 예배의 다른 모든 측면보다 가장 중요한 것은 아니다.

교회가 20세기에 접어들면서 새로운 시대가 열렸다. 인도, 영국의 웨일즈와 미국의 아주사 거리에 성령님의 새로운 부으심이 역사했다. 이 초기 부흥에서 음악은 아주 큰 역할을 했지만, 예배 형식은 달라지지 않았으며 여전히 찬양은 설교를 "보조"하거나 강화하는 역할이었다. E. W. 호우의 말은 이 시대의 일반적인 태도를 보여준다. "당신이 교회에 가서 설교보다 찬양을 더 좋아한다면 그것은 정통이 아니다."[1]

로버트 웨버는 이 잘못된 생각을 다시 한번 지적한다. "나는 교과 과정에 찬양과 예배가 없는 3곳의 신학교를 졸업했다. 내가 받은 신학교 교육은 주일 오전 예배에서 제일 중요한 것이 설교라는 인상을 깊이 남겼다. 설교 외의 모든 것은 그저 예비단계라는 것이다. 이렇게 수치스러울 수가!"[2]

예배는 모든 신학의 1차 연구 과제가 되어야 한다. 최고의 설교자들은 하나님과 친밀한 관계를 맺는 예배자들이라고 나는 믿는다. 우리 모임의 가장 중요한 목적은 하나님이시다. 전 세계 교회가 예배의 가장 중요한 핵심을 하나님의 임재로 받아들이는 예배 개혁이 일어나야 한다. 우리는 분명히 설교에서 하나님을 발견할 수 있지만 예언적 예배는 회중을 "하나님의 임재"와 직접 연결하는 가장 쉽고 좋은 방법이다.

목회자가 설교에 좀 더 많은 시간이 필요하다고 느끼는 것처럼 어떤 경우에는 찬양과 예배가 더 중요하다고 강조할 수 있어야 한다. 교회는 예배WORSHIP와 설교PREACHING를 같은 비중으로 동등하게 대할 필요가 있다. 예언적 예배를 실천하는 교회는 예배와 설교 사이에 건강한 균형이 존재한다. 성경 교사이자 작가인 샘 사쎄 박사는 이 관점을 분명하게 표현한다.

"교회에 하나님의 말씀 사역이 필수적이지만 우리 마음을 다해 거룩하신 하나님께 찬양과 예배를 드리는 것이 훨씬 더 중요하다는 사실에 초점을 맞추어야 한다. 말씀 없이 예배만 높이자는 것이 아니라 말씀과 예배를 구분하고, 우리 초점을 설교단이 아닌 하나님의 보좌에 두어야 한다는 것이다."[3]

교회가 예배 전통주의를 깨는 것은 어려운 일이다. 오늘날 목사와 회중 대부분이 전체 예배에서 설교를 제일 중요하게 여긴 결과, 사람들은 설교가 시작하지 않았으면 아직 가장 중요한 것을 놓친 것이 아니라고 생각하여 자주 예배 시간에 지각한다. 이 문제에 관한 다른 예배 인도자의 생각을 들어보자.

"글쎄요, 우린 항상 이런 식으로 했습니다."라고 말하면서 기존 예배를 옹호하는 것은 더 이상 적절하지 않다. 찬양과 예배를 예배에서 가장 중요한 설교를 위해 회중을 길들이는 '예비단계'로 여기는 것도 옳지 않다. 이제 우리는 더 넓은 관점에서 예배가 회중의 삶에 끼치는 역할을 진지하게 고려해야 한다.[4]

교회 안에 음악을 지나치게 낮게 평가하는 비성경적인 견해를 가진 신실한 신자들이 있다. 이들은 음악을 역적인 충전제, 준비 운동, 시간 보내기라고 생각하며 음악은 예비단계일 뿐이고 설교가 핵심이라고 생각한다. 결국 이런 사람들은 참여자가 아닌 관람자이자 탁월한 노트 필기자가 된다. 이들은 분명히 똑똑하고, 의욕적이며 경건한 사람들이다. 하지만 이들은 사랑하는 하나님을 한 회중으로서 찬양하는 공통된 출구는 가지지 못한다. 이런 인식과 태도는 이들의 삶에 찬양이 사라지게 한다.[5]

교회에 예언적 예배가 올바른 우선순위로 회복될 때, 예배와 설교 사이의 갈등이 사라질 것이다. 나는 예배 인도자가 미리 설교자의 설교 주제를 알지 못했음에도 찬양과 예배의 주제가 설교와 직접적으로 연결되는 경우를 많이 보았다. 하나님의 임재가 중심인 예배하는 교회를 섬기는 목회자는 찬양과 예배 시간에 성령님께서 충분히 역사하셨다면 자기에게 주어진 설교 시간을 내려놓고 하나님의 인도하심을 따라 다른 주제를 전하거나, 더 기도하고 예배하는 방식으로 자유롭게 사역할 수 있으며 하나님의 임재를 중심으로 여기는 회중은 성령님의 임도하심을 따르는 즉흥성과 유연함을 받아들인다.

우리는 찬양과 예배를 설교의 준비물이나 방해물, 혹은 설교의 경쟁 상대로 간주하면 안 된다. 오히려 찬양과 예배는 사람들의 마음 밭을 일구어 신자들이 목회자를 통해 선포되는 하나님의 말씀을 잘 받아들일 수 있게 한다. 기름부음 있는 설교는 위대한 예배를 일으키고 기름부음 있는 예배는 위대한 설교를 일으킨다. 목사와 예배 인도자 사이의 상호존중은 예배와 설교, 두 사역을 모두 향상시킬 것이다.

18장

예배에서 교단의 장벽을 초월하라

"교회에 가는 것은 항상 위험한 일이다.
하나님의 임재가 언제든지 우리 교단의
보호막을 부술 수 있기 때문이다."

- 유진 칼슨 블레이크 -

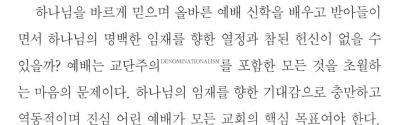

하나님을 바르게 믿으며 올바른 예배 신학을 배우고 받아들이면서 하나님의 명백한 임재를 향한 열정과 참된 헌신이 없을 수 있을까? 예배는 교단주의DENOMINATIONALISM를 포함한 모든 것을 초월하는 마음의 문제이다. 하나님의 임재를 향한 기대감으로 충만하고 역동적이며 진심 어린 예배가 모든 교회의 핵심 목표여야 한다. 토저는 모든 교단의 그리스도인을 향해 하나님의 임재의 더 큰 이해와 체험을 간구하도록 촉구한다.

꾸준히 유행하는 종류의 기독교는 하나님의 임재를 오직 이론으로만 알고 하나님의 나타난 실재를 인식하는 그리스도인의 특권이 얼마나 중요한지 강조하지 않는다. 이런 가르침은 우리가 하나님의 임재 안에 있으며 실제로 그 임재를 체험하는 것이 중요하다고 말하지 않는다. 결국 사람의 비열한 탐욕이 하나님을 향한 불타는 열정을 대신한다.[1]

우리는 개인의 예배 체험에 교단이 끼친 영향을 깨달아야 한다. 다시 한번 말하지만, 각 교단을 위한 별도의 성경은 없다. 성경은 하나뿐이며, 하나님은 그 안에 예배받기 원하시는 방법을 분명히 제시하셨다. 모두 같은 방식으로 예배할 필요는 없지만, 성경에 기록된 예배 원칙은 모든 교단과 신자가 적용할 예배 원칙이다.

어떤 사람은 예배 현상 유지를 옹호하면서 자기와 비슷한 신학, 개성, 배경을 가진 그리스도인끼리 모이는 것을 좋아한다. 매우 감정적인 예배를 좋아하는 사람들끼리 교단을 만들고 차분한 예배 분위기를 좋아하는 사람들은 그들만의 전통적인 모임을 할수 있다(가능하면 마을 이쪽 끝에서 반대편 끝까지 서로 멀리 떨어져서!).

내 주장은 조용한 예배자이든 감정적인 예배자이든 성경적인 예배 형식에 더 다가가기 위한 변화를 추구해야 한다는 것이다. 우리는 교회가 속한 교단에 따라 음악과 예배 형식을 짐작한다. 교단은 음악 형식, 노래 길이, 악기 사용 여부, 전반적인 소리 크기, 회중 참여도, 찬양집이나 가사 자막을 위한 장비 사용 및 예배의 다른 중요한 문제에 관한 전통이 있다. 셸리 모건샐러는 우리 기독교 정체성이 주로 소속 특정 교단의 예배에서 나왔다고 지적한다. "우리는 자주 우리 예배 방법론을 숭배하면 하나님께 헌신하는 척한다. 이런 교만과 자기 의존은 우리가 세상에서 혐오하는 어떤 것보다 세속적이고 기괴한 인본주의의 현실을 보여준다."[2]

저드슨 콘월은 이것을 탁월하게 표현한다. "참된 예배자들은 전통에 제한받거나 교단의 종교적 유산인 예배 의식에 얽매이지 않으며 하나님을 향한 모든 반응에 성경을 따르기로 선택할 것이다."[3] "종교는 예배에 불을 붙이기보다 방해하고 억누를 때가 더 많다."[4]

예언적 예배와 교단적 스타일

예배 체험의 역사는 우리가 좋아하는 음악과 예배 형식에 따라 표현되는 경향이 있기 때문에 성경적인 예배 표현을 위한 성장이나 변화에 둔감해진다. 하지만 우리 예배 표현은 더욱더 성경 중심으로 바뀌고 성장해야 한다. 또 예배 변화를 제안하는 방식이 변화 자체만큼 중요하다.

우리는 예전주의RITUALISM와 예전주의를 맞교환하는 죄를 지을 때가 있다. 스스로 "비예전적NON-LITURGICAL"이라고 생각하며 어떤 대가를 치르더라도 자유를 지키겠다고 주장하는 사람들이 오히려 명백한 예전주의자보다 더 엄격한 예전으로 자신을 구속한다. (로날드 알렌 & 고든 보러)[5]

장로교, 침례교, 오순절, 은사주의 같은 교단과 회중은 모두 각자 정한 방식대로 예배한다. 어떤 사람은 찬송가만 부르고 다른 사람은 호산나 뮤직, 마라나타 혹은 빈야드 뮤직에서 나온 현대 예배 곡으로 예배한다. 어떤 교회는 피아노나 오르간만 사용하고 다른 곳은 다양한 악기, 심지어 밴드나 오케스트라를 사용한다. 어떤 교회는 예배에서 성령의 은사를 자유롭게 사용하도록 허용하고 다른 곳은 예배에서 은사 사역을 완전히 금지한다.

이런 다양한 취향과 선호도도 문제이지만 교단법에 따라 예배 형식을 정하고 제한하는 것은 또 다른 문제다. 의식과 성례전 자체는 분명히 성경적이지만 많은 경우 하나님은 우리 프로그램이나 전통 예식 안에 가둘 수 있는 분이 아니다! 교회는 많지만 하나님이 계실 공간이 없다! (젠틸)[6]

가장 재미있는 것은 교회마다 스스로 고린도전서 14:40을 따라 "모든 것을 품위 있고 질서 있게" 예배한다고 믿는다는 점이다. 이런 인식은 은연중에 자신과 다른 교단이나 신자는 어떤 면에서 잘못 예배한다는 편견을 강화한다. 바울이 "모든 것을"이라고 말한 의미를 이해하려면 14장 전체의 문맥을 살펴야 한다. "품위 있고 질서 있게"의 바른 개념은 우리 교단의 문화나 내 취향으로 편안하고 좋은 것이 아니라 하나님이 품위 있고 질서 있다고 여기시는 것이다. 로버트 웨버는 이렇게 말한다.

> 개신교-복음주의 예배는 교회의 성경적, 역사적 전통에 충실하기보다 문화의 흐름을 따랐다. 하지만 예배의 참된 특징은 사람이 아니라 하나님이 결정하신다.[7] 우리 임무는 어느 예배 형식이 영적으로 더 우월한지 판단하는 것이 아니라 전통을 깊게 파헤쳐 발견한 본질로 영적인 충격을 회복하는 것이다.[8]

예배는 우리의 전심을 포함한다

핵심은 우리의 마음과 영혼과 생각과 온 힘을 다해 하나님을 예배하는 것이며 이것이 우리의 첫 계명이다(신 6:5, 막 12:30, 33, 눅 10:27). 우리가 산 제사가 될 때 우리 몸 전체가 예배의 행위에 들어간다(롬 12:1). 우리가 전심을 다 해 찬양과 예배를 표현하려면 무엇이든 허용해야 한다. "하나님은 우리 전 존재를 포함한 예배를 원하시기 때문에 우리 몸과 마음과 영과 감정 모두를 예배의 제단 위에 놓아야 한다. 우리는 예배에서 내면의 영과 일치하는 자세로 우리 몸을 하나님께 드려야 한다"(리처드 포스터).[9]

1987년 콜롬비아 보고타에서 전심을 다 하는 예배의 귀중한 교훈을 배웠다. 나는 수천 명 중에 뽑힌 큰 오케스트라의 책임을 맡았다. 오케스트라는 약 60개의 기타와 70개의 탬버린, 클라리넷, 피아노, 베이스, 드럼, 그리고 피아노 뒤편에 있어서 잘 보이지 않는 한 쌍의 "핑거 심벌"을 연주하는 꼬마 아가씨로 구성되었다.

나는 이 꼬마 아가씨가 자기 자리에 앉아서 내가 연주를 지시할 때까지 인내심 있게 기다리던 표정을 잊을 수 없다. 사실 이 꼬마 아가씨의 연주는 하나님 외에는 누구도 들을 수 없이 작았지만 곡의 첫 소절부터 마지막까지 기대에 찬 눈빛으로 바른 자세를 유지했다. 비록 다른 사람은 듣지 못했지만 이 꼬마 아가씨는 놀라운 성실함과 헌신으로 자기 몫을 훌륭하게 연주했다.

많은 연주자가 예배에서 더 좋은 자리와 큰 소리가 나는 마이크를 요구한다. 하지만 이 꼬마 아가씨는 오직 예배로 하나님을 기쁘게 하는 것만 관심이 있었으며 온 마음과 생각과 힘을 다해 하나님을 섬겼다. 그녀와 예배하면서 내 삶이 바뀌었다. "성경적 예배자들은 전심으로 하나님을 예배하기 때문에 관대한GENEROUS 예배자들이다"(라마르 보쉬맨).[10]

예배 형태

천주교나 성공회만 기도나 예배 중에 무릎 꿇지 않는다. 무릎 꿇는 것은 신앙의 기원만큼 오래된 성경적 예배 표현이며 모든 그리스도인이 하나님 앞에 자유롭게 무릎 꿇을 수 있어야 한다(시 95:6). 마찬가지로 손뼉 치고 손을 드는 것도 은사주의나 오순절의 예배 전유물이 아닌 성경적 표현이다(시 47:1, 134:2, 딤전 2:8).

외형적인 예배 표현은 내적 태도를 따른다. 우리 마음이 하나님 앞에 경외심으로 가득 차면 자연스럽게 무릎을 꿇거나 몸을 엎드린다. 또 하나님의 사랑을 구하며 찬양하고 예배할 때 손을 드는 것은 매우 자연스럽고 적절한 표현이다. 모든 교단은 이런 예배 표현이 명백히 성경에 근거하기 때문에 개인적인 취향이나 기질과 상관없다는 것을 인정하고 장려해야 한다. 우리는 표현의 차이점을 두고 서로 싸우기보다 서로 배워야 한다.

언젠가 모든 무릎이 하나님 앞에 절할 때(빌 2:10~11), 개인의 문화나 교단의 차이 혹은 취향과 기질의 문제는 사라질 것이다. 우리가 하늘에서 하나님을 뵐 때 무릎 꿇는 것이 마땅하다면 지금 땅에서 예배할 때도 마찬가지이다. 예배의 성경적 형태들은 하나님이 받으시는 활기차고 예술적인 표현을 보여준다.

- 그 수가 만만이요 천천인 천사와 하늘의 존재가 큰소리로 외친다 (계 5:11~12).

- 다윗과 모든 이스라엘이 예루살렘을 향해 기쁨으로 행진하며 온 힘을 다해 춤추고 연주했다(삼하 6:14~15).

- 다윗은 예배에서 하나님의 이름을 선포할 때 다채로운 깃발을 사용했다(시 20:5 그리고 많은 다윗의 시편).

- 솔로몬은 성전 봉헌식에서 풍성한 제사를 드렸다. 이 봉헌은 수를 헤아릴 수 없었다(대하 5:6, 7:4~5).

- 여호사밧은 군대 앞에 기름부음 받은 예배자들을 세웠고 그 결과 전쟁에서 이겼으며 승전군이 하나님께 넘치는 찬양을 드리며 예루살렘으로 돌아왔다(대하 20:28).

● 에스라 시대에 성전을 재건축하며 드려진 찬양에는 함성과 울음
이 한데 어우러졌다.

많은 성경 기록에서 단 한 번도 하나님이 찬양 때문에 불쾌하
셨다는 기록은 없다. 하나님은 장로교, 침례교, 오순절, 혹은 다른
교단의 특정 예배 행위가 불쾌하다고 말씀하신 적이 없다. 우리
는 성경에 나오는 열정적인 예배 표현이 부적절하다는 구절이나
암시가 없음으로 하나님이 성경의 예배 표현을 인정하신다고 봐
야 한다. 하나님은 자신의 자녀들이 자아를 내려놓고 열정적으로
예배하는 것을 기뻐하신다. 성경에 하나님을 향한 진정한 헌신이
나 예배 표현을 줄이라는 말씀은 단 한 군데도 없다.

다윗 왕의 아내 미갈은 다윗이 사람들 앞에서 바지가 내려가도
록 하나님을 찬양하며 춤추는 것을 보고 마음속으로 경멸한 결과
아이를 가질 수 없었다(삼하 6:14~23). 미갈을 향한 하나님의 형벌은
무척 가혹해 보이지만 이 사건은 우리가 하나님께 어떻게 예배할
지, 다른 사람의 예배를 어떻게 대할지 심사숙고하도록 돕는다.

하나님이 우리 예배에 맞춰 주실까?

소위 "정통"이라는 기준으로 보면 하나님의 음성이나 임재가
우리 예배에 맞지 않을 수 있다. 하나님의 음성은 때로 부드러운
속삭임(왕상 19:12)이나 많은 물소리(계 1:15) 같으며 혹은 거대한 천
둥소리(욥 37:4~5, 40:9, 시 29:4~9)같다. 하나님은 전쟁터의 전사처럼
(사 42:13), 산고 중의 여인처럼 외치시며(사 42:14), 열방에 휘파람
소리를 내시고(사 5:26) 그 음성이 나팔 소리 같다(시 47:5).

우리에게 이렇게 다양한 방식으로 말씀하시는 하나님이 이스라엘이 걸어가도록 홍해를 여시고(출 14장), 벽에 손으로 글씨를 쓰시며(단 5:5), 병자를 고치시고(마 14:14), 바다 위를 걸으시며(마 14:25), 죄를 용서하시고(눅 5:24) 죽은 자를 일으키셨다(요 11:43).

영원한 찬양조차 하나님의 성품을 온전히 정의하지 못하기 때문에 나는 그저 "시도"라고 부르지만 예배의 원칙은 우리 찬양과 예배가 대상과 일치해야 한다. 만일 우리가 교회에서 주기적으로 지루함에 빠진다면 무언가 매우 잘못된 것이다. 우리가 믿는 하나님은 어떤 분일까? 하나님은 끝없이 창조적이시며 억누를 수 없는 생명과 활력이 있으시고 항상 "새 일"을 행하시는 분이다. 진실로 하나님은 어제나 오늘이나 영원히 동일하시다. 하지만 하나님의 변하지 않는 성품 중 한 가지는 언제나 놀라움으로 충만하시다는 것이다!" (그래함 켄드릭)[11]

모든 신자와 교회가 오직 한 가지 형태로 예배할 수 있다고 추정하는 것은 지나치게 단순한 생각이다. 성경에 기록된 예배 형태와 묘사는 교단과 문화를 초월한다. 교회가 다양한 형태의 예배 때문에 분열하기보다 오히려 교회 안에 하나님의 실제적인 임재가 우리를 하나로 연합하게 하고 서로 인정하며 감사하게 해야 한다. 우리가 예배의 차이에 직면할 때, 그것이 우리에게 하나님을 향한 더 큰 헌신과 깊은 사랑을 불러일으키게 하자.

어쩌면 추가적인 연구가 필요한 부분이겠지만 나는 모든 교단의 창시자가 찬양과 예배를 성경적으로, 신학적으로 신중하게 고려했을 것으로 생각한다. 하지만 오래된 전통에 갇힌 예배 형태를 고수하지 말고 오직 하나님의 말씀을 주의 깊고 정직하게 살펴본

후, 성경적으로 옳은 것만 붙들자. 테리 H. 위들은 모든 교회가 예배의 형태에 마음을 열도록 요청한다.

나는 변화를 위해 변화를 옹호하는 것이 아니다. 내가 장려하는 것은 형식과 순서의 유연성FLEXIBILITY과 유동성MOBILITY이다. 우리 예배는 전통에 민감해야 하지만 그렇다고 전통에 갇히면 안 되며 예배 형태를 제도화해서도 안 된다. 오히려 오늘날 성령님의 인도하심에 따라 신중하게 예배 형태를 결정해야 한다.[12]

내 소망은 모든 신자와 교회가 예배 안에 교단과 문화적 다양성을 받아들인 후 교단과 문화적 한계를 초월하여 예언적 예배의 성경적 모범을 받아들이는 것이다. 단순한 진리는 이것이다. 모든 교단의 예배에 하나님의 음성과 임재가 있어야 한다. 우리는 하나님을 전통이라는 작은 세계에 맞추기보다 우리 전통과 취향을 하나님이 원하시는 성경적 예배에 맞춰야 한다.

우리가 목회자와 예배 인도자로서 헌신적인 예배 연구로 하나님과 우리의 공백을 메울 때까지 교회는 무지의 포로가 될 것이다. 예배를 교회의 가장 중요한 활동으로 회복할 때까지 교회는 영적인 영양실조에 빠져서 하나님의 일을 섬길 영적 능력의 부족함을 경험할 것이다. (샐리 모건샐러)[13]

하나님께 드리는 예배를 편협한 교단적 경계와 전통의 빈약한 표현으로 제한하면 우리에게 무슨 유익이 있는가? 이제 춤으로 하나님을 찬양하고 교회에 새로운 예언적 노래가 가득하게 하자! 모든 악기와 모든 남녀노소가 큰 소리로 하나님 앞에 기뻐하자!

19장

문화가 예배에 끼치는 영향

문화란 모든 자연의 힘과 사람의 능력을
조화롭게 발전시킨 것이다.

- 펠릭스 펄스 -

　　문화는 예배 태도에 큰 영향을 끼친다. 우리는 문화가 교회의 예배 형태와 표현을 주장하지 않게 주의해야 한다. 오늘날 많은 교회가 예배에서 불신자들의 반응에 의식한다. 어떤 교회는 예배를 받으시는 하나님의 기준이나 성경이 아니라 방문객을 기준으로 그들을 불편하게 만드는 예배 표현을 축소하거나 아예 배제한다. 우리는 예배를 다룰 때 신중해야 한다. 그리스도인으로서 우리 핵심 목적은 불신자를 만족하게 하는 것이 아니다. 나는 톰 슈반다의 의견에 동의한다.

　　교회가 문화적 접근성을 갖추기 위해 노력할 때 도사리는 위험은 교회가 문화를 이용하는 것이 아니라 오히려 교회가 문화에 끌려간다는 점이다. 교회 안에서 문화적 민감성을 추구하는 일부 사람들은 자신의 노력이 오히려 예수 그리스도의 복음을 심각하게 훼손한다는 사실은 모른 체 그저 모든 사람을 만족하게 하는 목적을 추구한다.[1]

나는 같은 교단에 속한 교회의 예배가 나라마다 크게 다른 경우를 많이 봤다. 각자 영과 진리 안에서 예배를 체험하지만, 문화적 전통의 영향으로 일부는 덜 표현하거나 더 표현하는 예배를 드린다. 예배는 문화를 초월하지만 동시에 문화로 표현한다. 그러므로 우리는 예언적 예배를 억압하고 방해하는 요소에서 벗어나려고 노력하면서 참된 예배를 회복하는 데 도움을 주는 문화를 찾아 더욱 강화해야 한다. 게릿 구스탑슨은 이렇게 말한다.

어떤 이유로 우리는 특정한 종교적 전통과 체험을 하나님이 좋아하시는지 아닌지의 기준을 우리 취향을 기준으로 생각한다. 우리의 취향과 선호도가 얼마나 빨리 확정적인 편견으로 바뀌는지 아는가? 편견은 교회의 풍성한 예배 표현을 막는 큰 장벽이다. 우리는 이런 특징과 취향을 합쳐서 "문화"라고 부른다. 문화의 어근인 컬트cult는 가장 단순한 의미로 "예배나 헌신의 체계"를 뜻한다. 이것은 곧 우리 문화가 우리 예배를 반영한다는 의미이기도 하다. 그러므로 우리는 문화를 경멸하거나 부정하기보다는 오히려 거룩한 문화를 개발하기 위해 노력해야 한다. 하나님의 길이 우리의 길보다 높다는 말씀은(사 55:9) 곧 하나님의 거룩한 문화가 사람의 문화보다 더 높다는 것을 의미한다.[2]

예배 인도자 켄트 헨리는 이렇게 말한다.

과거 교회는 대부분 손뼉 치고 무릎 꿇어 엎드리며 춤추고 손을 드는 방식의 예배 표현을 반대했다. 당시의 반대는 대부분 그 시대의 의식구조와 문화적 체험에 기반을 둔다. 그러나 현대의 찬양과 예배는 시대의 문화 기준이 아닌 성경의 기준을 회복했다.[3]

우리가 어떤 나라와 민족에 속하든 기독교 예배의 목적과 대상은 항상 같다. 성경에 기록된 하나님의 예배 기준과 가치는 나라와 문화를 초월한다. 성경은 전 세계 교회의 예배 연합을 위한 최고의 기준이며 우리 예배 전통의 핵심 기준이 되어야 한다. 저드슨 콘월은 이렇게 말한다. "예배는 서로 다른 다양한 유산을 섬세하게 조화하는 종교적 활동이다. 그리스도 중심적인 예배는 참가자들이 자신을 내려놓고 하나님을 의식 한다."[4]

하나님은 모든 민족과 나라가 하나님만 예배하기 원하신다. 하나님은 모든 민족과 언어, 모든 사람을 하나님의 보좌 앞에 나와 예배하도록 부르신다(계 7:9). 예언적이며 충만하게 넘치는 예배를 통해 하나님의 임재로 들어오라는 부르심은 모든 세대를 위한 것이다. 나는 이 계시록적 예배의 부르심이 여러 나라에서 실제인 방식으로 성취되는 것을 보았다.

예를 들어 히브리어에서 "높이다EXALT"에 해당하는 단어는 룸RUWM(#7311)인데 '들어 올리다, 일으키다, 던지다, 내버리다'라는 뜻이다.[5] 우리는 "높이다"라는 단어를 "찬양"의 의미로 사용하는 경향이 있지만, 내가 생각하기엔 스트롱 사전의 정의가 우리에게 더 넓은 의미의 가능성을 준다. 나는 성경에서 히브리어 룸의 쓰임새를 연구한 후 자기 자신을 내려놓고 드리는 예배에서 하나님 앞에 사물을 던지는 것이 아주 적절한 예배의 형태라는 것을 깨달았다. 이것은 우리가 왕의 임재를 찬양하기에 매우 적절한 방법이다. 문화적 차이나 개인의 편견으로 볼 때 하나님 앞에 무언가를 던지는 행위가 충격적일지도 모르지만 우리의 실생활을 보면 이런 방식은 이미 아주 자연스러운 "높임"의 표현이다.

예를들어, 열혈 팬들은 자기가 좋아하는 가수나 배우의 공연이 끝난 후 꽃다발을 던지는 것으로 자신의 충성과 사랑을 표현한다. 또 스포츠 팬들은 자신이 응원하는 팀이 승리했을 때 자기가 입은 옷과 모자를 하늘 높이 던지기도 한다. 존중하는 대상을 기리기 위해 그 대상에게 뭔가를 던지는 것은 아주 자연스러운 행동이다.

나는 전 세계를 다니면서 예배의 대상을 향해 무언가를 던지는 모습을 많이 보았다. 상당히 보수적이고 엄격한 문화 속에 사는 사람들조차 전심으로 하나님을 예배할 때 꽃이나 겉옷, 손수건, 혹은 종이나 다른 부드러운 물건을 높이 들고 흔들었다. 콜롬비아에서 열린 여성 컨퍼런스에서 단정한 여성들이 왕이신 하나님의 임재 앞에 카네이션과 장미를 던지자 예배 장소가 달콤한 향기로 가득 찼다. 감정을 잘 드러내지 않는 노르웨이 사람들이 하나님 앞에 사물을 높이 들어 올려 주님을 높이는 모습을 본 적도 있다. 베네수엘라에서는 실외 경기장에 수천 명의 사람이 모여 하나님을 예배하면서 자신의 코트를 하늘 높이 던졌다.

나는 예배 변화를 위해 과도하고 지나친 행위까지 무조건 옹호하자고 말하는 것이 절대 아니다. 모든 것은 질서와 품위가 필요하다. 하지만 하나님께 드리는 예배를 교단이나 문화의 억압이 아닌 하나님이 받으시기 원하시는 방법으로 표현하는 것이 옳다.

하나님은 모든 나라와 민족 안에 주님의 영광스러운 보물을 숨겨두셨다. 우리가 하나님을 영접하고 그리스도인이 되면 우리 안에 숨겨진 하나님의 보물과 표현을 하나님 나라로 가져갈 수 있다. 거룩하게 구속된 하나님의 자녀들이 표현하는 민족 문화와 예술을 통해 하나님의 음성을 듣고 하나님의 손길을 볼 수 있다.

미가 선지자는 하나님의 임재 안에 사눈 예배자를 의미하는 시온을 격려하며 이 보물을 언급한다. "시온의 딸들아, 일어나 그들을 쳐라. 내가 너희를 쇠뿔을 가진 것처럼 강하게 해 주겠다. 놋쇠굽을 가진 것처럼 굳세게 해 주겠다. 너희가 여러 나라를 쳐서 산산조각낼 것이며 그들의 재산을 내게로 가져올 것이다. 그들의 보물을 온 땅의 주인인 내게 가져올 것이다."(미 4:13, 쉬운성경).

미가 선지자가 유다의 적들을 무찌르는 시온의 전사들의 발소리를 들은 것처럼 우리도 오늘날 교회에 회복된 노래와 춤과 예배표현을 통해 하나님의 원수들이 패배하는 소리를 듣는다. 아프리카와 카리브해 국가들의 흥겨운 박자는 생명과 큰 기쁨으로 가득차 있다. 폴리네시아 민족의 화음과 켈트 민족의 선율은 매우 아름답다. 이제 우리는 모든 나라의 악기와 노래를 사용해서 교회의 예배를 더 풍성하고 아름답게 만들 수 있다.

나는 많은 문화 전통과 음악 소리가 하나님을 예배하는데 적합하지 않다는 것을 아주 잘 안다. 그리스도의 몸 된 교회는 이 문제에 있어서 하나님께 열린 마음으로 민감해야 한다. 과거 우리는 일부 음악이 우리 이해와 취향과 다르다는 이유로 악마적이라고 규정했다. 특히 기독교는 회심자들에게 서양 사상과 문화를 강요함으로써 기독교를 서양 종교로 만들었다. 예를 들어 선교사와 성경 교사들은 선교지의 토착 문화와 음악을 예배에서 제외하고 전통적인 서양 찬송을 부르도록 장려했다. 기독교가 전파되는 곳마다 지역 토착 예술이 크고 작은 모습으로 영향을 받았다.

사실 이 문제는 이 책의 주제를 벗어난 더 큰 논쟁거리지만, 나는 원래부터 악한 음악 형태와 예술 형식은 없다고 생각한다.

음악이나 악기가 아니라 오히려 예배자의 마음과 예배 대상이 선하거나 악할 수 있다. 모세와 여호수아가 산에서 내려왔을 때 이스라엘 백성은 황금 송아지를 숭배하며 노래하는 소리를 들었다 (출 32:17~18). 이때 하나님이 분노하신 이유는 노래가 아니라 우상 숭배 그 자체 때문이었다(출 32:19).

우리는 단지 익숙하지 않다는 이유만으로 어떤 문화적 표현과 악기가 악하고 사용할 수 없다고 규정하면 안 된다. 우리 예배는 모든 나라와 민족의 예술을 구속하여 회복^{REDEEM}하는 진실한 노력으로 풍성해질 것이다. 우리가 열방에 숨겨진 보물인 독특한 문화 예술과 음악을 되찾을 때, 교회 안에 새로운 소리와 문화가 나타나 구원받지 못한 사람들을 하나님 나라로 인도할 것이다.

하나님 나라의 예배 음악을 개발하는 첫 단계는 모든 나라에 대대로 전해온 독특한 고대 전통을 존중하는 것이다. 민족 음악학자인 로베르타 킹과 아피안다 아서는 많은 나라의 예배에 예술적이고 문화적 진실성을 회복하는데 큰 진전이 있다고 보고했다.[7]

또한 우리는 자기가 속한 문화 속에 예배를 방해하는 요소가 없는지 분별해야 한다. 우리는 자주 자신의 문화 배경을 이유로 친밀하고 열정적인 성경적 예배를 거부한다. 예를 들어 어떤 사람들은 하나님 앞에서 춤추거나 외치는 것이 자기 문화에서는 "경박스럽기" 때문에 "문화적 면책"을 빌미로 성경적 예배 실천을 거부한다. 영국과 유럽 사람들은 자제력이 있다고 자부하지만 유명한 축구 경기나 정치집회에서는 자기가 응원하는 홈팀과 같은 색의 옷을 입고 목청껏 온몸으로 환호하는 모습을 볼 수 있다.

소시니 로우는 하나님이 보여주신 문화 관점을 설명한다.

● 하나님은 내가 내 문화를 포기하고 하나님 나라 시민이 되도록 부르셨다.

● 하나님은 나와 내 민족이 그리스도 안에서 누구인지 새로운 깨달음과 함께 내 문화를 돌려주신다.

● 하나님은 문화적 다양성이 인류를 향한 하나님의 위대한 선물이라는 것을 명백하게 알려 주셨다.

● 하나님은 내게 다양한 문화와 민족을 통해 어떻게 말씀하시는지 보여 주셨다.[8]

1974년 로잔언약은 이 개념을 이렇게 요약한다.

문화는 항상 성경으로 시험하고 판단해야 한다. 복음은 어떤 문화가 더 우월한지 따지지 않고 모든 문화를 진리와 공의의 기준으로 평가한다. 그러나 교회는 자주 성경보다 문화에 속박당했다.

문화적 전통의 속박을 부수고 문화 속에 숨겨진 보물을 찾으려면, 하나님의 영광으로 온 땅을 덮는 주님의 계획이 우리 마음에 심어져야 한다.

문화가 예배와 예술에 끼치는 영향

현대 예배 음악가들과 작곡가들이 다양한 나라와 민족의 소리와 리듬을 예배 음악에 적용하기 시작했다. 이것은 모든 나라와 민족을 다스리시는 왕이신 하나님을 선포하는 예언적 중보기도의 강력한 본보기다. 우리가 각 나라의 고유한 소리를 들을 때, 전 세계의 교회는 강력한 충격을 체험한다.

세상에서도 모든 민족과 문화의 존엄성과 가치 인식이 높아지고 있다. 특히 지난 몇 년간 음악과 영화에서 토착 음악과 민족 예술의 인기가 눈에 띄게 증가했다. 민속 음악과 예술 표현은 그 나라의 마음을 전달하기 때문에 예언적 중보 기도와 연결하는 매우 좋은 시도이다. 많은 민속 음악 공연자와 예술가들이 자신이 선포하는 것의 의미를 잘 모른다. 민속 음악과 예술은 대부분 기본적으로 다음 3가지 핵심을 담고 있다.

- **인식** : 민족의 이야기를 전달함

- **구원** : 모든 민족을 향한 마음의 외침이 회복됨

- **회복** : 모든 나라가 겪은 크고 작은 고통을 통해 역사, 문화, 언어, 존엄성이 회복되기를 고대함

많은 예배 사역자가 예배와 중보기도를 통합하고 있다. 예배와 중보는 상호 작용하도록 지음 받았다. 이제 예배와 중보가 하나될 때가 되었다. 케드몬스 콜CAEDMON'S CALL이라는 밴드는 "Share the Well"이라는 앨범 전체를 인도, 에콰도르, 브라질을 향한 노래로 헌정했다. 여성 예배 인도자 리타 스프링어RITA SPRINGER는 강력한 예배로 중보기도 사역의 문을 여는 것으로 유명하다. 또 제이슨 업튼JASON UPTON의 노래 Sons and Daughters는 런던의 젊은이들을 향해 하나님의 음성을 외치고 있다. 이스라엘 휴턴ISRAEL HOUGHTON의 "들으라 열방이 부르는 소리WE SPEAK TO NATIONS"라는 노래도 열방의 구원을 노래한다.

이제 우리는 유튜브 같은 인터넷 사이트와 음반으로 전 세계의 고유한 소리를 쉽게 들을 수 있다. 점점 좁아지는 세상과 인터넷 기술 발전은 모든 컴퓨터와 스마트 기기를 개인 녹음 스튜디오

로 만든다. 오늘날 전 세계의 예배 밴드가 그리스도의 몸 된 교회에 자신의 음악을 공유하기가 더욱 쉬워졌다.

최근 몇 년간 국제적인 예배 사역자들이 세상의 주목을 받았다. 남아메리카(마르코스 위트, 마르코스 바리엔토스), 호주(힐송), 영국(그래함 켄드릭, 딜리리어스, 마틴 스미스, 노엘 리차드, 팀 휴즈, 매트 레드먼), 아일랜드(로빈 마크, 오웬 히슬립)등 다양한 출신의 예배 인도자들이 모두 큰 호평을 받았으며 메시아닉 쥬 예배 인도자인 폴 윌버의 앨범은 현대 예배 음악에 이스라엘 전통 음악과 중동의 악기를 훌륭하게 조합했다. 서양의 전형적인 예배 음악뿐만 아니라 아주 독특한 국가적인 소리로 예배하는 음악의 몇 가지 예를 소개한다.

카리브해 : KETCH A FIRE BY PRODIGAL SON AND JASON MIGHTY

아프리카 : ALL AROUND BY ISRAEL HOUGHTON

켈틱 : WHEN IT'S ALL BEEN SAID AND DONE BY ROBIN MARK

페르시아 : HE IS LORD BY DARIUSH

이스라엘 : HOW GREAT IS OUR GOD / GADOL ELOHAI BY JOSHUA ARON

마오리(뉴질랜드) : COVER ME BY MARK NAEA AND LAVINA WILLIAMS

러시아 : ВЕРЮ

스페인 : SUM'RGEME BY EZEQUIEL COLON

페루 : WWW.YOUTUBE.COM/WATCH?V=XIABWWS3UOS

캄보디아 : WWW.YOUTUBE.COM/WATCH?V=AHDADXFOKLG

중국 시골 : WWW.YOUTUBE.COM/WATCH?V=HNBQENSMHZY

인도네시아 : OPEN THE SKY BY SIDNEY MOHEDE AND JPCC WORSHIP

아랍 : ZEEDO EL-MASEEH TASBEEH

태평양 제도 : HAKUNA MUNGU KAMA WEWE

아메리카 원주민 : RIDE THE WIND BY BROKEN WALLS

또는 아프리카에서 남미까지 : DESIRE BY ATTA BOAFO

모든 나라가 하나님의 영광을 외친다

교회가 마지막 때에 들어서면서 우리는 하박국의 약속(2:14)이 성취되기를 고대한다. "이는 물이 바다를 덮음 같이 여호와의 영광을 인정하는 것이 세상에 가득함이니라."

이 영광은 하늘에서 갑자기 내리는 은색 비^{SILVER RAIN}가 아니다. 모든 신자를 통해 역사하시는 하나님의 성품의 충만함이며 우리에게 임하시는 하나님의 임재의 초자연적인 영향력이다. 우리 얼굴에서 하나님의 모습이 나타나고 우리 기도에 하나님의 능력이 임하며 우리 메시지에 하나님의 은혜가 넘치고 우리 삶에 하나님의 거룩함을 드러내실 것이다. 하나님의 성품과 속성이 우리 삶에 넘칠 때, 하나님의 영광이 온 땅을 덮을 것이다.

우리는 모든 나라와 민족에게 구원을 주시는 유일한 하나님을 찾는 위대한 세계적 부흥으로 들어가고 있다. 하나님은 예언적 예배와 중보기도와 춤과 마임, 싱어와 연주자를 통해 나오는 즉흥적인 리듬과 화음, 선율로 열방을 향한 주님의 마음을 계시하신다. 나는 예배 중에 특정한 나라의 독특한 소리 표현과 춤을 적용한 예배를 드린 적이 있었다. 우리는 단지 이국적인 소리를 즐기기만 하지 않고 온 마음으로 그 나라를 위해 소리 높여 중보했다.

나라를 위한 예배와 하나님의 영원한 계획

켄트 헨리는 찬양과 예배가 나라의 운명에 얼마나 중요한지 이렇게 강조한다. "찬양과 예배는 나라 전체에 영향을 끼칠만큼 많은 사람의 마음을 바꾸는 능력이 있다."[10] 지금은 교회가 열방을 향한 하나님의 계획을 이해하고 모든 민족을 위한 하나님의 화해와 구원의 목소리가 될 때이다. 우리가 스스로 예배자라고 자처하면서 잃어버린 영혼을 향한 하나님의 중보 요청을 듣지 못했다는 것은 불가능하다. 더치 쉬츠는 교회가 "중보기도를 통해 이 땅의 생명을 풀어놓는 하나님의 자궁"이라고 표현한다."[11]

예배는 우리에게 열방을 향한 올바른 세계관과 마음을 준다. "열방을 향한 부르심은 선교적인 열정과 예언적 통찰력이다. 하나님을 뜨겁게 예배할 때 성령님께서 우리 마음에 모든 민족이 하나님을 예배하도록 데려오라는 아버지의 마음을 계시하신다."[12] 교회로서 우리의 도전은 요한계시록 7:9~10의 다문화적 노래가 태어나도록 준비하는 것이다.

> [9]이 일 후에 내가 보니 각 나라와 족속과 백성과 방언에서 아무도 능히 셀 수 없는 큰 무리가 나와 흰 옷을 입고 손에 종려 가지를 들고 보좌 앞과 어린 양 앞에 서서 [10]큰 소리로 외쳐 이르되 "구원하심이 보좌에 앉으신 우리 하나님과 어린 양에게 있도다!"

계시록은 이 큰 무리가 다양한 국적과 언어로 하나님을 예배했다고 기록한다. 하나님 앞에 나온 예배자들이 고유한 민족성과 언어를 유지한다는 사실이 흥미롭지 않은가? 큰 무리의 예배 표현에 담긴 8가지 중요한 연합의 영역에 주목하자.

- **공급** : 모두 의의 흰 옷을 입었다.

- **찬양** : 모두 같은 노래를 한다.

- **목적** : 모두 어린 양을 예배한다.

- **의식** : 모두 종려 가지를 흔든다.

- **선포** : 모두 큰 소리로 외친다.

- **관점** : 모두 어린 양을 바라본다.

- **장소** : 모두 보좌 앞에 있다.

- **자세** : 모두 서 있다.

천상 예배의 모습을 보면 예수 그리스도 안에서 구원받은 영혼들은 모두 같은 옷을 입고 같은 예배에 참여한다. 천상 예배에서 계층이나 연령, 문화적 차이는 중요하지 않다.

예배는 하늘과 땅의 가장 큰 연합의 능력이다. 우리는 예배 때문에 신자들이 분열되지 않도록 주의해야 한다. 이 땅의 모든 나라와 민족과 언어를 대표하는 이 큰 무리 중에 단 한 명도 자신의 국적이나 교파, 나이와 문화적 표현 차이 때문에 같이 예배할 수 없다고 주장하는 사람은 없다.

천상 예배의 모습을 보면 그 소리는 마치 우레와 같고 역동적으로 표현하는 한 편의 장관인 것을 알 수 있다. 천상에서는 하나님의 어린 양의 임재가 모든 예배 표현보다 더 중요하기 때문에 분열이 일어날 틈이 없다. 그래서 나라를 치유하고 사람들의 틈을 보수하는데 예배보다 더 좋은 도구는 없다. 우리 눈을 하나님께 고정할 때 우리를 갈라놓은 사소한 이유가 명분을 잃고 사라진다.

오늘날 많은 도시에서 다문화 이웃은 상당히 일반적인 모습이 되었지만 아직도 많은 교회가 폐쇄적이고 민족적으로 분열되어 있다. 우리는 교회와 지역 공동체를 대표하는 각 세대와 문화에 적합한 예배를 만들기 위해 노력해야 한다. 조지아주 오거스타의 Whole Life Ministries, 텍사스주 코린트의 Glory of Zion 같은 곳은 처음 시작할 때부터 다문화적이었으며 이 교회들은 미국 내 소수 인종뿐만 아니라 다른 많은 나라에게도 큰 의미가 있다.

> 교회는 단순히 하나 이상의 민족 집단이 함께한다는 이유만으로 다문화적이라고 믿는 실수를 저질렀다. 회중이 교회의 사명과 부르심에 동등하게 참여할 때 비로소 우리는 그 교회를 다문화적이라고 부를 수 있다. 교회 음악 사역은 다문화 회중을 세우는 강력한 토대를 놓는 유력한 수단이다. (안톤 암스트롱)[13]

지금 하나님이 전 세계에서 새로운 노래를 일으키신다(사 42:10, 12). 이 노래는 청년과 노인, 강한 자와 약한 자, 부요한 자와 가난한 자 모두가 알게 될 세대와 국가와 교단을 초월하는 노래이다. 이 노래 소리와 형식은 우리가 이전에 들었던 것과 다르다. 새 노래는 하나님의 마음에서 나오는 소리이다.

지금 하나님이 우리를 향해 부르시는 부흥의 새 노래를 듣고 배우려면 하나님께 우리 귀와 마음을 열고 집중해야 한다. 그래서 우리 예배에 예언적인 영역과 하나님의 음성을 듣는 시간이 매우 중요한 것이다. 이제 우리는 열방을 향한 우리의 기준이 아닌, 하나님의 관점에 전심으로 헌신하고 새로운 소리에 참여하여 온 민족에 하나님의 영광을 전파해야 한다.

우리는 1) 모든 나라와 민족이 하나님 앞에 평등하고 소중한 것과 2) 다른 문화의 고유한 민족적 예배 예술 표현을 받아들이기 시작해야 하며 그 후에 서로 예배 체험을 공유할 수 있다.

하나님께서 모든 나라가 예언적 예배에 함께 참여하도록 부르신 것이 이번이 처음이라고 생각할 수도 있지만 그렇지 않다. 약 3000년 전 다윗 왕이 시온 산에 예배의 장막을 세우고 모든 나라를 향해 시온에서 새롭게 태어나 함께 예배하자고 외쳤다(시 87). 하나님은 이집트, 바빌론, 팔레스타인, 에티오피아와 모든 나라가 자기 민족의 음악으로만 예배하도록 부르지 않으셨으며 오히려 모든 나라가 받아들일 수 있는 새 예언적 노래인 시온의 노래(시 137)를 탄생시키셨다. "여호와의 속량함을 받은 자들이 돌아오되 노래하며 시온에 이르러…"(사 35:10).

우리는 지금 예배 갱신의 시대를 살고 있다. 모든 나라가 시온으로 부름 받아 예배 중에 새롭게 태어나 하나님의 궁정에 거하며 영원히 주님의 임재를 따라가도록 부름 받았다. 이 예배 갱신은 새로운 음악과 노래와 함께한다. "새 노래 곧 우리 하나님께 올릴 찬송을 내 입에 두셨으니 많은 사람이 보고 두려워하여 여호와를 의지하리로다"(시 40:3).

시편 40:3에 찬양으로 번역한 히브리어는 할랄^HALAL의 파생어인 테힐라^TEHILLAH이다. 두 단어 모두 하나님을 큰 소리로 자랑하는 활기찬 찬양을 의미한다. 특히 성경에 테힐라가 나올 때마다 초자연적인 일이 역사하는 것 같다.[14] 찬양 중에 하나님이 임재하셔서 하나님 자신을 드러내신다. 예배자들이 노래할 때 하나님의 영광이 임하고 죄인들이 하나님의 아름다움을 보고 주께 달려간다.

시온에서

위대한 나라, 하나님 나라가 태어나기 위해 시온에서 산고의 진통과 중보기도가 있다. 하나님 나라는 이 땅 모든 민족에게 영향을 미친다. 하나님은 동서남북에서 자신의 자녀를 모으셔서 새로운 나라를 만드신다. "이런 일을 들은 자가 누구이며 이런 일을 본 자가 누구이냐 나라가 어찌 하루에 생기겠으며 민족이 어찌 한순간에 태어나겠느냐 그러나 시온은 진통하는 즉시 그 아들을 순산하였도다"(사 66:8 또한 시 2:6, 110:2, 사 2:2~3, 24:23, 미가 4 참조).

시온은 마지막 때 이 땅에 일어날 예배자들과 하나님 나라의 영광스러운 이름이다. 이 나라는 하나님의 영광을 온 천하에 나타내며 주님의 원수를 무찌르는 강력하고 위대한 예배자들로 구성될 것이다(시 48:2, 렘 6:22~23, 50, 욜 3:16, 슥 2:10~12).

시온에 예언적인 노래와 음악과 문화가 있다. 하나님이 열방에서 예배자를 부르실 때, 예배자들은 자신이 속한 문화 안에 숨겨진 보물을 가지고 하나님 앞에 나아간다. 교회가 열방의 용광로가 되어 하나님이 주신 예언적 소리가 일어날 것이다.

하나님이 우리 귀와 눈과 손을 하늘의 소리와 광경에 맞추어 주시기를 기도한다. 우리가 예배할 때 영원히 우리를 사로잡을 것이다. 하나님의 초자연적인 문화가 우리의 마음에서 태어나기를 기도한다.

예배와 복음 전도

회심은 예배 체험이자 하나님을 체험하는 예언적 만남이다.

회심은 성령님께서 우리에게 그리스도를 계시하신 결과 우리의 모든 자아를 주님 앞에 내려놓는 것이다. 그러므로 회심보다 더 좋은 예배 본보기는 없다. 내 개인적 구원 체험에도 엄청난 감사와 사랑과 예배가 함께 했다.

예배자들이 최고의 복음 전도자가 된다. 우리가 하나님과 친밀하게 교제할 때 하나님은 우리 마음에 잃어버린 영혼과 열방을 향한 마음을 주신다. "교회는 잃어버린 자에게 다가가는 찬양과 예배의 능력을 아직 완전히 깨닫지 못했다. 예배와 찬양과 중보는 상처받은 그리스도인들을 회복하고 주님에게서 멀어진 이들을 회복할 수 있다"(켄트 헨리).[15]

어떤 사람들은 교회가 불신자가 편하게 느끼는 예배를 제공해야 한다고 주장한다. 이런 주장을 하는 사람들은 우리 예배가 천상 예배와 비슷하기 때문에 불신자를 불쾌하게 만들 것이라고 걱정한다. 그러나 이것은 지극히 인간적인 생각이다. 우리 안에 거하시는 하나님은 우리가 저항할 수 없는 전능하신 분이시다. 만일 하나님이 우리 안에 계신다면 가장 단단하게 굳어버린 마음도 예배 안에서 그 사랑으로 압도하실 것이다. 우리 예배를 모든 사람에게, 그리스도이든 비그리스도인이든 불편하지 않도록 적합하게 맞출 방법은 없다. 로버트 웨버는 이렇게 표현한다. "예배를 '소비자 중심'으로 계획하면 참된 예배가 심각하게 훼손된다."[16]

댈러스 주 게이트웨이 교회처럼 예배와 복음 전도를 통합하는 데 큰 성공을 거둔 몇몇 교회가 있다. 교회는 예배와 복음 전도에 하나님의 명령이 필요하다. 복음 전도는 자연스러운 예배, 넘치는 예배를 드리는 예배자의 일상이어야 한다.

바울은 고린도전서 14장에서 예언적 예배의 지침을 제공한다. 우리 생각과 다르게 바울은 불신자들과 함께 예배할 때 성령의 은사를 사용하라고 격려한다. 왜냐하면, 바울은 하나님의 임재로 불신자들이 변화하기를 기대했기 때문이다. "… 믿지 아니하는 자들이나 알지 못하는 자들이 들어와서 모든 사람에게 책망을 들으며 모든 사람에게 판단을 받고 그 마음의 숨은 일들이 드러나게 되므로 엎드리어 하나님께 경배하며 하나님이 참으로 너희 가운데 계신다 전파하리라"(고전 14:24a~25).

우리 예배 형식은 불신자를 그리스도께 인도하는 핵심 요소가 아니다. 복음 전도의 진짜 핵심은 불신자들이 하나님의 임재를 경험하는 것이다. 전통적인 예배는 불신자들을 편안하게 하려고 노력하지만 예언적 예배는 불신자들을 초자연적인 임재와 모든 사람이 대답해야 하는 질문으로 이끈다.

… 이가 누구이기에 죄도 사하는가? (눅 7:49)

… 내가 무엇을 하여야 영생을 얻으리이까 (눅 18:18)

… 내가 어떻게 하여야 구원을 받으리이까 (행 16:30)

우리는 하나님의 향기가 되어 주변 환경과 함께 하는 사람들에게 거룩한 영향을 끼치도록 부르심 받았다. 교회의 모든 사역은 예배 중에 역사하는 하나님의 음성과 임재의 연장선에 있다. 그러므로 예배는 복음 전도에 힘을 싣고 연료를 공급한다.

교회는 문화적인 민감함에 집중하기보다 예배가 사람들에게 끼치는 중요한 능력에 민감해야 한다. 예배의 대상이 예배자인지 하나님인지 개념을 다시 잡아야 한다. 교회는 하나님의 임재를

발견하고 오직 주님만이 우리 예배를 받기 합당하다는 것을 깨
닫도록 헌신해야 한다. (톰 슈반다)[17]

라마르 보쉬맨의 견해로 이번 장을 마무리한다.

"교회의 귀한 사명인 선교에서 복음 전도는 매우 중요하지만
가장 중요한 것은 아니다. 교회의 가장 중요한 사명은 예배이다.
교회는 다른 무엇보다 먼저 예배하는 공동체가 되어야 한다. 신
자의 최우선순위이자 최고의 섬김은 예배다."[18]

20장

예배 속의 음악과 예술

"종교는 사람과 하나님 사이의 영원한 대화이며
예술은 그 대화의 독백이다."

- 프란츠 베르펠 -

하나님은 예배하는 교회WORSHIPING CHURCH를 문화계의 지도적인 위치로 부르신다. 예배는 예술과 특별한 관련이 있다. 예배에서 왕 중의 왕 앞에 서는 사람들은 가장 창의적이고 탁월한 방식으로 하나님의 영광을 선포할 수 있어야 한다. 모든 예배자가 하나님을 바라보는 특권이 있지만 예술가들은 한 걸음 더 나아가 하나님을 묘사하는 특권이 있다. "예술은 하나님과 예술가의 협력이며 예술가의 일이 적을수록 더 좋은 작품이 나온다."[1]

위대한 예술품의 성과와 재능을 감탄하고 즐기는 것은 좋지만 사람의 창조물을 하나님보다 높이면 안 된다. 자칫하면 예술이 하나님보다 높아져서 우리의 깊은 예배의 자리를 빼앗을 수 있기 때문이다. 유명한 예술가 미켈란젤로가 이 잘못을 회개했다.

모든 사람은 악하든 선하든 모든 행위를 서둘러 고백해야 한다.
나는 예술을 내 우상이자 주인으로 삼는 큰 잘못을 저질렀다.
나는 왜 이제야 깨닫는가. 인간의 사랑은 헛되고 그 생각 속에는 큰 오류가 숨어 있다. 내 삶의 등대여, 너희는 어디에 있는가? 이제 나는 2배의 죽음을 향해 가까이 나아가는가? 한 죽음은 잘 알지만 다른 죽음은 나를 큰 소리로 위협한다. 내가 한때 숭배했던 예술은 이제 영혼의 신성한 사랑을 위해 분투하는 영혼에 평화를 주지 못한다. 누구의 팔이 그를 십자가에서 하늘로 일으킬 것인가?[2]

슬프지만 하나님이 주신 예술적 재능이라는 선물에 존중감을 잃고 하나님 나라의 탁월함이 부족한 것에 소극적인 태도로 안주할 수 있다. 알렌과 보럴이 말하듯, 많은 신자가 예술을 올바른 관점으로 보지 못한다.

어떤 그리스도인들은 예술적인 것은 거룩하지 않으며 영적이지 않다고 생각한다. 이 사람들은 의도적으로 예술적인 추구와 탁월함을 피하면서 예술을 하나님 위에 두는 함정에 빠지지 않으려 애쓴다. 그러나 참된 성경적 영성과 참된 예술적 진실함은 서로 배타적이지 않다.[3]

기독교 교회는 수 세기 동안 하나님이 주신 위대한 선물인 예술을 오해하고 두려워했다. 예술은 하나님이 우리에게 더 위대한 예배를 위해 주신 것이지만 교회들은 대부분 예술을 거절했다. 창의성은 하나님의 성품을 반영해야 한다. "하나님은 예수 그리스도를 통해 사람이 가장 잘 이해할 수 있는 방식으로 자신을 나타내셨다. 우리는 창의성이라는 측면에서 하나님께 배울 것이 많이 남아 있다. 예술이 하나님의 창의성을 반영할 때 가장 진실하다."[4] 완벽한 예술가이신 하나님의 모습을 보자.

- 조각가 (창 1~2)

- 진흙으로 자신만의 작품을 만드신 토기장이 (렘 18:1~6)

- 모든 색을 만드신 화가 (창 1~2)

- 모든 소리를 창조하시고 그것을 들을 귀를 주신 음악가(계 1:10,15)

- 춤추시는 분 (시 68:24; 슥 3:17 "그가 노래로 너를 기뻐하시며 춤추시리라" TREE OF LIFE 버전)

- 가수 (습 3:17, 계1:10, 하나님이 창조한 모든 만물이 하나님께 노래한다.)

- 시인 (욥 38~41, 성경의 많은 부분이 하나님의 영감을 받은 아름다운 시이다.)

- 역대 최고의 베스트셀러인 성경을 쓴 작가 (딤후 3:16)

- 이야기꾼 및 배우 (호 12:10 확장성경, 예수님은 신비를 전달하기 위해 복음서에서 비유를 사용하셨다)

- 건축가 (시 90:2, 사 44:24)

- 바늘과 실로 옷을 만드는 재단사 (시 104:2; 시 45:9,13,14, 자신을 위해 빛의 옷을 지으시고 신부를 위해 금색 결혼 예복을 주신다.)

- 요리의 즐거움을 선사하는 주방장(출 16:31; 민 11:7~8; 시 34:8, 119:103; 아 2:3)

- 조향사PERFUMER (시 3:6, 5:1,13, 45:8 또 아가서 1:3에 의하면 주님의 이름이 쏟아놓은 향수와 같다)

- 조경 원예사LANDSCAPE GARDENER와 플로리스트FLOWER ARRANGER (눅 12:27)

- 판화가 (사 49:16)

- 목수장^{MASTER CARPENTER} (마 13:55, 막 6:3)

하나님은 이 모든 것에서 비교할 수 없는 존재이시다. 하나님의 예술성, 탁월함, 천재성에 비길 존재는 없다. 술람미 여인은 아가서에서 이렇게 말한다 "… 그 전체가 사랑스럽구나 … 그의 모든 것이 기쁨을 주고 귀하구나"(아 5:16, 확장번역). 다른 예술가도 하나님의 예술적 탁월함과 전문성을 이야기한다.

- 그리스도는 모든 예술가 중에 가장 위대하시다(빈센트 반 고흐).[5]

- 하나님은 완벽한 시인이시며 창조물 안에서 행하신다(로버트 브라우닝).[6]

- 하나님은 아름다움을 좋아하시는 최고의 예술가다. 수평선 위로 지는 태양과 형형색색의 꽃, 눈 덮인 산과 어두운 밤하늘을 수놓은 별들을 보라. 하나님이지으신 모든 것이 아름답다. 하나님은 교회도 아름답기를 원하신다.[7]

- 음악은 최초의 작곡가인 하나님을 향한 깊은 묵상을 불러일으킨다(토마스 브라운).[8]

모든 예술 형식을 예배 표현으로 사용할 수 있지만 일부는 공개된 환경에서 더 적용하기 쉽다. 음악, 노래, 연극, 춤, 마임, 시낭송, 그림, 도예^{POTTERY}, 손글씨, 천을 엮어 만드는 소잉아트^{SEWING ART} 그리고 수공예로 만드는 깃발이 포함된다. 나는 조각, 그림, 스테인드글라스, 건축 같은 다른 예술 형태도 예배의 도구로 멋지게, 심지어 예언적으로 사용하는 것을 보았다.

하나님이 예술과 창조물을 사용하시는 3가지 이유가 있으며 하나님을 위한 예배의 예술적 표현에도 적용할 수 있다.

1. **하나님의 영광과 성품을 모든 인류에게 드러내기 위해** : "하늘이 하나님의 영광을 선포하고 궁창이 그의 손으로 하신 일을 나타내는도다"(시 19:1).

2. **자녀들에게 하나님의 방법과 생각을 보여주시고 소통하기 위해** (창세기 1~2장) : "오 하나님이여 우리가 주께 감사하고 찬양합니다. 우리가 찬양하고 감사드립니다. 주님의 놀라운 작품들이 주의 이름이 가까움을 선포하며 주의 이름을 부르는 사람들이 주의 기이한 일들을 전파하나이다"(시 75:1 확장번역).

3. **기쁨을 주고받으시기 위해** : "… 주께서 만물을 지으신지라 만물이 주의 뜻대로 있었고 또 지으심을 받았나이다 하더라"(계 4:11).

예술의 첫 번째 이유 : 하나님의 영광과 성품을 보여주는 것

모든 예술의 첫 번째 핵심 목적은 하나님의 영광과 성품을 보여주는 것이다. "좋은 그림은 완전하신 하나님의 복사본이다"(미켈란젤로).[9] 어떤 형태의 예술이든 하나님이 기름 부으시면 숨겨져 있던 하나님의 성품과 본성을 드러낸다. 예배 처소는 우리가 기독교 예술가들을 발견하는 첫 번째 장소가 되어야 한다. 예를 들어 깃발은 성소의 화려한 장식 이상의 잠재성이 있다. 깃발은 우리 눈과 마음을 하나님께 집중하게 하는 믿음의 표시가 된다. 시편 기자는 하나님이 하신 일을 기억하고 신뢰하기 위해 하나님의 이름을 새긴 깃발을 세운다고 한다(시 20:1,5,7).

숙련된 깃발 제작자가 만든 깃발은 예배에서 우리를 하나님께 이끌어 하나님의 위대하심을 보고 기억하게 한다. 영국 작가이자 작곡가인 앤드루 윌슨-딕슨은 "음악이 하나님의 창조 본성을 얼마나 정확히 반영하는지에 따라 참인지 거짓인지 판단할 수 있다"[10]고 말하면서 시인 에즈라 파운드의 말을 인용했다.

> 부정확한 예술은 나쁜 예술이며 거짓 예술이다. 만일 예술가가 자연, 하나님, 선과 악, 자신이 믿거나 믿지 않는 힘의 본질을 향한 자신의 기록을 왜곡하거나 위조할 경우 그 예술가는 거짓말을 하는 것이다. 좋은 예술이란 참된 증인이 되는 예술이며 참된 증인이 된 예술이 가장 정확한 예술이다.[11]

예술가들은 예배를 통해 하나님의 영광을 선포하고 하나님을 영화롭게 찬양하며(시 66:2) 하나님이 임재하신 장소를 아름답게 만들 수 있다. 모세는 하나님의 영광을 보여줄 성막을 건축하라는 명령을 받고 명공 브살렐을 불러 각 분야의 능수능란한 예술가와 함께 하나님이 받으시기에 합당한 아름다움을 만드는 과업을 맡겼다(출 31:1~11). 브살렐은 성령과 지혜로 충만한 성경의 첫 번째 인물이다. 브살렐이라는 이름은 "하나님의 영향 아래 또는 하나님의 보호 아래"라는 의미이다. 예언적 예술가들은 하나님의 그림자 아래 은밀한 처소에 사는 사람들이다(시 91:1). 하나님은 출애굽기의 25장부터 28장까지 4장을 할애하여 성막의 정교한 예술적 아름다움을 묘사하신다.

다윗은 시온 산에 세운 장막을 탁월한 음악과 예언적인 노래와 춤으로 거룩하게 구별했다(대상 15~16장). 가장 뛰어난 다윗의 음악가들이 밤낮으로 하나님의 궤 앞에서 예언적 찬양을 올려드렸다. 솔로몬은 하나님의 영광을 드러낼 웅장한 성전을 짓기 위해 수천 명의 일꾼과 장인을 불렀다(대하 2-4장). 이와 마찬가지로 기독교 예술가들도 하나님의 신비한 영광과 임재를 묘사하는데 재능을 드려야 한다. 내가 "신비"라고 말하는 이유는 하나님의 놀라움을 완전히 묘사하는데 영원^{ETERNITY}을 다 사용해도 충분하지 않기 때문이다. 최초의 미술사학자로 인정받는 예술가 조르조 바사리(1511-1574)는 미켈란젤로의 '모세상'을 보고 이렇게 말한다.

> [모세 대리석상]을 바라보는 동안 당신은 그 대리석상이 정말 빛나고 휘황찬란하게 보이기 때문에 미켈란젤로에게 당신의 얼굴을 가릴 수건을 요구하고 싶을 것이다. 미켈란젤로는 하나님이 가장 거룩한 얼굴에 불어넣은 신성을 정말 잘 표현했다. 팔에는 근육이, 손에는 뼈와 신경이 아름다움과 완벽함의 절정을 이루고 다리, 무릎과 발은 정말 아름답게 표현한 반장화 형태다. 가장자리 천은 아름다운 곡선으로 마무리한다. 작품의 모든 부분이 정말 완성도가 높아서 미켈란젤로의 손에 부활한 모세는 그 어느 때보다 지금 하나님의 친구라고 불릴 것만 같다.[12]

미켈란젤로는 천재성을 사용하여 돌로 조각한 형상 너머에 있는 하나님의 영광을 보여주었다. 아주 유명하고 멋진 다윗 상은 질이 낮아 버려진 대리석 덩어리로 조각했다. 마치 한때 쓸모없고 부적절했던 우리 삶을 취하시어 귀한 보물을 주신 하나님과 매우 흡사하다. 하나님은 우리가 창조주를 향한 놀라운 찬양을 작곡할 때 우리를 도우셔서 적절한 도구와 영감을 주신다. 하나님은 우리가 가장 힘들 때 찬양의 노래를 만들도록 준비하신다.[13]

기독교 예술가들은 마음속 가장 깊은 곳에 생명의 강이 있는 사람들이다(요 7:38). 기독교 예술가들은 하나님께 헌신한 삶에서 강물처럼 흐르는 재능과 하나님의 영광으로 다른 어느 예술가보다 차별된 아름다움과 탁월함으로 타올라야 한다.

나는 한 특별 집회에서 시카고 교향악단의 하프 연주자가 연주하는 모습을 보았다. 하나님은 이 교회에 다가오는 새로운 영광의 날을 말씀하셨다. 중국 여성이었던 하프 연주자는 하프 앞에 서서 손바닥으로 베이스 현을 느리게 튕기기 시작하자 마치 징이나 시계 종소리가 나는 것 같았다. 사역자가 열방에 임할 하나님의 영광을 선포하자 몇 명의 플루트 연주자가 5음 음계로 마치 중국 음악처럼 들리는 특별한 소리를 연주했다. 그날 밤 회중은 중국과 열방을 향해 소리 높여 한마음으로 중보 했다.

또 한 번은 시카고에서 열린 카리토스 컨퍼런스에서 성적 학대를 경험한 젊은이들을 강단 앞으로 초청했다. 강단 초청을 진행하는 동안 예언적 화가 린다 이오리가 젊은 여성을 섬기는 유다의 사자 모습을 그렸다. 린다가 그림을 완성하고 내게 와서 이 그림 속의 여성이 두려움에 사로잡혀 강단 앞에 나오지 않았지만 하나님이 그녀를 축복하고 치유하기 원하시며 기다리신다는 감동을 주셨다고 말하면서 이 그림을 모든 사람이 볼 수 있도록 높이 들어도 되는지 물었다. 나는 허락했고 린다가 그림을 높이 들자 조금 후 놀랍게도 한 젊은 여성이 강단 앞으로 나왔다.

그 순간 나는 숨이 막혔다. 앞으로 나온 여성이 그림 속의 여성과 정말 똑같아서 마치 사진을 보는 것 같았기 때문이다. 이 아름다운 여성은 그림에 큰 감동을 받고 삶이 바뀌었다. 생전 처음

보는 화가가 그린 그림을 통해 자신을 향한 하나님의 특별한 사랑을 깨달았다. 그림을 통한 예언적 사역은 정말 인상 깊었다.

현대의 모든 기독교 예술가에게 이런 예언적인 민감함과 정확성이 필요하다. 그림, 조각, 악기, 춤 또는 노래로 하나님의 감동을 전달하려면 예술적 능력만으로는 안 되며 그 이상의 것, 예언적인 민감함이 필요하다. 교회는 값싼 즉흥 연주 장소가 아니라 하나님의 성품과 목적이 심오하게 드러나는 환경이 되어야 한다.

예술의 두 번째 이유 : 하나님과 자녀 사이의 소통을 위해

예술의 두 번째 목적은 하나님과 주님의 자녀 사이의 의사소통을 촉진하고 향상하는 것이다. 모든 예술가의 역할은 하나님 앞에서 사람의 마음속 울부짖음과 필요를 선포하는 것이다. 예술가는 하나님을 위해 말하고 하나님의 생각과 방법을 다양한 방법으로 사람들에게 전달한다.

또 우리가 하나님이 창조하신 아름답고 웅장한 자연을 바라볼 때, 하나님의 손으로 빚으신 장엄함이 우리 마음에 주님의 놀라운 권능과 헤아릴 수 없는 위대함과 무한한 자비를 일깨운다.

나의 남편 마이클은 언제나 탁월한 예언적 가수였다. 남편은 예언 사역자로서 사람의 슬픔을 "느끼고 노래할 수 있는 은사"가 있었으며 사람들을 향해 하나님의 마음에서 나온 위로와 구원의 노래를 불렀다. 나는 남편이 하나님의 보좌 앞에 서서 상처 입은 사람들의 삶의 무게를 지고 노래하는 것을 보았다. 남편의 노래는 사람들 고유의 아픔과 어려움을 정확하게 포착했으며 그것보다 더 크고 강력한 하나님의 위로를 풀어 놓았다.

예술의 세 번째 이유 : 하나님의 즐거움을 위해

하나님은 자신의 즐거움을 위해 창조하셨으며 지금도 그러하시다. 사실 사람을 즐겁게 하는 개념의 예술은 틀리거나 나쁜 것이 아니다. 하나님은 장엄하고 놀라운 우주를 창조하시고 말씀하셨다. "보기에 좋도다!" 하나님은 자신의 작품을 기뻐하셨다.

우리도 하나님과 사람들이 만든 많은 작품을 보며 기뻐할 수 있다. 이런 기쁨은 하나님의 선물이지만 안타깝게도 대부분의 그리스도인을 포함하여 많은 예술가가 자신의 능력을 최대한 사용하지 않는다. 어느새 예술가의 최고 목표는 단지 자신의 우수함을 달성하고 사람들에게 알리는 것으로 바뀌었다.

우리는 예배자로서 항상 예술의 처음 두 가지 이유를 생각해야 한다. 그렇지 않으면 언제든지 예술을 공연과 오락, 부수적인 세속 개념으로 제한하는 함정에 빠질 것이다. 정말 많은 교회가 음악을 이렇게 제한된 원칙으로만 사용한다.

예를 들어 교회의 오르간 연주자나 성가대 단원은 자기 역할을 회중이 교회에 와서 기분 좋게 가도록 돕거나 회중이 노래할 때 받쳐 주는 정도라고 생각하면 안 된다. 교회의 예술가들은 회중에게 하나님의 임재와 역사를 선포하는 더 높은 부르심이 있다. 예술은 하나님께 가는 대로를 만든다.

우리의 목표는 하나님의 임재이다. 어린아이라도 하나님께 헌신하고 예언적인 기름부음에 민감하면 유능한 사역자가 될 수 있다. 나는 즉흥성을 이유로 예술 사역의 탁월함과 전문성을 추구하는 노력을 포기하면 안 된다고 생각한다. 오히려 기독교 예술가들은 하나님을 위해 재능을 더 열심히 갈고닦아야 한다.

예술가의 기술이 좋을수록 하나님의 영광과 음성을 표현할 도구와 범위가 더 늘어난다. 나는 스페인어를 잘 모르기 때문에 스페인어로 대화를 시도하면 극히 제한적일 수밖에 없다. 하지만 만일 내가 스페인어를 아주 잘한다면 훨씬 소통이 편할 것이다. 이것은 예술도 똑같다. 예술가의 실력이 좋을수록 예언적 영역에 적용하면 하나님의 임재 안에서 참으로 아름다운 열매가 나타날 것이다. 나는 지난 수 세기 동안 최고의 음악과 예술, 조각 및 건축을 위해 공간을 만든 교회들에 감사한다. 헨델, 바흐, 미켈란젤로 및 수많은 사람이 교회 예술가였다. 그들의 재능이 교회에서 세상으로 흘러나와 수백만 명이 아름다움을 누렸다.

오늘날 많은 교회의 예배에 뛰어난 예술가들이 참여하고 있다. 하지만 예배에서 우리 관심의 주 대상은 예술이 아니다. 아무리 예술이 특별하더라도 예술이 예배의 목적은 아니다. 예언적 예술가의 궁극적인 목표는 완벽한 공연이 아니라 항상 하나님의 영광을 선포하는 것이어야 한다. 예술가들은 예배를 새로운 시각으로 바라보고 교회는 예술을 바라보는 신학을 재평가할 때가 되었다. 나는 로버트 웨버의 관점을 정말 좋아한다.

> 복음주의 문화의 큰 문제는 예술을 인정하지 않고 거부하는 태도이며 특히 예배에 예술을 적용하지 않는 것이다. 예술을 향한 교회의 비판적인 태도는 물질적인 것이 사탄적이라는 관점에 깊이 뿌리박혀 있다. 현대 복음주의의 경건한 척하는 근본주의적 배경은 물질이 영적인 것을 반대한다는 이원론에 중독되어 있다. 역사적으로 연극과 춤, 색상과 시각적인 상징뿐 아니라 눈에 보이는 예술은 예배에 실용적인 역할을 했다.[14]

지금은 예배하는 교회마다 이 땅에 하나님의 영광을 선포하기 위해 모든 예술 분야의 탁월함을 추구할 때이다. 하나님은 예술을 영광스러운 계획의 예언적 도구로서 원래 의도한 위치로 회복하신다. 시편 기자와 선지자와 함께 외쳐보자 : "온 땅이여 하나님께 즐거운 소리를 낼지어다 그의 이름의 영광을 찬양하고 영화롭게 찬송할지어다"(시 66:1~2).

> 합창단과 함께 [혼자 또는 여럿이 함께] 춤추며 그의 이름을 찬양하며 소고와 수금으로 그를 찬양할지어다. 여호와께서는 자기 백성을 기뻐하시며 겸손한 자를 구원으로 아름답게 하시고 불쌍한 자에게 승리를 주실 것이다. 성도들은 [하나님께서 그들에게 주신] 영광과 아름다움으로 즐거워하며 그의 침상에서 기쁨으로 노래할지어다 (시편 149:3~5, 확장번역)

교회는 예술 사역을 재정의해야 한다. 예를 들어, 우리가 교회 음악가들을 계속 "음악가"라고 부르면, 그들은 자신의 역할이 음악을 제공하는 것이라고 생각할 것이다. 하지만 교회 음악가들은 단순한 음악가가 아니라 예언적 역할의 성경적 잠재성이 있다.

나는 교회 음악가들이 "하나님의 소리를 지키는 사람"이라고 생각한다. 하나님은 교회에 음악과 악기와 노래로 예언적인 말씀을 주기 원하신다. 하나님께 영적인 귀를 기울여 하나님의 소리를 듣고 배우는 음악가들이 하나님의 소리를 지키는 사람들이다. 하나님의 소리를 지키는 사람들은 어떤 순간에 어떤 악기가 필요한지 정확히 알 수 있다. 하나님이 우리 마음에 속삭이실 때 어떤 곡조로 표현할지 알게 될 것이다.

싱어들은 "하나님의 노래와 말씀을 지키는 사람들"이다. 싱어들의 가장 중요한 도구는 목소리가 아니라 하나님의 노래가 나오는 기초인 하나님의 말씀이다. 노래를 인도하는 사람들은 항상 성경을 가까이 해야 한다. 시인과 독자READERS들은 "하나님 말씀을 지키는 사람들"이다. 무용수는 "하나님의 행하심을 지키는 사람들"이다. 다른 모든 시각 예술가도 "하나님의 모습을 지키는 사람들"이다. 이들은 우리가 하나님을 "볼 수" 있도록 표현한다.

모든 예술가는 회중이 "하나님의 선하심을 맛보아 알 수" 있도록 표현하는 엄청난 특권을 가지고 있다. 우리 삶에 하나님의 소리와 모습이 담겨 있으며 하나님이 예배의 향기를 맡으신다(창 8:15~22). 예배의 향기가 교회와 사회 공동체에 아름답게 퍼져야 한다. 음악, 춤, 그림, 시, 노래, 조각상에 하나님의 손길이 담길 때 우리는 그것에서 하나님의 손길을 느끼고 하나님의 음성이 우리 영혼 깊은 곳에 임한다. 이것이 바로 예언적 예술이다. 오늘날 혁신적이고 창의적인 예언적 예배로 사역하는 개인과 단체, 교회와 노래를 소개한다.

ARON STRUMPLE / COMING AFTER YOU

STIKYARD은 리듬 악기로 놀랍도록 혁신적인 사역을 한다.

VERTICAL CHURCH BAND / IF I HAVE YOU

PHIL WICKHAM / THIS IS AMAZING GRACE / AT YOUR NAME / YOU'RE BEAUTIFUL / THE STAND

SAMUEL LANE / LOOK TO JESUS

SISTERBROTHER / BE OF GOOD FAITH

PLANET SHAKERS / ONLY WAY

BETHEL / RAISE A HALLELUJAH

JESUS CULTURE / ONE THING REMAINS

HILLSONG UNITED / KING OF KINGS

PASSION / IT IS FINISHED

URBAN AND HIP-HOP WORSHIP OR LECRAE / BLESSINGS

GATEWAY WORSHIP / ALL HE SAYS I AM

RICK PINO / WWW.RICKPINO.COM

JASON UPTON / WWW.JASONUPTON.COM

PSALMIST RAINE / WWW.BEREFRESH.COM

JOANN MCFATTER / WWW.JOANNMCFATTER.COM

JASON KEITH AND SANNA LUKER / WWW.KEITHLUKER.COM

LILY BAND / WWW.LILYBANDMUSIC.COM

RITA SPRINGER / WWW.RITASPRINGER.COM

DON POTTER / WWW.FACEBOOK.COM/THEREALDONPOTTER/

RUTH FAZEL / WWW.RUTHFAZAL.COM

STEPHEN ROACH / WWW.STEPHENROACH.ORG

LEON TIMBO / WWW.LEONTIMBOLOVE.COM

LEONARD JONES / WWW.LEONARDJONESMUSIC.COM

KIM WALKER-SMITH / WWW.JESUSCULTURE.COM/ARTISTS/KIM-WALKER-SMITH/

MISTY EDWARDS / WWW.FACEBOOK.COM/MISTY-EDWARDS-138391694729/

JONATHAN DAVID AND MELISSA HELSER / WWW.JONATHANHELSER.COM

DAVID RUIS / WWW.FACEBOOK.COM/DR.SCHLAVEN

ISRAEL HOUGTON / WWW.ISRAELHOUGHTON.NET

KIMBERLY AND ALBERTO RIVERA / WWW.KIMBERLYANDALBERTORIVERA.COM

CHANDLER MOORE /WWW.CHANDLERDMOORE.COM

MATT GILMAN / WWW.INFLUENCEMUSICOFFICIAL.COM/

CORY ASBURY / WWW.BETHELMUSIC.COM/ARTISTS/CORY-ASBURY/

KARI JOBE / WWW.KARIJOBE.COM

베델(캘리포니아 레딩), 리빙 워터스 및 예배 심포지엄(캘리포니아 패서디나), 시온의 영광(텍사스 코린트), 홀 라이프 미니스트리(조지아 어거스타), 아이합 및 원띵 이벤트(모빌, 캔사스 시티 및 전 세계), 리빙 워터(아리조나 애쉬다운), 게더링 오브 아띠샹(노스캐롤라이나 애쉬빌), 더 미션(캘리포니아 바카빌), 카리토스 예배 예술 컨퍼런스(일리노이 시카고), 더 펠로우십(유타 샌디), 트론 존 컨퍼런스, 댄스 캠프, 모닝 스타(노스캐롤나이나 샬롯), 라 카사(콜롬비아 보고타).

전 세계적으로 예언적 예배를 실천하는 예술가와 교회는 문자 그대로 수천 이상이기 때문에 이 목록은 한계가 있다. 모든 국가에 예언적인 음악가, 싱어, 무용수, 예술가가 있다. 여러분이 직접 인터넷이나 유튜브를 검색하면 더 많은 예언적 예배와 예술가를 찾을 수 있다. 사실 나는 모든 예언적 예술가 목록을 정리할 수 없었으며 대표적인 몇 명만 정리한 것이다.

모든 스타일의 음악이 하나님의 노래를 전달할 수 있다. 특히 아이합(IHOP), 베델(Bethel), 리사운드(Resound), 국제예수전도단(YWAM), 워십 투게더(Worship Together), 힐송(Hillsong)의 예언적인 젊은 예배자들에게 깊은 감명을 받았다. 한가지 주의할 점은 스스로 자신을 '예언적'이라고 부른다고 해서 예언적 음악가가 되는 것은 아니라는 것이다. 예언적 예배에는 반드시 하나님의 음성과 임재와 성품이 함께해야 한다.

21장

예배 음악 속의 예언적인 소리를 인식하기

"음악은 자비로우신 우리 창조주께 영광 돌리는 중요한 수단이다."

- 헨리 피챔-

하나님의 음성 곧 그의 입에서 나오는 소리를 똑똑히 들으라

(욥 37:2, 개정)

음악 속의 예언적인 소리는 우리에게 천국의 소리를 알려준다. 우리가 모여 예배할 때마다 임하시는 하나님께서 우리 성소를 천국의 소리로 채우기 원하신다. 의심의 여지 없이 하나님은 직접 우리에게 말씀하실 수 있지만 예언적인 감각을 가진 사역자와 사람들의 음악과 노래, 춤과 깃발 같은 아름답고 능숙한 사역으로 천국의 소리를 들려주신다. 사실 하나님이 계신 천국은 매우 소란스럽다. 보좌 주변을 둘러싼 4 생물과 24 장로와 수를 헤아릴 수 없는 천군 천사의 우레 같은 예배 소리에 둘러싸여 계신다. 우리는 뒤에 24장에서 성경에 하나님의 음성을 묘사하는 포괄적인 목록을 살펴볼 것이다. 그중에 몇 가지를 먼저 알아보자.

- 아담과 하와는 동산을 거니시는 하나님의 소리를 들었다(창 3:8).
- 하나님은 천둥과 번개와 지진으로 둘러싸여 계신다(출 19:16, 18, 20;

욥 37:4-5; 계 4:5; 6:1; 14:2).

- 전투에서 하나님이 우리 앞에 서실 때 마치 나무 꼭대기에서 행군 하는 무리의 소리가 들린다(대상 14:15).

- 하나님의 소리는 거대한 폭포 소리 같다(시 42:7).

- 하나님은 나팔 소리와 큰 함성으로 올라가신다(시 47:5).

- 하나님이 광야에서 이스라엘 앞에 가실 때 땅이 진동했다(시 68:7~8).

- 하나님의 영광의 소리는 많은 물소리처럼 들린다(겔 43:2).

- 하나님이 우리에게 기쁨으로 노래하신다(습 3:17).

- 예수님이 영광과 능력으로 다시 오실 때 하늘이 흔들리고 바다가 포효할 것이다(막 13:24~27, 눅 21:25-28).

- 성령님은 오순절에 강한 바람같이 임하셨다(행 2:2).

즐겁게 소리칠 줄 아는 백성은 복이 있나니 여호와여 그들이 주 의 얼굴빛 안에서 다니리로다. (시 89:15, 개정)

이제 예언적 예배로 천국의 소리와 하나님의 음성이 역사할 길 을 만들자. 우리는 시편 89:15처럼 하나님이 말씀을 분별하여 알 아 하나님의 음성을 따라가야한다. 우리는 하나님이 예배를 어떻 게 이끌기 원하시는지 듣고 따라 가야한다. 그래서 종종 예언적 예 배는 전통적인 예배와 매우 다른 것처럼 들린다. 중요한 요점은 하 나님은 우리에게 원하시는 예배를 알려주기 원하시며 우리가 그것 을 듣고 이해하기 바라신다는 점이다.

천국의 소리

"겹겹이 쌓인 구름과 그의 장막의 우렛소리를 누가 능히 깨달으랴"(욥 36:29, 개정). 욥의 친구 엘리후는 중요한 질문을 던진다. 하나님의 장막에서 들리는 우렛소리 같은 음성을 듣고 이해할 사람이 얼마나 될까? 이 땅에서 하나님의 음성을 듣고 그 뜻을 이해할 사람이 얼마나 될까? 하늘을 뒤흔드는 천둥과 새벽 미명의 고요함까지 모든 곳에서 하나님의 음성이 들린다. 태초에 하나님이 "빛이 있으라" 말씀하신 이후로 하나님의 음성이 온 우주를 붙드신다. 오늘날, 하나님의 음성과 그 임재의 소리가 특별히 우리 예배에 계속 역사하고 있다.

우리는 하나님의 자녀로서 우리를 통해 온 땅에 하나님의 음성을 전달할 사명이 있다. 음악가, 싱어, 무용수들이 단순한 예배 회중이나 참여자가 아닌 "예언적인 예배자"가 될 때 우리는 이들을 통해 천국의 소리를 들을 것이다. 우리가 예배하면서 하나님을 높일 때 하나님 나라와 하나님이 다스리시는 소리가 임한다. 성경에 웅장한 기적이 일어나도록 분위기를 바꾸고 자연법칙을 도전하는 초자연적인 노래와 소리가 나온다.

- **여호수아 6장** : 여호수아는 나팔을 불고 찬양의 함성을 외쳐 여리고 성을 무너트렸다.

- **삼상 16:14~23** : 사울이 악한 영으로 괴로워할 때 다윗이 수금을 연주하자 씻은 듯이 나았다.

- **대하 20:21~22** : 여호사밧 왕은 군대 앞에 노래하는 자들을 세웠으며 초자연적인 찬양의 노래가 원수에게 혼란을 준 결과 유다

왕국은 압도적인 열세에도 엄청난 승리를 거두었다.

- **시 32:7** : 하나님은 구원의 노래로 우리를 두르신다. 하나님의 집을 섬기는 모든 싱어는 구원의 노래를 부를 수 있어야 한다.

- **시 40:3** : 하나님은 다윗의 입을 새 노래로 채우사 많은 사람이 보고 하나님을 경외하고 신뢰하게 하셨다.

- **시 42:7~8** : 시편 기자는 깊은 폭포 같은 하나님의 사랑을 외치며 인생의 어두운 밤에도 우리와 함께하시는 하나님의 초자연적인 위로를 노래한다(시 77:6 참조).

- **아 2:11~12** : 술람미 여인은 왕이신 신랑의 봄 노래를 알려준다.

- **사 42:10** : 이사야는 예배자들에게 하나님을 모르는 세상이 아직 들어본 적 없는 새로운 노래를 부르라고 선포한다.

- **호 2:14~15** : 호세아는 거친 들을 포도원으로, 문제를 희망으로 바꾸는 노래로 우리를 채우시는 하나님을 증거한다(사 35:1~2; 51:3 참조).

- **합 3:17~19** : 하박국 선지자는 유다의 불행과 심판과 절망에서 벗어나 하나님을 기뻐하는 노래를 불렀다.

- **습 3:17** : 구약 성경의 마지막 노래는 하나님의 자녀들을 사랑하시는 하나님의 사랑 노래이다.

- **행 16:25-26** : 감옥에 갇힌 바울과 실라가 하나님을 찬양하자 지진이 일어났으며 사슬이 풀렸고 옥문이 열렸다.

- **요한계시록** : 어린 양이 생명책의 봉인을 떼실 때, 24 장로와 허다한 천군 천사가 큰소리로 새 노래를 부르고 나팔 소리를 울렸다. 천국은 초자연적인 소리로 충만하다.

싱어와 음악가들은 단지 노래 부르고 연주하는 역할이 아니라 음악으로 초자연적인 영역으로 들어가는 부르심이 있다. 우리는 하나님의 소리와 노래와 말씀을 지키는 사람들이며 우리 예배 사역으로 하나님의 노래와 소리와 말씀을 이 땅으로 가져온다.

내가 예배를 인도하면서 다양한 악기를 사용하는 이유는 악기 다루는 것을 자랑하고 싶어서가 아니라 각 악기의 고유한 소리로 하나님의 음성을 표현할 수 있기 때문이다. 나는 나 자신이 하나님을 예배하는 제사장이자 중보자라고 믿으며 하나님께 자녀들의 기도와 부르짖음을 전달한 후 하나님의 숨결이 담긴 노래를 연주하여 듣는 사람들의 마음과 삶에 생기를 불어넣는다.

예배자의 삶에서 영적 전쟁의 승리를 거두며 하나님을 깊이 만나는 삶을 살 때 영적인 권위와 기름부음으로 초자연적인 음악가와 싱어로 사역할 수 있다. 예배자는 일상에서 경험하는 영적인 승리와 하나님과의 거룩한 만남으로 천국의 소리를 이 땅에 풀어놓을 권리와 교회, 도시, 나라의 분위기를 바꿀 자격을 얻는다.

지금 교회는 새로운 예배 개혁이 필요하다. 오랜 전통이 하나님의 임재가 충만한 음악의 가능성을 막고 있다. 이렇게 교회가 과거 세대의 소리와 형식에 갇혀 있는 동안 세상 음악과 예술은 세대를 거듭해서 발전한다. 나는 많은 교회에서 비슷한 것을 발견했는데, 틀에 박힌 음악 스타일에 집착한다는 것이다. 오랜 전통이 예술 형식을 규정하고 아주 작은 변화도 주저하며 의혹에 가득 찬 눈으로 쳐다본다. 사실 지금 어른 세대도 자신들의 10대 시절 음악을 충성스럽게 고수했으며, 마찬가지로 각 세대가 자기만의 음악을 교회에서 연주하기 위해 싸워왔다.

아직도 많은 사람이 특정한 음악 형식이 하나님의 축복이며 다른 음악은 사탄의 영감을 가져온다고 끊임없이 논쟁한다.

그레고리 교황까지 거슬러 올라가면 로마 가톨릭교회는 항상 음악을 표준화하려 노력했다. 여전히 어떤 교단은 그레고리오 성가를 전심으로 지지한다. 이것 외에도 음악을 표준화하는 또 다른 많은 시도가 있었다. 그러나 역사는 음악 형식을 표준화하는 순간 그 지점부터 화석처럼 굳어간다는 것을 보여준다. 교회에 큰 유익을 주는 음악의 본질은 끊임없이 발전하고 변화하는 것이다. 때때로 우리는 음악이 더이상 변하지 않고 그대로 멈추기 바라지만, 절대 그럴 수 없다. 음악은 항상 발전한다.[1]

모든 세대가 음악을 대하는 모습을 지켜보면 젊은이들의 예배 음악은 언제나 철저히 비난과 꾸짖음을 받으며 음악 형식의 격차를 해소하려고 노력하는 예언적인 사람들은 늘 침묵을 강요당하는 것처럼 보인다. 교회가 모든 예술에서 세상보다 약 10~15년 이상 뒤처진 것처럼 보이는 것은 어쩌면 당연한 결과 같다.

전능하신 하나님이 우리가 좋아하고 선호하는 음악 형식만 특별하게 좋아하시고 임하실 것이라는 생각은 매우 비합리적이다. 수 세기에 걸쳐 음악이 변한 것을 보면 이 터무니없는 생각에서 벗어나는 것이 얼마나 중요한지 알 수 있다. 다윗 왕을 예로 들어보자. 성경을 보면 하나님은 다윗의 음악을 인정하셨다. 하지만 다윗의 음악은 초대 교회나 우리 할아버지 세대, 혹은 현대 음악과 전혀 다른 소리였을 것이다. 17세기에 장조와 단조 체계가 완성되었기 때문에 약 3000년 전 다윗이 만든 찬양은 현대 예배 음악과 다른 낯선 선율과 음계를 사용했을 것이다. 하지만 하나님은 마음에 합한 다윗의 찬양을 기쁘게 받으셨다(행 13:22).

나는 지난 45년 동안 음악에 일어난 엄청난 변화를 지켜보았다. 45년 전 교회는 대부분 예배팀이나 기타, 드럼, 영상 장비, 무용수, 깃발이나 현대 예배를 닮은 것이 전혀 없었다. 노래는 절이 없는 후렴이 대부분이었으며 가사는 주로 흠정역을 그대로 사용했고 단순한 후렴을 여러 번 노래했다. 이렇게 단순한 표현이 누군가에게는 중대하고 어려운 변화일 것이라고 누가 알았겠는가?

70년대, 교회는 노래하는 시간을 "노래 예배"라고 불렀고, 인도자는 "노래 인도자"라고 불렀다. 당시에 부르는 찬양의 대부분에 저작권이 없었고 그리스도의 몸을 위해 만든 곡으로 돈을 버는 사람은 아주 극소수였다. 오르간 대신 피아노를 사용하고 강단에 드럼과 기타 같은 악기가 올라가자 사람들이 교회를 떠났다.

이제 모든 것이 바뀌었다. 요즘 사용하는 노래는 1절, 간주 1, 중간 후렴, 후렴, 간주 2, 브릿지, 2~3개의 다른 엔딩처럼 여러 구간으로 복잡하며 전반적으로 이전 세대보다 소리가 시끄럽다고 느낄 만큼 더 커졌다. 기타 연주자와 키보드 연주자들은 자기 악기에 당연한 듯이 이펙트를 사용하며 이전에 사용한 적 없던 색다른 악기들을 과감히 사용하고, 전주 도입부와 간주와 후주가 더 길어졌다. 노래 선율은 더 복잡하고, 가사는 훨씬 더 대화체로 허물이 없는 편이다. 이런 음악적인 변화 외에도 화려하고 많은 조명, 연기^{SMOG} 같은 무대 연출의 도입과 거대한 무대와 큰 영상 스크린이 예배의 중요한 부분이 되었으며 많은 교회가 이런 미디어 영역에 많은 투자를 하고 있다.

이런 큰 변화는 오히려 우리 내면에 예배의 마음이 음악 형식과 배경의 변화보다 훨씬 중요하다는 것을 보여줄 뿐이다. 더 좋은 예배를 이야기하면서 악기와 음악 형식에 초점을 맞추는 것은 예배의 실제 문제에서 완전히 빗나간 것이다.

사실 성경에 나오는 예배 음악 형식은 몇 가지 뿐이며 그중에서도 시편에 나오는 형식은 2가지이다. 1) 음악이 기쁨과 즐거움으로 충만하며(시 5:11, 27:6, 32:11, 35:9, 40:16, 63:5, 66:1, 67:4, 68:3, 81:1, 95:1-2, 98:4, 6, 100:1, 149:5) 2) 소리가 크고 시끌벅적하다는 것이다(시 32:11, 33:3, 47:1, 98:4, 150:5). 기쁘고 시끌벅적한 음악이 가진 소박함과 순전함 속에 시대를 초월한 순수함이 담겨 있다. 이렇게 단순하고 명확한 성경적 예배 음악의 정의는 확실히 모든 세대가 충분히 따를 수 있는 예배 형식이다.

아이작 왓츠(1674.7.17~1748.11.25)는 약 750곡의 찬송가를 지었다. 그는 "영국 찬송가의 아버지"라고 불린다. 왓츠는 기독교계에서 가장 사랑받는 찬송가들을 썼다. 주로 시편으로 노래하던 당시의 교회들은 왓츠의 작품을 충격적으로 받아들였다. 많은 사랑을 받는 왓츠의 찬송가, "주 달려 죽은 십자가"는 주관적 관점에서 대명사 "나"를 사용한 가사를 처음 도입한 곡이었다. 이 곡을 통해 신자들은 예수 그리스도의 십자가에 담긴 가치를 회중의 시각이 아닌 찬송가를 부르는 개인의 고백으로 생각할 수 있었다. 역사 음악가 윌리엄 스터드웰은 이렇게 말한다. "이런 문학적 표현은 모든 사람의 마음에 들지는 않았다. 어떤 이들은 왓츠의 찬송가가 시편 기반이 아니었기 때문에 당시 기준으로 지나치게 세속적이라고 생각했다."[2] 프랭크 트로터 박사는 이렇게 말한다.

아이작 왓츠의 찬송가가그 시대에 열광적인 인기를 끌었다는 사실은 의심의 여지가 없다. 하지만 주달려 죽은 십자가의 가사에 "인간적인 평정심"의 의미가 담긴 부분이 큰 논쟁을 일으켰다. 어떤 사람은 이렇게 불평했다. '기독교 회중이 신성한 영감을 받은 시편을 멀리하고 왓츠가 만든 상상의 나래에 넘어갔다.' 이 문제는 한때 유명한 작가요 목사인 존 번연이 목회한 영국 베드퍼드 교회를 포함한 많은 교회에 분열을 일으켰다.[3]

예언적 예배를 포용하려면 예배에 포함할 음악 형식의 극적인 변화에 대비해야 한다. 우리의 편견과 다르게 "음악 형식"은 세대 간의 격차를 해소하고 교회 청년들에게 하나님의 임재와 부흥을 사모하게 하며 우리 사회의 다양한 민족 집단에 치유와 화해의 문을 여는 잠재력이 있다. 이것뿐만 아니라 천국의 소리에 동참하는 예언적 예배로 이 땅에 영향을 줄 수 있다. 그저 천국의 소리와 하나님의 노래를 들으려는 겸손한 귀만 있으면 된다.

이 땅에서 일어나는 모든 하나님의 운동은 하나님의 음성을 나타내는 노래와 예술적 표현을 낳는다. 예언적 예술가들은 하나님의 새로운 소리와 형식과 내용을 포착하고 예술로 표현하여 교회를 향한 하나님의 부르심을 강화한다. 예배 음악의 형식을 결정할 때 우리는 국적, 교단, 세대적 취향에 사로잡히지 말고 하나님의 음성이 이 모든 것을 뛰어넘을 여지를 만들어야 한다. 놈 프레드릭이 말하듯 "최후의 세대는 세대 차이가 없다."[4]

세상은 예술이 사회 문제를 반영하고 바른 방향을 담는 것을 놓고 오랫동안 논쟁했다. 사실 세상 예술보다 몇년이나 뒤쳐진 교회도 이런 논의가 필요하다. 교회가 해야할 논의는 무엇인가?

이 논의는 주로 예언적 예배와 관련이 있다. 예배에 하나님의 음성을 담아내는 것과 현재 역사하는 가장 최신 예배 표현이 무엇인가에 관한 것이다.

여러분의 교회 음악과 노래에 비추어 이 질문을 생각해 보라 : "하나님이 과거에 하신 일만 노래하는가 아니면 오늘날 역사하시는 하나님을 노래하는가?" 능숙한 예배 인도자는 회중이 아끼는 찬송가와 복음송을 배척하지 않으면서 하나님이 현재 주시는 메시지를 반영하는 노래와 음악 형식을 통합할 수 있다.

일부 세속 예술가들은 종종 자기 예술에서 "최첨단 방식"이라고 표현하는 일종의 예언적 흐름을 활용한 것 같다. 비틀스의 폴 매카트니가 쓴 "예스터데이"라는 노래는 2,200명이 넘는 후배 예술가가 다시 커버 녹음했다. 역대 가장 성공한 작곡가로 불리는 폴 매카트니는 이 노래를 꿈에서 받았다고 고백했다.[5]

세속 음악가도 꿈으로 전 세계를 움직이는 노래를 만드는데 기독교 예술가들은 왜 그렇게 하지 못하는가? 기름부음 받은 기독교 예술가들은 우리가 사는 세상에 지금보다 훨씬 더 큰 영향력을 끼치도록 부름 받았다. 우리는 하나님이 이전에 하신 일만 아니라, 지금 하시는 일과 미래에 있을 영광스러운 일들을 표현해야 한다.

전통에 묶인 교회는 해마다 같은 노래를 부르며 만족한다. 이들의 하나님 이해는 전혀 변하지 않는다. 지난 수 세기 동안 급속도로 발전한 뛰어난 기독교 음악을 포기하고 무질서에 집중하자는 것이 아니라 이제 예언적인 민감함으로 모든 세대와 민족의 음악, 특히 천국의 소리에 귀를 기울이자고 모든 교회에 요청한다.

교회에 하나님의 말씀을 강화하는 노래와 찬송을 여전히 유지하면서 동시에 다음 세대의 소리를 통해 우리를 이끄시는 하나님의 음성을 거부하지 말자. 우리는 하나님의 말씀에 마음을 열고 모든 세대를 포용하는 다양한 음악 형식과 표현을 장려하고 춤, 연극, 마임 같은 독특한 예술에도 접근해야 한다. 춤이나 연극과 마임처럼 오늘날 많은 교회의 예언적 예배에서 강력한 도구로 이미 입증된 문화 예술 표현을 무시할 이유가 없다. 결국 우리가 사용하는 예술은 하나님이 지금 우리에게 말씀하시는 것과 우리를 인도하시는 것을 가장 시의적절하게 반영해야 한다.

찬양의 능력

다윗과 다윗이 세운 예언적인 음악가들이 만든 시편은 우리에게 찬양의 놀라운 능력을 알려준다. 예언적 찬양은 특히 우리에게 원수의 공격이 닥쳤을 때 삶의 모든 영역에 영향을 끼친다. 우리가 강력한 예배의 소리로 분위기를 가득 채우면, 천국이 이 땅을 침노하고 하나님 나라가 역사하며 하나님의 영광이 임한다.

● 찬양은 악한 왕을 물리치고 불경건한 제국을 무너뜨린다(시 2).

● 찬양은 나라를 우리 손에, 잃어버린 민족을 하나님께 인도한다 (시 2:8; 47).

● 찬양은 우리가 아니라 원수에게 수치를 준다(시 6:9~10).

● 찬양은 우리를 모든 적으로부터 구출하고 구원한다(시 7:1~6).

● 찬양은 우리에게 힘을 준다(시 8:2).

● 찬양은 원수를 잠잠케 한다(시 8:2, 마 21:16).

● 찬양은 원수를 무너트리고 멸망시킨다(시 9:1~3).

● 찬양은 환란 때에 피할 피난처가 된다(시 9:9~10, 59:16~17, 91:1~2, 94:22).

● 찬양은 악한 나라를 파괴하고 고아와 압제받는 사람들에게 정의를 준다(시 10:16~18).

● 찬양은 포로를 구출하고 해방한다(시 14:7).

● 찬양은 희망을 준다(시 16:8~9).

● 찬양은 고통스러운 때에 풍성한 기쁨을 준다(시 16:10~11).

● 찬양은 우리를 파괴자의 길에서 벗어나게 하고 발이 함정에 걸려 넘어지지 않게 한다(시 17:4~5).

● 찬양은 우리를 모든 적으로부터 구원한다(시 18:3).

● 찬양은 우리가 힘들 때 간구를 하나님이 들으시게 한다(시 18:6).

● 찬양은 하나님께 기쁨을 드리며 강한 원수로부터 우리 구원을 보장한다(시 18:16~19).

● 찬양은 우리가 전쟁하도록 무장할 힘을 준다(시 18:32,39; 37:39).

● 찬양은 우리 발을 사슴과 같게 하사 하나님이 계신 높은 곳으로 다니게 한다(시 18:33).

● 찬양은 우리 손이 싸울 수 있도록 무장시킨다(시 18:34).

● 찬양은 우리가 발로 원수의 목을 밟아 이기게 한다(시 18:37~40).

● 찬양은 우리를 해하려는 사람을 하나님이 어떻게 대하시는지 보여준다(시 18:47).

● 찬양은 우리 힘과 도움의 근원이다(시 20:1~3).

- 찬양은 완전한 회복을 위한 기반이다(시 23:3; 80:3,7,19).

- 찬양은 우리를 수치에서 보호한다(시 25:1~3).

- 찬양은 우리 정당함을 입증한다(시 26:1; 54:1~7).

- 찬양은 두려움을 물어내고 자신감을 준다(시 27:1~3, 56:11, 91:5~8).

- 찬양은 어려울 때 은밀한 피난처가 된다(시 27:5).

- 찬양은 우리를 원수 보다 높인다(시 27:6).

- 찬양은 우리를 하나님의 길로 인도하고 확신을 준다(시 27:11~13).

- 찬양은 우리 마음에 하나님의 힘과 방패를 준다(시 28:7).

- 찬양은 악인의 꾀와 조언을 무효로 만든다(시 33:19).

- 찬양은 악인의 권위와 힘을 차단하고 우리가 유산을 얻게 한다 (시 37:9, 69:35~36).

- 찬양은 불신자를 하나님께 인도한다(시 40:3).

- 찬양은 우리의 실망을 소망으로 바꾼다(시 43:5).

- 찬양은 우리가 포로에서 벗어나게 한다(시 53:6, 68:18).

- 찬양은 전쟁 중에도 하나님의 구원과 평화를 준다(시 55:16~18).

- 찬양은 우리가 버티게 한다(시 55:22).

- 찬양은 원수가 물러가게 한다(시 56:9).

- 찬양은 우리를 하나님의 날개 아래 피난처로 인도한다(시 57:1).

- 찬양은 하나님이 우리 원수를 비웃으시는 소리를 듣게 하고 하나님의 승리를 보게 한다(시 59:8~10).

- 찬양은 우리에게 용기를 준다(시 60:12, 108:13).

- 찬양은 적으로부터 우리가 피할 성이 된다(시 61, 62:5~8, 91:1~2, 144:2).

- 찬양은 두려움과 은밀한 음모, 악인의 날카로운 혀로부터 우리 생명을 보호한다(시 64:1~9).

- 찬양은 하나님이 일어나 원수를 흩으시게 한다(시 68:1).

- 찬양은 우리 원수를 완전히 파괴한다(시 73:17~19).

- 찬양은 하나님의 강력한 오른 팔과 손이 역사하게 한다(시 89:13,20~23; 98:1).

- 찬양은 우리가 악에 맞서게 한다(시 91:10, 140:1~8).

- 찬양은 하나님의 천사가 우리를 보호하고 지키게 한다(시 91:11~12).

- 찬양은 우리가 하나님의 권위로 원수를 밟게 한다(시 91:13).

- 찬양은 우리 소리가 하나님께 올려서 하나님의 응답을 듣게 한다 (시 91:15).

- 찬양은 우리가 힘들 때 하나님의 임재와 구원을 보증한다(시 91:15).

- 찬양은 온 열방에 하나님을 향한 경외심을 불러일으켜 두려워 떨게 한다(시 96:4~9).

- 찬양은 우리가 원수보다 강하게 한다(시 105:24).

- 찬양은 우리를 원수의 손에서 구출하시고 흩어진 것을 모은다(시 107:1~3).

- 찬양은 우리를 어둠과 죽음에서 구출하고 사슬을 끊는다(시 107:14).

- 찬양은 가난한 사람들을 하나님의 오른편으로 인도하고 심판자로부터 구출한다(시 109:30~31).

- 찬양은 우리가 적을 다스리도록 준비시킨다(시 110:1~2).

- 찬양은 압도적으로 불리한 상황에도 우리가 이기게 한다. (시 118:1~14)

- 찬양은 우리의 도움이신 하나님께 눈을 들게 한다(시 121:1~2).

- 찬양은 우리의 출입을 영원히 보장한다(시 121:7~8)

- 찬양은 포로를 해방하고 웃음과 노래를 회복한다(시 126:1~3)

- 찬양은 어린아이들을 용사로 만든다(시 127:3~5)

- 찬양은 문제 속에서 우리를 다시 살린다(시 138:7)

- 찬양은 전쟁 중에 우리를 보호한다(시 140:7)

- 찬양은 가난하고 고통받는 사람에게 정의가 역사할 길을 연다(시 140:12)

- 찬양은 우리가 압도당할 때 안전한 길을 연다(시 142:1~6)

- 찬양은 우리를 감옥에서 풀어 자유케 한다(시 142:7).

- 찬양은 원수가 우리를 짓밟은 후에라도 다시 회복시킨다(시 143).

- 찬양은 우리 손을 전쟁을 위해 훈련하고 싸우게 한다(시 144:1).

- 찬양은 우리를 거짓말쟁이로부터 구한다(시 144:9~11).

- 찬양은 우리에게 나라를 다스릴 권위와 통치권을 준다(시 149:6~9).

- 찬양은 우리를 원수로부터 구출한다(시 18:48~50, 143:9).

- 찬양은 우리를 모든 두려움과 문제와 고난에서 구출한다(시 34:4,17,19; 38:40; 41:1; 50:15; 59:1; 56:3~4).

- 찬양은 우리를 불의에서 구한다(시 43).

- 찬양은 우리를 죽음에서 구하고 넘어지는 것을 막는다(시 56:13).

- 찬양은 우리를 잔혹한 살인자로부터 구한다(시 72:12~15, 76:9, 82:4).

- 찬양은 우리를 가난과 억압에서 구한다(시 72:12~15, 76:9, 82:4).

- 찬양은 우리를 모든 함정과 전염병에서 구한다(시 91:3, 140:4~5).

- 찬양은 우리를 거짓 비난과 거짓말과 속임수에서 구한다(시 120, 144:1~11).

- 찬양은 우리를 고난에서 구한다(시 107:6,13).

- 찬양은 우리를 파괴에서 구한다(시 107:20).

이 목록은 시편에 나오는 예언적인 소리^{PROPHETIC SOUNDS}의 일부일 뿐이다. 성경 전체에 영적인 분위기를 바꾸고 하나님 나라가 이 땅에 임하게 하는 예언적인 소리와 노래가 가득하다. 하나님은 소리를 통해 변화를, 노래를 통해 기적을 베푸신다.

22장

예배자의 성숙함

예배는 개인적 변화의 중요한 열쇠이자 성숙의 본질이다.
예배는 사람의 단순한 활동이 아니라
살아계신 하나님과의 만남이다.

- 샘 사세르 -

예배는 우리가 참여하는 많은 것 중에 가장 "드러내야 하는 일"이다. 참된 예배를 드리려면 투명함을 전제로 자신의 연약함을 인정하는 정직함으로 하나님 앞에 마음을 쏟아야 한다. 그래서 예배는 영적인 성숙함이 있어야 가능하다. 미성숙한 그리스도인들은 매주 처음부터 끝까지 어떻게 하면 될지 잘 아는, 본인의 노력은 조금도 필요 없는 예배를 아주 좋은 예배라고 느낀다.

성장할 시간

성령님은 우리가 원수를 맞서서 더 크게 승리하고 그리스도와 더 깊은 친밀함을 누리며, 자아를 내려놓고 서로를 섬기도록 이전보다 성장하기를 바라신다. 그리스도인의 성숙함은 그리스도의 몸 전체를 위한 것이다. 성숙한 그리스도인은 축복을 구하기보다 성경을 읽으며, 끝없이 예언의 말씀을 구하지 않고 기도로 하나님을 찾고, 항상 누군가 손을 얹고 안수해 주기를 기다리지 말고 하나님을 직접 붙들며 사역자가 아닌 하나님의 임재를 추구해야 한다. 자기의 뜻이 아닌 하나님의 뜻을 따르라.

왕의 신부는 스스로 단장한다

많은 신자가 현재 이 땅에서 교회의 마지막 때를 산다는 것에 동의한다. 그리스도의 재림까지 정확히 몇 달 혹은 몇 년이 남았는지 알 수 없지만, 주님의 재림이 매우 임박해 보인다. 예수님의 재림의 한 가지 징표는 교회가 주님의 신부로 성숙해지는 것이다. 우리는 하나님의 종이요 자녀이면서 동시에 주님의 신부이다. 지금은 모든 것을 자기중심적으로 이해하는 아이가 아니라 신부처럼 행동할 때이다. "우리가 즐거워하고 크게 기뻐하며 그에게 영광을 돌리세 어린 양의 혼인 기약이 이르렀고 그의 아내가 자신을 준비하였으므로"(계 19:7). 신부는 스스로 단장해야 한다.

우리는 예복을 입고 왕궁 뜰에 서 있는 에스더 같은 교회가 되어야 한다(에 5:1~3). 에스더는 자기 삶에 부르심이 있는 것을 알았다. 모르드개는 에스더를 향해 "네가 왕후의 자리를 얻은 것이 이때를 위함이 아닌지 누가 알겠느냐"라고 말했다(에 4:14). 하나님은 우리가 자아의 옷을 벗고 그리스도의 성품으로 만든 왕의 예복을 입고 주님 앞에 나오길 기다리신다(골 3:8~14).

룻이 보아스를 위해 어떻게 단장했는지 기억해 보라(룻 3:3~8). 룻은 씻고 기름을 바른 후 옷을 갈아입고 보아스의 발아래 누웠다. 보아스는 새로운 날의 시작을 의미하는 한밤중에 몸을 뒤척이다 발아래 누워있는 룻을 발견했다.

나는 기업 무를 자인 보아스가 자신을 알아주길 기다리는 룻이 그리스도를 기다리는 교회를 상징한다고 생각한다. 우리 각자가 스스로 정결케 하고 기름을 바른 후 합당한 예복을 입는 대가를 치러야 한다. 예수님은 우리가 보아스를 위해 준비한 성숙한 룻처럼 재림의 때를 기다리는 동안 주님을 닮는 방법을 주셨다.

신부와 신랑(렘 33:11)

그리스도의 신부는 신랑의 음성을 알기 때문에 예배에서 어떻게 반응하는 법을 알고, 자아는 죽고 더 깊은 친밀감을 위해 스스로 단장하며 성숙한 여인처럼 행동한다. 우리는 아가서에서 하나님을 사랑한다고 고백하는 사람들을 향한 하나님의 목적의 규모를 알 수 있다. 하나님의 모든 의도는 교회를 가장 친밀한 관계인 결혼 관계로 이끄시는 데 있다. 계시록에 의하면 우리는 하나님의 신부가 되어 하나님과 함께 영원히 다스릴 것이다.

신부와 신랑의 노래는 예언적 예배의 중요한 주제이다. 점점 더 많은 예배 음악이 우리와 하나님을 신랑과 신부의 만남이라는 주제로 다룬다. 하나님은 우리에게 신부의 사랑이라는 완전한 성숙함으로 과거의 얄팍한 감정을 극복하도록 도전하신다. 나는 개인적으로 조나스 마이린과 매트 레드먼이 작곡한 "송축해 내 영혼"의 후렴을 아주 좋아한다.[1]

해가 뜨는 새 아침 밝았네 이제 다시 주님 찬양
무슨 일이나 어떤 일이 내게 놓여도 저녁이 올 땐 나는 노래해
곧 그날에 나의 힘 다하고 나의 삶의 여정 마칠 때
끝없는 찬양 나 드리리라 수많은 세월 지나 영원히

이 노래에 담긴 진리를 따라 살려면 성숙함이 필요하다. 우리가 이 가사처럼 예배하려면 한 주간의 삶에서 꾸준히 하나님과 동행해야 한다. 영원한 예배는 일관되고 흔들리지 않는 오늘의 예배로 시작된다.

하나님과의 만남

예배는 자녀들에게 자신을 계시하시는 거룩하신 하나님과 만나는 시간이다. 예언적 예배는 우리에게 지속적인 자아 내려놓음과 변화, 영적 성장과 성숙을 일으킨다. 하나님을 닮는데 헌신하지 않는 예언적 예배는 불가능하며 이런 예배는 하나님과의 만남이 아니라 종교의식일 뿐이다.

예배 체험에서 가장 중요한 것은 하나님과의 만남이다. 신자는 하나님께서 자신을 만나주신다는 기대감을 품고 예배해야 한다. 앞서 보았듯이 바울은 이렇게 말한다. "우리가 다 수건을 벗은 얼굴로 거울을 보는 것 같이 주의 영광을 보매 그와 같은 형상으로 변화하여 영광에서 영광에 이르니 곧 주의 영으로 말미암음이니라"(고후 3:18). 테리 월들은 이 구절을 이렇게 설명한다.

> 사람들은 예배에서 거의 하나님을 만나지 않는다. 이것은 신자에게 가장 치명적인 문제이다. 사람들은 주일마다 예배하지만 하나님의 임재를 전혀 느끼지 못하고 교회를 떠난다. 이런 예배는 인간적인 노력의 반복 연습일 뿐이다. 사람들은 교회에 들어온 상태 그대로 교회를 나가기 때문에 변하지도 않고 성령의 감동도 없으며 그 결과 일상생활에서 그리스도를 섬길 준비가 전혀 안 되어 있다.[2]

성숙한 신자는 하나님의 임재를 얻기 위해 교회에 가는 것이 아니라 하나님의 임재를 가지고 교회에 간다는 것을 이해한다. 사도행전 말씀처럼 우리가 하나님 안에서 살고 움직일 때(행 17:28) 우리는 "하나님 임재의 사람들PEOPLE OF THE PRESENCE"이 된다. 우리는 참된 관계가 주는 귀하고 의미 있는 변화를 만드는 사람들이다. 성숙한 예배자들은 하나님을 바라볼 때 주님의 형상을 닮게 하는 자아의 죽음이 일어난다는 것을 안다.

예배에서 "하나님을 보는 것"은 곧 자신의 있는 모습 그대로를 발견하므로 한편으로는 충격적이고 때로는 파괴적이라고 할 수 있다. 하나님을 볼 때 하나님의 거룩한 영광의 빛이 우리 내면을 비추어 적나라하게 드러내기 때문에 자아는 우리가 하나님을 보는 것을 기뻐하지 않는다.

우리가 하나님을 볼 때 우리는 이전에 본 적 없었고 이해하지 못했던, 혹은 기꺼이 마주하지 못한 자아를 엿볼 기회를 얻는다. 그래서 어떤 사람들은 하나님 바라보는 것을 주저하지만 그래도 돌아서지 말고 계속 진리를 마주하면 모든 추함과 실패의 끝에서 우리 내면의 모든 어둡고 부서진 곳을 고치고 회복하실 하나님을 발견할 것이다. 이 거룩한 만남의 최종 결과는 우리가 영광에서 영광으로 변화하는 것이다.

우리에게 영광스러운 변화의 기회가 주어졌지만 변화는 여전히 어렵고 두려운 일이다. 나는 아주 어렸을 때 어머니를 잃었고 이 사건이 내 삶에 큰 상처를 준 결과 한동안 어긋난 삶을 살았다. 물론 지금 나는 모든 것을 과거의 상처 때문이라고 탓하지 않으며 내가 한 선택에 개인적으로 책임져야 한다고 생각한다.

나는 마음의 상처 때문에 생긴 부정적인 자아상과 투쟁하며 계속 하나님을 찾은 결과, 하나님과의 인격적인 만남으로 깊은 치유와 지속적인 회복을 경험했다. 내가 예배할 때 하나님께서 환상의 한 방법으로 찾아오셨다. 하나님은 내가 어머니의 자궁에 수정된 순간 나를 어떻게 만드셨는지 보여주셨다. 즉시 나는 하나님이 내 존재를 결정하신 것과 내 삶에 영원한 목적을 깨달았다. 나는 지금도 하나님을 만난 예배와 그 이후 이어진 지속적인 치유를 잊지 못한다.

우리는 하나님의 은혜를 깨달을 뿐만 아니라 직접 체험해야 변화의 과정을 기쁨으로 견딜 수 있다. 우리가 성숙할 준비가 되어야 주님을 닮는 어려운 과정에 자신을 기꺼이 내어 드린다. 때로 사람들은 예언적 예배가 회중을 불안정한 상태로 만들지도 모른다는 걱정을 한다. 하지만 오히려 그 반대로 예언적 예배에서 회중은 시선을 전능하신 하나님께 고정하고 하나님의 날개 그늘에서 쉬며 하나님이 주시는 안정감을 누린다.

육체적 성숙이 반드시 영적 성숙과 연관된 것은 아니다. 나는 6년간 매주 교회의 부설 기독 학교에서 유치원부터 6학년 학생들의 예배를 인도했다. 시간이 흘러 아이들은 능숙하게 예언적으로 예배했다. 예언적인 노래를 부르고 아픈 사람을 위해 기도하며 지식과 예언의 말씀을 받는 법을 배웠다. 어느 봄날, 교회에 부흥의 바람이 불기 시작했을 때 가장 먼저 하나님의 방문을 받은 것이 바로 이 아이들이었다. 많은 아이가 환상 중에 천국을 경험했고 일부는 배운 적 없는 성경 구절을 암송했으며 예배와 중보 기도로 몇 시간씩 하나님을 기다리며 기적적인 기도 응답을 받았다.

이것은 귀중한 교훈이다. 우리 삶에 하나님의 역사를 방해하는 것은 성경 지식의 부족이나 우리 젊음이나 체험 부족이 아니라 하나님의 성령을 향한 우리의 저항과 고집스러운 마음이다. 우리도 전능하신 하나님을 만날 때 어린아이처럼 담대해야 한다.

목회적 딜레마

전 미국 대통령 캘빈 쿨리지는 이렇게 말했다. "남자는 예배할 때 비로소 성장한다."[3] 목회자는 자신이 섬기는 회중을 성숙한 예배로 인도해야 할 책임이 있다. 일부 목회자들은 예배 중에 미성숙한 신자가 "이상한 예언"을 하거나 부적절한 일이 일어날 것을 두려워하여 아예 회중의 예배 참여를 제한하고 모든 예배 표현과 은사를 "종교 전문가"만 할 수 있도록 제한하려는 유혹을 받는다. "많은 신자가 이론적으로 하나님의 능력을 받아들이지만 실제로는 거부한다. 큰 산불이 두려운 회중은 아무 불도 사용하지 않기로 한 것이다." (테리 월들)[4]

하지만 하나님의 사람들은 정기적인 교육과 실제 훈련을 통해 예언적 예배의 모든 측면에 유능함과 자신감을 가질 수 있다. 하나님은 거룩한 임재가 풀 수 없는 수수께끼가 되기를 바라지 않으시며 오히려 기쁨으로 우리 모두를 친밀한 개인적 공동체적 교제로 초대하신다. 성도가 예배에서 효과적이고 예언적으로 사역하기 위해 적절히 준비하려면(엡 4:11~12) 다음 조건이 필요하다.

● 예배 안에 공식적이고 정기적인 훈련 시간이 있어야 한다.

● 모든 예배에 사람들이 적극적으로 참여할 기회가 있어야 한다.

- 신자들이 실수해도 부끄럽게 여기지 않으며 포용 받는 문화를 만들어야 한다.

- 가끔은 성숙하고 숙련된 지도자들이 뒤로 물러나서 미성숙한 사람들도 자신의 은사를 사용할 기회를 주어야 한다. 사람들은 지도자들이 기대하는 수준까지만 올라간다는 것을 기억하라.

- 예배를 섬기는 사람들에게 사랑이 담긴 건설적 조언과 격려를 해야 한다.

회중의 적극적인 예배 참여를 위해 회중석 앞에 마이크를 준비하는 것도 좋다. 물론 아무나 마음대로 이 마이크를 사용하는 것은 아니다. 모든 회중에게 공평하게 하나님이 주신 감동을 나눌 기회를 주되, 반드시 자신이 받은 메시지 내용과 말할 시간을 자기 주변의 장로나 섬김이 중 한 명과 먼저 상의하는 과정을 거친 후 그들이 메시지를 나눠도 좋다고 허락하면 예배 중 적절할 때 자신이 받은 성경 구절이나 간증, 노래나 예언적인 격려를 나눌 수 있다. 실제로 유타주 솔트레이크시티에 있는 더 펠로우십 교회에서 이런 열린 모형이 아름답게 진행되고 있다.

이 모형은 회중의 예배 참여를 바라는 교회라면 쉽게 적용할 수 있다. 만일 누군가가 실수하면 어떻게 하는가? 사람이 하는 모든 일에는 실수가 있고 하나님을 섬기는 것이라도 마찬가지이며 성숙하는 과정이 된다. 우리 성숙함의 기준은 내가 앞서 인용한 말씀에 있다. "그런즉 형제들아 어찌할까 너희가 모일 때에 각각 찬송시도 있으며 가르치는 말씀도 있으며 계시도 있으며 방언도 있으며 통역함도 있나니 모든 것을 덕을 세우기 위하여 하라"(고전 14:26).

모든 목회자는 선택에 직면한다. 설교, 예배 진행, 음악 사역 조직, 혹은 예언 사역이나 광고까지 다 목회자 혼자서 해야 하는가 아니면 교회의 구성원이 예언적 예배에서 성숙하고 바르게 그리스도의 몸을 섬기도록 훈련해야 하는가? 내가 지켜본 결과, 슬프게도 목회자의 대부분은 회중에게 역할을 주지 않고 혼자서 다 하거나 유급 전문가를 세워 예배를 통제하는 방법을 선택한다.

예배팀은 성숙해야 한다

예배 인도자, 싱어, 음악가, 무용수를 비롯한 모든 예배 예술가는 성숙을 위한 대가를 치러야 한다. 예배 사역자들은 탁월한 음악 재능뿐만 아니라 하나님의 임재를 배워야 예언적 예배를 할 수 있다. 예배 사역자들은 예술적 은사와 함께 예언적 기름부음을 받아 예언적 책임을 지기 위한 대가를 감당해야 한다. 음악과 예술 재능을 기르는 것도 중요하지만 하나님의 임재로 충만한 사역자가 되는 것이 중요하다. 예술적 기술을 개발하는데 시간과 노력이 필요하지만 하나님과 소통하고 하나님의 음성을 회중에게 예언적으로 전달하려면 삶 전체가 필요하다(출 20:19).

다윗 왕 이후 모든 예배 사역자는 예언적 예배를 훈련하는 것이 전통이었다. 젊은 남녀가 아버지로부터 노래와 악기로 예언하는 법을 배웠다. 따라서 그들은 왕의 명령에 따라 예언적으로 사역할 수 있었으며(대상 25:1~8) 성전 음악가 중에 음악과 예언적 영역에서 능숙하지 않은 사람은 없었다. 이것이 예배 사역자들의 모범이다. 성숙함은 하나님이 우리 마음에 지으신 임재의 처소, 하나님을 향한 개인적인 헌신의 장소에서 태어난다.

우리 마음 속 임재의 처소는 매일마다 끊임없이 하나님과 교제하는 장소이다. "우리는 움직이는 예배 처소이다." (라마르 보쉬맨)[5] 예배팀이 예언적 예배를 준비하는 몇 가지 방법이 있다.

- 사전 연습 때 예언적 음악과 노래의 흐름을 타는 연습을 해라. 다윗이 세운 예배팀은 하나님 앞에서 섬기기 위해 아버지에게 훈련받았다(대상 25:6). 그들은 능숙함과 예언적이어야 했다. 우리는 오직 "능숙한SKILLFUL" 부분에만 초점을 맞추고 예언적인 영역은 아예 무시한다.

- 하나님의 소리와 노래로 사역하려면 모든 예배에 참여하라.

- 하나님의 말씀을 연구하고 그 말씀이 모든 사역의 기초가 되게 하라. 당신이 회중 앞에 설 때 연구했던 말씀으로 서라.

- 예배에 하나님의 임재와 음성을 위한 여지를 마련하라. 예배 전체를 노래로 채우지 말고 하나님의 임재 안에 잠잠히 머물며 기다리는 연습을 하라. 당신이 괜찮다고 생각하는 것보다 하나님의 임재 안에 더 오래 머물러 보라.

- 평생 하나님의 임재를 공부하는 학생이 되라. 우리가 음악과 예술을 잘하기 위해 열심히 연습하는 만큼 하나님의 성품을 열심히 연구한다면 우리 예배가 어떻게 변할지 상상해보라.

완벽해야 회중을 인도하는 것이 아니다. "우리가 하는 모든 일의 발판은 그리스도를 향한 단순한 헌신과 순수함이다." (더치 쉬츠)[6] 그리스도인의 성숙함은 하나님과 깊은 인격적인 관계와 우리 마음을 주장하시는 하나님의 말씀을 향한 순종으로 측정한다.

참된 기독교는 대중을 위한 공연보다 일상생활에서 더 많이 드러난다. 우리는 자신을 하나님의 임재를 운반하는 살아있는 성전으로, 이 땅에 있는 하나님의 영광의 사역자로 봐야 한다.

이제 요약해 보자. 어떤 교회이든 예언적 예배를 하려면 세 그룹의 사람이 함께 성숙해야 한다.

1. 교회에서 예언적 예배를 성경적으로 가르치고 신학적으로 지원하며 실천할 책임이 있는 **목회자**와 **예배 인도자**.

2. 음악과 예술과 경험으로 예언적 예배의 시범을 보이고 인도하는 **예배팀**.

3. 예언적인 예배와 그 잠재력을 자신의 삶과 교회 공동체에 수용하고 마음껏 펼칠 책임이 있는 **회중**.

이 세 그룹이 함께 연합하면 예언적 예배의 잠재력을 최대한 발휘해서 개인과 도시와 나라를 바꿀 수 있다. 예언적 예배로 다양한 세대와 문화의 영적인 분위기를 바꾸고 하나님의 포효를 풀어 놓으라. 본격적인 부흥을 위해 교회 전체가 예언적으로 예배하며 하나님을 환영하라. 교회여, 이제 성숙하라.

23장

개인 체험 VS 공동체 여정

교회는 예배를 통해 숨을 쉰다!
지역 교회의 활력은 예배의 헌신과 연결되어 있다.
- 어니스트 겐틸 -

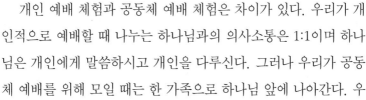

개인 예배 체험과 공동체 예배 체험은 차이가 있다. 우리가 개인적으로 예배할 때 나누는 하나님과의 의사소통은 1:1이며 하나님은 개인에게 말씀하시고 개인을 다루신다. 그러나 우리가 공동체 예배를 위해 모일 때는 한 가족으로 하나님 앞에 나아간다. 우리 몸이 여러 부분인 것처럼 교회는 그리스도의 몸으로 다른 지체가 필요하며 형제자매를 통해 하나님의 영광을 보고 하나님의 음성을 듣는다. 공동체는 우리에게 역사하시는 하나님의 손이다.

공동체 예배에 개인 의견을 지나치게 주장하거나 공동체와 분리되어 자기만의 방식으로 예배하면 안 된다. 하나의 교회는 많은 역동적인 개인으로 구성된다. 그래서 성경은 교회를 산 돌(성도)로 지어진 신령한 집(벧전 2:4~5)이라고 부른다.

한 번에 많은 사람이 예배에 참여하도록 긴 장의자를 일렬로 놓고 줄지어 앉는 교회 예배실의 자리 배치는 지극히 일반적으로 보인다. 하지만 이런 자리 배치는 회중의 청중 심리를 조장하며 공동체가 아닌 개인으로 앞 사람의 뒤에 숨어 그냥 앉아만 있어도 예배를 드린 것처럼 느껴지게 한다. 현재 내가 섬기는 교회는 장의자를 고정 배치하지 않고 회중이 각자 의자를 가져와서 원하는 자리에 둥글게 앉아 모든 사람이 전체 중 일부라고 느끼게 한다. 리처드 포스터는 우리에게 공동체적 순종을 권면한다.

> 함께 모인 모임의 언어는 "나"가 아니라 "우리"이다. 우리는 하나님의 방법에 순종하며 그리스도인의 친교 중에 서로 순종한다. 하나님의 생명이 단지 개인 안에서만 아니라 공동체 안에서 솟아오르길 갈망한다.[1]

예배 인도자 그래함 켄드릭은 공동체 예배의 지나친 개인주의를 한탄한다.

> 어느새 예배는 공동체보다 개인성에 맞춰졌고 성도들은 현재의 분리된 상태를 유지하면서 연합의 요청을 세련되게 피하는 외교적인 방법에 능숙하다. 우리는 건물 정면을 향해 줄지어 앉아 마치 공연이나 쇼를 구경하듯 앞사람의 뒤통수를 쳐다본다.[2]

공동체 예배와 예언적 기름부음

서로 맺은 헌신과 언약 관계를 바탕으로 교회가 함께 모여 예배할 때 하나님과의 만남이 더 강화된다. 우리가 함께 예배할 때 성령님이 수석 지휘자가 되셔서 오케스트라를 지휘하듯 각 개인을 기쁨으로 이끄신다. 각 사람은 회중 예배가 하나님을 아는 지식에 이르도록 각자 받은 은사로 섬겨야 한다. "일반적으로 예배는 신자가 함께 모여 예배할 때 더 높은 수준의 표현에 도달한다."[3]

주님은 회중 가운데서(시 82:1) 우리가 하나님과 연합하여 반응하도록 부르신다. 하나님이 회중을 마치 한 사람처럼 다루시는 예를 살펴보면 우리가 연합해서 함께 예배하라는 모습을 볼 수 있다.

- 이스라엘의 자손들은 개별 지파가 아니라 한 무리로 광야를 통과했다. 함께 구원받고(출 12, 14장), 축복받으며(창 12:3), 먹을 것을 공급받고(출 16:10~36), 하나님의 방문을 받으며(출 19~20장), 함께 벌을 받았다(수 7장).

- 시편은 전체 회중의 하나 된 기도와 예배를 명한다(시 47:1, 67:3, 97:6, 106:48, 107:32, 111:1, 149:1).

- 바울은 회중 예배 지시를 통해(고전 11~14장) 우리 각자가 예배에 참여할 때 하나의 회중이라고 설명한다(고전 14:26).

나는 모든 예배가 공동체적이어야만 한다고 생각하지 않는다. 분명히 하나님은 예배 중에 개인을 극적인 방식으로 역사하신다. 지금 우리가 말하는 회중 공동체 예배는 개인보다 폭넓은 관점을 가지는 것을 말한다. 하나님이 우리를 예배로 이끄신다면 개인 예배뿐만 아니라 공동체 예배도 함께 해야 한다.

많은 그리스도인이 손뼉을 치거나 손을 들라는 회중 참여를 요청하는 예배 인도자를 불편해한다. 이런 불편한 마음과 태도를 방치하면 회중은 예배에서 다양한 방식과 수준으로 하나님을 체험하기 어려우며 결국 자신을 회중으로 생각하지 않을 것이다.

오늘날 만연한 "예배 개인주의"는 성도들을 위한 하나님의 뜻이 아니다. 많은 사람이 참된 예언적 기름부음이 넘치는 공동체 예배가 어려운 이유를 하나님이 요구하시는 높은 수준 때문이라고 생각하지만 문제는 하나님의 높은 기준이 아니라 우리의 반항적인 본성 때문이다. 사람은 누구나 자기 방식을 고수하는 고집이 있으며 특히 서구 사회는 개인의 권리를 중요하게 여긴다.

예를 들면, 우리가 하나님께 개인 예배를 드리거나 묵상할 때 하나님은 우리 삶에서 바꿔야 할 것을 다루시기 때문에 때로는 슬픔과 아픔도 통과해야 할 때가 있다. 하지만 우리가 공동체 예배를 위해 회중과 함께할 때는 이런 개인적 체험들이 우리가 충만한 하나님의 임재와 역사하심으로 들어가는 것을 방해하지 않도록 잠시 내려놓을 필요가 있다.

나는 회중의 규모와 상관없이 하나님께서 개개인을 불러 하나로 연합하게 하신 것을 볼 때마다 큰 감격을 느낀다. 사회, 민족, 문화, 경제, 세대, 지식에서 아주 다른 개인과 집단이 서로 하나되어 하나님을 예배하는 것은 정말 멋진 일이기 때문이다. 아마 다른 상황이었다면 서로 친구가 될 수 없었겠지만, 하나님은 우리를 그리스도인으로서 한 가족이 되도록 만드셨다. 공동체의 예언적 기름부음 안에서 성장하는 연합은 정말 기쁜 일이다.

나는 공동체 예배를 "하나님께 가는 여행"이라고 부른다. 예배는 우리가 주님의 임재 안으로 들어가 주님과 함께 하도록 초대하기 때문이다. 예를 들어 하나님은 한 사람을 통해 회중에게 하나님이 우리를 영적 전투로 인도하시는 유다의 사자라고 말씀하신다. 연주자들은 이 말씀에 영감을 받아 드럼과 트럼펫으로 격렬한 리듬과 선율을 만들어 영적 전쟁의 소리를 연주한다. 또 누군가는 앞으로 나와 영적 전쟁의 부르심을 계시하는 성경 말씀을 선포하고 (시 18:31~43; 149:5~9; 대하 20:14~17; 계 1:13~16) 싱어들은 이 말씀을 바탕으로 즉흥적인 후렴구를 만들어 노래하면서 용사들의 왕이신 하나님을 선포한다. 이 여정은 무용수들이 나와 춤과 마임으로 우리를 위해 싸우시는 하나님을 역동적으로 묘사한 후 목회자가 나와서 전쟁과 시험에 직면한 사람들을 강단으로 초청하는 것으로 이어진다. 계속해서 하나님은 개인과 가족의 영적 전쟁에서 멈추지 않고 지역과 도시, 나라와 세계를 위해 함께 싸우도록 회중을 인도하시며 때에 맞는 적절한 예언적 중보기도를 통해 하나님 나라의 전진과 크고 위대한 일을 선포하며 성취하신다.

이런 예언적 예배가 끝날 즈음 모든 구성원은 하나님 나라와 계시에 함께 기여한 것을 느끼고 모든 신자가 하나님을 더욱 마음에 품고 공동체 예배 후 영적으로 강건해져서 삶의 예배로 돌아간다. 이 거룩한 만남의 효과가 우리 마음을 영원히 울릴 것이다.

개인적 헌신과 예배

공동체 예배를 강조하는 것은 개인 예배가 필요 없다는 의미가 아니다. 오히려 개인 예배와 묵상은 공동체 예배를 강화하며 성령으로 충만한 공동체 예배는 하나님과 우리의 개인적인 만남을 더욱 장려한다. 우리는 삶의 모든 시간과 상황에서 항상 예배자라는 것을 잊지 말아야 한다. 하나님과 누리는 개인적인 친밀한 교제는 다른 사람을 세우는 열매를 맺어야 한다. 우리가 매일 그리스도와 동행할수록 교회에 속한 형제자매와 그리스도를 모르는 사람들을 더 많이 도울 수 있다.

항상 모든 것을 양 끝으로 나누는 지나친 극단적 관점은 잘못된 것이다. 교회와 공동체 함께 드리는 예배를 버리는 것은 모든 신자에게 위험하며 동시에 하나님께 드리는 개인 예배와 헌신이 없으면 궁극적으로 영적인 죽음을 일으킬 것이다.

우리는 예배에서 자신을 개인이 아니라 하나님을 향해 여행하는 한 무리로 보아야 한다. 제일 어린아이부터 연장자까지 모든 사람이 이 여행에 중요한 역할이 있다. 하나님은 종종 풍성한 개인적 교제에서 공동체 예배의 중요성을 말씀하신다.

"개인적 종교PRIVATE RELIGION가 정화될 때 사회적 종교SOCIAL RELIGION가 완성된다. (A. W. 토저)"[4]

공동체 예배의 성공은 참된 개인 예배와 묵상 그리고 신실한 예배 공동체로서 함께 성장할 수 있는가에 달려있다.

24장

예배에서 하나님의 음성 듣기

이미 하나님께 불순종하기로 결정한 것이 아니라면
하나님의 음성을 두려워할 필요가 없다.

- 무명 -

일상에서 자주 하나님의 음성을 듣지 않으면서 예언적 예배를
드리는 것은 생각할 수 없다. 하나님을 더 알기 위해 시간을 드린
사람들이 감미로운 하나님의 음성을 듣는 것은 어려운 일이 아니
다. "내 양은 내 음성을 들으며 나는 그들을 알며 그들은 나를 따
르느니라"(요 10:27). 특히 우리는 예배에서 듣는 하나님의 음성에
순종해야 한다(출 19:5, 23:22, 신 13:4). 우리가 예배에서 듣는 모든
하나님의 음성은 우리를 하나님을 아는 지식으로 인도한다.

하나님의 음성을 듣는 것은 하나님과의 만남의 한 부분이다.
예언적 예배는 하나님의 만나서 그의 음성을 듣고 그분을 아는 것
에 달려있다. 하나님은 항상 우리에게 말씀하시지만 안타깝게도
우리 눈과 귀가 하나님의 예언적 임재에 둔하다. "하나님이 우리
를 자주 방문하시지만 우리는 대부분 집에 없다."[1]

우리가 하나님의 음성을 듣지 못하는 한 가지 이유는 우리가
하나님의 음성을 잘 알아듣지 못하기 때문이다. 성경에는 하나님

이 사람들에게 여러 방식으로 말씀하시는 구절이 1,000개가 넘는다. 아래 나오는 성경 말씀들은 하나님의 음성의 다양한 형태를 설명한다. 아래 말씀을 읽으면서 하나님의 음성의 특징을 생각해 보라.

- 아담과 하와가 하나님의 음성을 들었다(창 3:10, 성경에서 "음성"이란 단어의 첫 언급). 신구약의 수많은 사람이 하나님의 음성을 귀로 들었다.

- 하나님은 음성으로 만물을 창조하셨다(창 1:3~26; 시 29:4~9; 33:6, 9; 렘 10:13; 51:16).

- 하나님은 모세와 얼굴을 맞대고 말씀하셨다(출 19:19; 33:11).

- 하나님의 음성은 크고 긴 나팔소리가 함께 했다(출 20:18).

- 하나님의 음성은 죽음을 느끼게 했다(출 19:19; 신 5:25~26; 18:16).

- 하나님은 속죄소에서 음성으로 말씀하셨다(민 7:89).

- 하나님은 불 속에서 말씀하신다(신 4:12, 15, 33, 36; 5:22, 24, 26; 막 12:26).

- 하나님은 흑암 중에서 말씀하신다(신 5:22~23).

- 하나님은 세미한 소리로 말씀하신다(왕상 19:12).

- 하나님은 사무엘의 귀에 들리도록 말씀하셨다. (삼상 3).

- 하나님의 음성은 천둥과 같다(삼하 22:14; 욥 37:2,4~5; 40:9; 시 18:13; 29:3; 77:18; 계 14:2).

- 하나님은 크게 외쳐 부르신다(시 47:5; 사 42:13).

- 하나님의 음성은 강력하다(시 29:4).

● 하나님의 음성은 위엄이 있다(시 29:4).

● 하나님의 음성은 나무들을 꺾어 부순다(시 29:5).

● 하나님의 음성은 화염을 가른다(시 29:7).

● 하나님의 음성은 광야를 진동한다(시 29:8).

● 하나님의 음성은 삼림을 말갛게 벗긴다(시 29:9).

● 하나님의 음성은 땅을 녹이신다(시 46:6).

● 하나님의 음성은 웅장하다(시편 68:33).

● 하나님의 음성이 구름 기둥에서 나왔다(시 99:7).

● 하나님은 음성으로 원수들에게 재앙을 내리셨다(시 105:31,34).

● 하나님은 음성으로 물에 명령하셨다(시 104:7).

● 하나님의 음성이 산을 넘었다(아 2:8).

● 하나님의 음성은 감미롭다(아 2:14).

● 하나님은 우리가 잘 때 문을 두드리시며 가자고 부르신다(아 5:2).

● 하나님의 음성은 영광스럽다(사 30:30).

● 하나님의 음성은 원수를 물리치신다(사 30:31).

● 하나님이 음성을 내시면 하늘에 많은 물이 생긴다(렘 10:13).

● 하나님은 그 음성으로 포효하신다(욥 37:4, 사 42:13, 렘 25:30, 호 11:10, 욜 3:16, 암 1:2).

● 하나님은 음성으로 크게 외치신다(렘 25:30).

● 하나님의 음성은 많은 물소리 같다(겔 1:24; 43:2; 계 14:2).

● 하나님의 음성은 많은 군대의 소리 같다(겔 1:24).

- 하나님은 음성은 크다(겔 9:1).

- 하나님의 음성은 그룹의 날갯소리 같다(겔 10:5).

- 하나님의 음성은 많은 무리의 소리 같다(단 10:6).

- 하나님은 자녀들을 통해 큰 소리로 외치신다(욜 3:16; 암 1:2).

- 하나님은 물고기에게 말씀하셔서 요나를 뱉어내게 하셨다(욘 1:10).

- 하나님은 성읍을 향하여 외쳐 부르셨다(미 6:9).

- 하나님은 음성은 두려워 떨게 한다(합 3:16).

- 하나님은 우리를 기뻐하시고 우리를 향해 노래하신다(습 3:17)

- 하나님은 구약 전체에서 선지자들에게 음성으로 말씀하셨다.

- 하나님은 예수님과 함께 있는 모든 사람에게 음성으로 말씀하셨다(마 3:17; 17:5; 눅 3:22; 요 12:28~30).

- 하나님은 구름 속에서 음성으로 말씀하셨다(막 9:7).

- 하나님은 다소의 사울에게 음성으로 말씀하셨다(행 9:5, 7; 22:7~8; 26:14).

- 하나님은 베드로에게 음성으로 말씀하셨다(행 10:13~15).

- 하나님은 요한에게 음성으로 말씀하셨다(계 1:10).

- 죽은 자들이 하나님의 음성을 들을 것이다(요 5:25,28;11:43).

- 하나님은 크게 호령하신다(살전 4:16).

- 하나님의 음성이 땅이 진동하신다(히 12:26).

- 하나님은 우리 마음 문을 두드리며 부르신다(계 3:20).

- 하나님의 음성은 나팔 소리 같다(계 4:1).

하나님은 다양한 방법으로 말씀하신다

성경을 보면 하나님은 이스라엘과 선지자들이 들을 수 있는 음성으로 자주 말씀하신 것을 분명히 알 수 있다(예를 들면, 삼상 3:4,6,10, 왕상 8:15, 겔 37:3). 나는 성경에 하나님이 말씀하시는 다양한 방법을 정리해 보았다.

- 개인 기도와 친밀한 교제(대상 7:12~16, 고후 13:14, 시 141:2, 마 6:9~13, 눅 3:21, 11:2~4, 행 4:31, 16:25, 고전 14:15, 약 5:13,16, 벧전 3:12, 유 1:20).

- 여호와의 영(삼하 23:2).

- 회오리바람(욥기 38:1, 40:6).

- 천사(창 31:11, 신 22:31, 슥 1:14, 눅 1:13,19,28, 행 8:26, 27:23).

- 하늘의 음성(요 12:28, 행 10:13,15).

- 꿈(창 31:11,24 37:5, 40:8~41, 삼상 28:6, 단 2, 마 1:20).

- 환상(창 46:2, 사 1:1, 렘 1:2~4, 겔 1:1, 암 3:7, 합 2:2, 행 18:9, 고전 14:3, 히 1:1).

- 징조(출 10:2, 삿 6:17,36~40, 요 3:2).

- 대면하여(출 33:11, 민 12:8).

- 우림을 통해(민 27:21, 삼상 28:6).

- 보이는 말씀(암 1:1).

- 보기드믄 현상을 통해 : 당나귀와 손(신 22:28~30, 단 5:5,24~28. 이 2가지 사례에서 우리가 배울 가장 중요한 것은 하나님이 우리에게 말씀

하시고자 한다면 어떤 방법이든 사용하신다는 점이다.).

● 선지자(삼상 9:9, 28:6, 왕하 3:11, 21:10, 마 1:22, 2:15, 3:3, 고전 14:3~5, 히 1:1, 약 5:10).

● 선견자(대상 21:9, 25:5).

● 다양한 예술

 - 예언적인 노래(대상 25:1~7, 엡 5:19, 골 3:16, 고전 14:15).

 - 악기(대상 25:1~8).

 - 마임/드라마/이야기/시낭송 : (겔 37:1~15, 시편과 시가서, 눅 15).

 - 하나님의 집을 아름답게 꾸미고 하나님의 성품을 드러내는 예술(출 25:8~9, 35:4~19, 35:30~39).

 - 춤(삼하 6:14, 시 149:3, 150:4).

● 말씀(출 24:7, 느 8:1~12, 시 19:7, 119:24,162, 렘 30:2, 마 3:1~3, 막 1:14, 행 4:4, 롬 10:15,17, 고전 1:17,23, 골 3:16, 딤전 4:13, 딤후 2:15, 4:2, 히 4:12, 요일 2:14, 5:7, 계 13).

 - 하나님의 선포된 말씀(설교)

 - 하나님의 기록된 말씀(성경)

 - 하나님의 예언의 말씀(예언사역)

● 현명한 조언(잠 1:5, 2:6, 3:13, 11:14, 19:21, 행 20:27).

● 상징적 행동(호 1~3장, 겔 3:15, 4:1~3, 4:4~8, 4:9~17, 5:1~4).

● 상징적 사건

 - 세례(마 3:13~17, 막 1:9~11, 눅 3:21~22, 요 1:31~34, 행 2:38, 19:5).

- 안수(행 8:17, 19:6).

- 행렬(대상 13:5~8, 시 68:24~27, 마 21:1~9, 막 11:1~10, 요 12:12~15, 계 14:1~14, 19:11~14).

● 예전과 성만찬, 애찬, 성도의 교제(눅 24:35, 행 2:42~47, 4:32~35, 20:7,11, 고전 10:16, 11:23~26).

● 방언, 통역, 예언 및 성령의 은사(행 2:11, 19:6, 고전 12:8, 14:3~5,22~31, 성령의 은사는 우리가 주님을 보고 듣고 소통하도록 도와준다.).

● 찬양과 예배(고전 14:24~25, 시 95:6, 138:2, 요 4:23).

● 설교와 비유와 이야기(행 4:29,31, 롬 16:25, 살전 2:13, 딛 1:3).

● 비유와 신비(막 2:2, 4:33, 눅 8:11, 고전 2:7).

● 피조물(마 2:1~2, 롬 1:20).

● 침묵(시 65:1 확장번역, 합 2:20, 행 11:18, 계 8:1).

● 헌신과 회개의 행위와 섬김(대하 7:1~11, 눅 15:10, 행 2:38, 3:19, 고후 7:10~11).

- 기도 사역을 위한 강단 초청

- 치유 기도 같은 공개적인 특별기도

우리는 다음 결과를 통해 하나님의 음성을 듣고 있거나 들었다는 것을 알 수 있다.

● 의로 교육하신다(딤후 3:16).

● 의로 징계하신다(딤후 3:16, 잠 3:11~12).

- 그리스도 안에서 유익을 주신다(딤후 3:16, 요 15:16).

- 하나님의 말씀을 기억하게 하신다(요 14:26).

- 진리로 인도하신다(요 16:13).

- 권면하신다(유 3, 롬 12:1).

- 위로하신다(요 14:16, 시 23:4).

- 꾸짖고 경책하신다(딛 1:13, 딤후 4:2).

- 죄를 깨닫게 하신다(롬 6:1~23).

- 구원으로 인도하신다(롬 10:9~10, 딤후 3:15).

- 우리를 향한 하나님 아버지의 사랑을 확증하신다(요일 3:1, 렘 31:1).

- 훈계하시고 경고하신다(엡 6:4, 행 21:4,10~14).

- 덕을 세우신다(엡 4:12).

- 믿음을 더하신다(롬 10:17).

- 삶에서 그리스도로 승리하게 하신다(고후 2:14).

어떤 그리스도인들은 직접 하나님을 만나지 않고 다른 사람이 연구한 하나님 이야기를 듣는 것으로 만족한다. 심지어 어떤 사람들은 이제 더이상 개인이 직접 하나님의 음성을 들을 수 없으며 기록된 성경을 읽는 것으로 만족해야 한다고 말한다.

항상 하나님의 기록된 말씀이 하나님의 음성을 듣는 기초가 되어야 한다. 예언적 예배는 우리가 자유롭게 하나님의 음성을 들을 수 있도록 열려있다. 예배보다 우리의 현재와 미래를 향한 하나님의 생각을 받기에 더 좋은 곳이 어디 있을까? 우리는 예배에서 하나님의 음성을 다양한 방법으로 들어야 한다.

예배에서 하나님의 말씀을 회중에게 다양한 방법으로 전달하여 방향과 교훈을 준 실제 사례가 수없이 많다. 한 예배에서 어떤 싱어가 회중에게 예언적인 노래를 불렀다. 그 싱어는 어느 특정한 날을 묘사하면서 하나님께 상한 마음을 품고 신앙을 버린 사람들이 있다면 주님의 품으로 돌아오라고 노래했다. 그때 한 여성이 거의 동시에 예배 절차를 따라 회중 마이크 앞에 서서 탕자의 이야기를 읽을 준비를 하고 있었다(눅 15:11~32). 분명히 이 두 사람은 하나님을 통해 개별적으로 같은 예배 방향을 받았다. 하나님은 노래와 말씀으로 회중을 축복하기 원하셨다. 그날, 많은 사람이 강단 앞에 나와 하나님의 치유와 위로를 받았다.

예배에 하나님의 음성의 진행 과정

예배에서 회중을 하나님의 임재로 인도하여 지성소로 들어가는 여러 가지 방법이 있다. 올렌 그리핑은 예배에서 하나님과 나누는 의사소통의 단계를 이렇게 설명했다.[2]

● 우리가 서로를 섬긴다.

● 우리가 하나님을 섬긴다.

● 하나님이 우리를 섬기신다.

● 우리가 세상을 섬긴다.

우리가 서로를 섬긴다 : 첫 번째 단계에서 우리는 한마음으로 하나님의 임재로 들어가야 한다. 예배 인도자는 예배를 시작하면서 회중의 흩어진 마음을 하나로 모으는 노래를 선택해야 한다.

어떤 교회는 예배를 시작하기 전에 서로 인사하며 친교를 나누게 한다. 종종 예배를 시작하기 전에 자연스럽게 "모이는 체험GATHERING EXPERIENCE"이 일어난다. 예배는 다른 어떤 것도 할 수 없는 독특한 방식으로 회중을 하나로 만든다. 일단 우리가 함께 하나님의 임재를 체험하면 인간관계의 어려움이 훼방할 수 없는 연합이 일어난다.

우리가 하나님을 섬긴다 : 두 번째 단계는 우리 관심을 하나님께 고정하는 것이다. 이 지점에서 하나님을 향한 우리의 제사장 사역을 시작한다. 하나님이 우리 예배의 초점이자 노래의 중심 주제요, 예배의 핵심목적이시다. 다른 것의 유혹에 빠져서 하나님을 향한 초점을 잃어버리면 안 된다.

이 단계에서 우리가 하나님을 향해 부르는 노래와 하나님과 나누는 소통에 영적인 상승이 일어난다. 예배 인도자들은 회중이 하나님의 보좌 앞에서 "하나님을 높이는" 내용의 예배 곡을 골라 목록을 만들 수 있다. 회중을 하나님의 얼굴로 인도하여 교제할 수 있게 하라. 두 번째 단계의 목표는 회중을 하나님께 고백하고 노래하는 곳으로 이끄는 것이다. 또 이 지점에서 하나님이 우리 찬양 중에 좌정하신다. 하나님은 우리 노래에 거하시며 자신을 보여주신다(시 22:3).

하나님이 우리를 섬기신다 : 세 번째 단계는 하나님의 응답과 음성을 기다리는 것이다. 하나님의 음성을 들으려면 예언적으로 깨어서 경청하는 마음과 자아의 죽음이 필요하다.

우리는 하나님께서 사랑하는 자녀들에게 자신을 나타내신다는 것을 믿어야 한다. 기독교를 이 땅의 다른 모든 종교와 구분하는 것은 하나님의 명백한 임재이다. 우리 하나님은 언제나 실재하시며 늘 함께하시고 우리에게 그 얼굴을 보여주신다. "예배할 때 사람의 영과 하나님의 영이 가장 독특하게 연합한다. 예배는 한순간에 둘이 마치 하나인 것처럼 연합하는 사랑의 체험이다".[3]

이스라엘 자손들은 하나님과 교제하도록 초대받은 영광스러운 국가적 부르심(출 19:5~9)인 제사장 나라를 간절한 마음으로 받아들였다. 하지만 하나님께서 놀라운 임재로 역사하셔서 말씀하시자 그들은 하나님을 피해 달아나서 자기들 대신 모세를 세웠다. 구약에서 하나님과 대면하여 이야기하는 것은 죽음을 의미했다. 이스라엘은 거룩하신 하나님과 대면하는 모든 사람에게 요구되는 자아의 죽음이라는 대가를 치를 준비가 안 되어 있었다. 이스라엘은 모세에게 이렇게 말했다. "당신이 우리에게 말씀하소서 우리가 들으리이다 하나님이 우리에게 말씀하시지 말게 하소서 우리가 죽을까 하나이다"(출 20:18~19).

안타깝지만 지금도 많은 신자가 하나님을 피해 도망 다니면서 목회자에게 이렇게 말한다. "하나님과 대화하는 대가는 목사님이 치르시고 저는 이야기만 들을게요. 어쨌든 하나님이 우리에게 직접 말씀하지 않게 해주세요. 우리가 죽을지도 몰라요."

모든 신자는 제사장이 되어 하나님과 직접 교제하도록 초대받았지만 하나님과 대면할 때 치러야 할 대가, 자아의 죽음은 변함이 없다. 우리가 체험하는 죽음은 구약의 성도들이 마주한 진짜 육신의 죽음이 아니라 하나님과 친밀한 교제를 누리기 위한 대가로서 자아의 죽음이다. 하나님과 나누는 대화의 흐름에는 분명한 주제가 있다. 우리는 하나님이 주시는 개인을 향한 뜻을 받아들이며 하나님이 말씀하신 것을 주의 깊게 생각하고 하나님의 자녀들과 함께 하나님을 만나는 장소에서 신중하게 행동해야 한다. 나는 하나님의 관심을 사로잡는 3가지 주제를 발견했다.

1. **하나님께서 가장 좋아하시는 주제는 하나님 자신이시다.** 이 말의 의미는, 하나께서 자신을 드러내실 때 가장 적절하고 변함없는 주제는 하나님 자신의 성품과 특징과 속성의 선언이라는 것이다. 하나님의 보좌 주위의 천사들은 한 가지 목적을 위해 존재한다. 천사들은 하나님의 임재 안에 서서 자신이 보는 것을 밤낮으로 선포한다. "거룩하다 거룩하다 거룩하다 만군의 여호와여 그의 영광이 온 땅에 충만하도다"(사 6:3). "거룩하다 거룩하다 거룩하다 주 하나님 곧 전능하신 이여 전에도 계셨고 이제도 계시고 장차 오실 이시라"(계 4:8;5:12~13).

천사들의 선포는 하나님의 임재를 둘러서서 보고 듣는 존재가 하나님의 영광을 표현하는 끊임없는 외침이다. 이것은 그저 듣기 좋은 노랫말이 아니다. 하나님의 거룩한 영광이 공기에 충만하고 하나님의 성품이 온 우주에 울려 퍼지는 것이다. 우리가 지칠 때까지 하나님의 거룩함을 설명해도 다 표현할 수 없는 것처럼 보좌 앞에선 천사들의 노래도 끝나지 않는다. 하나님의 거룩하심은 끝없이 겹겹이 쌓인 층 같아서 하나님의 아름다움을 완벽하게 표현하는 것은 불가능하다. 하나님의 모든 속성이 무한하다. 만일 우리가 1000년 동안 하나님의 거룩하심을 묵상하고 연구하여 밝혀낸다 해도 그 즉시 이전에 몰랐던 새로운 하나님의 거룩하심의 층이 드러나면서 우리는 놀라움에 압도되어 엎드릴 것이다. 밤낮으로, 해마다, 세기를 거듭하며 영원토록 하나님의 거룩함이라는 한 가지 속성만 표현해도 끝이 없다.

우리는 예배하며 "거룩 거룩 거룩"이라고 노래한 후 바로 다음 곡을 부를 준비를 한다. 하지만 우리가 이 노래를 부르며 천사들이 노래한 그 자리에 서서 거룩하신 하나님을 만나고 하나님의 거룩하심을 바라보며 변화될 때, 비로소 정말 하나님을 만나서 그 음성을 들었다고 말할 수 있다. 하나님은 우리가 하나님의 영광과 위엄, 지혜와 능력, 사랑과 평화를 묵상할 때 항상 우리 삶에 말씀하실 준비가 되어 있으시다! 이 첫 번째 주제는 하나님의 음성과 계시를 둘러싼 중요한 주제이며 두 번째와 세 번째 주제가 이 주제에서 나온다.

2. **하나님의 두 번째 주제는 자녀들을 향한 말씀이다.** 이것은 일반적으로 우리가 가장 좋아하는 주제이다. 우리는 우리를 향한 하나님의 사랑과 우리를 위해 앞으로 행하실 모든 놀라운 일을 듣고 싶어 한다. 나는 이것이 수년간 대부분의 예언적 말씀과 예언적 예배의 초점이었다고 생각한다. 하나님은 위로와 인도하심, 지혜와 평안과 계시를 주신다. 이것은 우리에게 가장 필요한 하나님의 음성이지만 이 주제가 하나님보다 더 중요해선 안 된다. 나는 우리 삶에 하나님의 음성의 중요성을 축소하고 싶지 않다. 하나님은 우리에게 하실 말씀이 아주 많으시다.

3. **하나님의 세 번째 주제는 우리를 하나님 나라로 이끄는 것이다.** 우리가 하나님을 보고 하나님을 닮을 때 하나님이 이 땅을 영광으로 덮으실 때 함께할 동역자로 준비된다. 우리는 도시와 나라에 하나님의 말씀을 선언하며 상황과 환경에 하나님의 뜻을 선포할 때 그 선포가 이루어지며 하나님의 은총의 빛이 우리의 길에 비칠 것이다(욥 22:28, 확장번역).

우리는 왕이신 하나님의 대사^{ROYAL AMBASSADORS}들로서 모든 민족을 위한 예언적 중보기도로 하나님 나라의 정의를 집행한다. "그러므로 우리가 그리스도를 대신하여 사신이 되어 하나님이 우리를 통하여 너희를 권면하시는 것 같이 그리스도를 대신하여 간청하노니 너희는 하나님과 화목하라"(고후 5:20).

우리가 예배할 때, 우리는 하나님의 보좌 앞에 서서 하나님이 맡기신 모든 나라에 축복과 하나님 나라의 생명을 전달한다. 하나님 이 땅을 우리에게 다스리라고 명령하셨다. "하나님이 그들에게 복을 주시며 하나님이 그들에게 이르시되 생육하고 번성하여 땅에 충만하라, 땅을 정복하라, 바다의 물고기와 하늘의 새와 땅에 움직이는 모든 생물을 다스리라 하시니라"(창 1:28, 개정). 우리는 이 명령을 시편 8장에서 볼 수 있다. 온 땅이 하나님의 자녀들에게 복종한다.

시편 8:5~8

⁵ 주님께서는 사람을 천사보다 조금 못하게 지으시고,
　　그 머리에 영광과 존엄의 왕관을 씌우셨습니다.
⁶ 주님께서 만드신 모든 것을 사람이 다스리게 하시고,
　　모든 것들을 사람에게 맡기셨습니다.
⁷ 모든 양 떼들과 소 떼들, 그리고 들판의 짐승들,
⁸ 하늘을 나는 온갖 새들과 바닷속에 사는 모든 것들을
　　다스리게 하셨습니다(쉬운성경).

이 땅과 모든 나라의 왕이 하나님의 아들 예수 그리스도와 교회, 즉 그리스도의 신부에게 복종하며 다스림 받을 것이다.

시편 2:7~9

7 내가 이제 주님의 명령을 널리 선포합니다.

여호와께서 내게 말씀하시기를 "너는 내 아들이다.

오늘 내가 너의 아버지가 되었다. 8 나에게 구하여라.

그러면 내가 모든 나라를 네게 유산으로 주겠다.

그리고 지구상의 모든 민족이 다 네 소유가 될 것이다.

9 너는 철로 된 지팡이로 그들을 질그릇같이 부술 것이다"

라고 하셨습니다(쉬운성경).

하나님이 예배를 통해 우리와 세상을 섬기신다. 하나님 나라의 일이 성취되는 것을 기대하라! 우리는 모든 나라와 세대를 향해 하나님의 희망을 풀어놓을 준비를 하자. 주님의 몸 된 교회는 예배할 때 국가에 영향을 끼칠 권세를 받았다. 우리가 하나님을 역동적으로 예배할 때 우리 초점이 하나님의 마음 가장 깊은 곳에서부터 나오는 주제를 향한 중보와 영적전쟁으로 이동한다. 예배에서 회중의 각 구성원이 하나님의 보좌 앞에 왕실 대사가 되어 도시와 나라와 민족을 대신하여 목소리를 높여야 한다.

우리는 실제 대사들의 역할을 보면서 우리가 영적인 의미에서 어떻게 일할지 단서를 찾아 준비할 수 있다. 우리는 그리스도의 대사로 왕이신 하나님을 공식적으로 대표한다. 우리는 하나님의 보좌 앞에 서서 열방을 대신하여 말할 권세가 있다. 우리는 하나님 나라의 대사로서 효과적인 중보기도와 강력한 영적 전쟁으로 이 땅의 영적 분위기와 일어날 일들을 변화시킬 힘이 있다.

대사의 역할 :

- 정부를 대표하여 중요한 행사에 참여한다(단 3:2). 우리가 예배로 모일 때마다 우리는 그리스도의 대사가 되어 이 땅에서 제사장적 중보기도를 올린다. "아버지의 나라가 이루어지게 하소서. 아버지의 뜻이 하늘에서처럼 이 세상에서도 이루어지게 하소서"(마 6:10, 쉬운성경) 우리는 하나님을 예배하려고 모일 뿐만 아니라 하나님 나라가 이 땅에 임하도록 모인다. 교회의 공적인 예배는 왕이신 하나님이 그 계획과 목적을 밝히 드러내시는 시간이다.

- 자신의 왕이나 지도자의 메시지를 다른 지도자에게 전달한다(에 3:12). 우리는 왕실 대사로서 온 땅에 가장 위대한 메시지인 구원의 복음과 왕이신 하나님의 권세를 전달한다.

- 동맹 및 조약을 체결한다(수 9:4). 우리는 예배로 함께 모여 왕이신 하나님과 도시와 나라에 동맹을 구축한다. 하나님의 계획은 결국 우리나라와 도시가 타락하고 심판받는 슬픈 이야기가 아니다. 하나님은 우리나라와 도시가 참된 목적을 발견하며 축복받고 회복하는 것이다. 하나님과 동맹을 맺은 하나님의 사람들을 통해 온 땅이 하나님의 영광을 볼 것이다.

- 은총을 간구한다(민 20:14). 우리는 왕실 대사이자 제사장으로서 예배와 중보기도로 나라와 도시에 하나님의 은총이 임하기를 간구한다. 예배자는 중보의 제사장으로서 우리가 사는 나라와 도시에 하늘의 은총을 구할 권한이 있다.

- 잘못이 일어났을 때 논쟁하거나 항의한다(삿 11:12). 대사와 대사관이 불법적인 일이 일어났을 때 그것을 막고 보호하는 것처럼 우리도 하나님 나라의 공의의 사역자가 된다. 정치인이 자기 일

을 하지 않고 나라와 국민이 희망을 잃을 때, 교회가 일어나서 희망을 잃고 굶주린 사람들에게 하나님의 공의를 실천해야 한다. 하나님은 상상을 초월하는 지혜와 계획이 있으시며 군대와 정치인이 상상하지 못한 기적과 회복과 정의가 있으시다. 우리는 하늘의 궁전으로 들어가 이 땅의 대사로서 목소리를 높여야 한다. 이 땅의 오래된 어려운 문제를 해결할 하나님의 특별한 지혜와 해결책을 받을 준비를 하라. 하나님의 공의 안에서 악한 지도자와 맞서는 것을 두려워하지 말라.

● 정부의 이름으로 중요한 행사를 축하하거나 애도를 표하며 왕의 축복을 전한다(삼하 10:2). 우리는 왕이신 하나님을 대신하여 나라와 도시와 지역의 모든 지도자에게 공식적인 축복을 전달한다. 모든 자연적인 사건이 특별한 의미가 있는 것은 아니지만 종종 영적으로 큰 역사적 의미를 지닌 사건이 일어난다. 지금은 온 나라가 하나님의 축복을 기억하고 죄를 회개하며 씻음 받도록 하나님의 영광스러운 부흥의 불을 부어달라고 부르짖을 때다.

● 왕이나 여왕을 즉위를 축하한다(왕상 5:1). 왕실 대사들은 대관식, 취임식, 결혼식, 장례식처럼 중요한 행사에 초대받는다. 우리나라의 다양한 중요 행사를 위해 교회가 모여야 하며 교회의 목소리가 대법원, 대통령 집무실, 정부 기관에 전달되어야 한다.

● 하나님 나라에 다가가는 것을 허용한다. 대사관과 영사관은 해당 국가의 접근권인 비자를 발급한다. 이것은 우리 가장 큰 특권이다. 우리는 하늘 문을 열고 "누구든지 주의 이름을 부르는 자"(행 2:21)들이 우리가 대표하는 하나님 나라에 들어가도록 인도할 권세가 있다.

"그러므로 우리가 그리스도를 대신하여 사신이 되어 하나님이 우리를 통하여 너희를 권면하시는 것 같이 그리스도를 대신하여 간청하노니 너희는 하나님과 화목하라." (고후 5:20, 개정)

"그러므로 하나님은 우리에게 다른 사람을 하나님과 화해하게 하는 사역을 주셨습니다. (고후 5:20, THE PASSION TRANSLATION 직역)

● 분열되고 상처받은 나라와 민족에 치유를 가져온다(잠 3:17). 언약이 깨지고 악이 성행하며 우상 숭배가 일어난 땅을 정결케 하고 치유하려면 왕실 대사들이 필요하다.

"악한 사절은 말썽을 일으켜도 충성된 사절은 평화를 조성한다."(잠 13:17, 현대인의성경)

● 나라와 민족 간의 평화와 외교 관계를 촉진한다(왕상 20:31~32, 잠 15:1, 25:15). 예배자들은 이 땅에서 가장 현명하고 은혜로운 사람들이다. 예배자들이 하나님의 지혜와 은혜로 끊어진 곳에 다리를 만들고 부드러운 마음을 흘려보낸다. 예배자의 삶은 하나님의 은혜로 충만해야 한다!

"그러므로 너희 살아있는 문들아, 일어나라! 너희 영원한 운명의 문들아, 네 머리를 들지어다! 네 문을 곧 통과하실 영광의 왕을 모셔 들일지어다! (시 24:7, THE PASSION TRANSLATION)

예배자는 이 땅의 나라를 하늘의 왕과 하나로 묶는 부르심을 가진 살아있는 문^{LIVING GATEWAY}이다. 얼마나 크고 놀라운 특권인가? 예배자는 아버지와 함께 이 땅에 참된 부르심과 목적을 알리고 전세계에 영향을 미칠 부흥의 문을 연다. 모든 나라는 교회를 위한 자리를 마련하고 교회는 예배해야 한다. 모든 민족은 하나님의 영원한 계획이 담긴 보물이 있다. 하나님의 지성소 안에서 모든 나라가 중요하다. 우리는 왕실 대사로서 이 땅의 모든 사람에게 평화와 호의를 베풀 권한이 있다(눅 2:14).

● 무역 거래를 한다(행 7:10). 요셉이 가는 곳마다 주변이 축복 받았다. 보디발의 집이든, 감옥이든, 바로의 궁전이든 하나님의 은총이 요셉이 가는 곳마다 번영의 축복을 주었다. 우리는 하나님 나라의 대사로서 기업과 사업에 하늘의 문을 열고 그리스도의 몸에 하나님 나라 재정을 풀어놓는다. 기도와 예배로 국제적인 무역 협상에 참여하라. 나라와 도시의 경제를 축복하라.

● 시민을 보호하고 때로는 군사 문제를 해결한다(고후 10:4). 대사는 자국 시민이 문제에 처할 때마다 안전과 보호를 위해 대신 싸운다. 세상이 발전했지만 아직도 인신매매와 성매매, 마약 밀매와 어둠의 일이 증가하고 있다. 또 전 세계의 하나님 나라 시민의 상당수가 종교적 극단주의와 테러, 박해와 정치적 혼란으로 위험에 처해 있다. 예배자들은 하나님의 대사가 되어 악한 세력을 막고 하나님이 일어나셔서 원수를 흩으시도록 예배해야 한다(시 68:1). 시편 68:2은 악인이 하나님의 임재 앞에서 도망친다고 말한다. 세계에서 예배자들이 일어나 하나님의 임재를 구할 때, 모든 원수가 패배한다.

이 영적인 가능성은 무한하며 교회의 주일 예배를 매우 흥미진진한 것으로 만든다. 우리는 예배로 함께 모여 예언적 예배와 기도로 우리 아버지시며 왕이신 하나님과 함께 공무를 집행한다.

이렇게 영광스러운 예배에서 회중이 "청중"이 되는 것은 전혀 어울리지 않는다. 우리는 한 예배에서 지금까지 다룬 3가지 주제를 한 번에 모두 경험하지 못할 수 있다. 그런데 성경에 3가지 주제를 한 번에 모두 기록한 구절이 있다.

이사야 6:1~9

1~4절 주제 1 : 하나님이 자신에 대해 말씀하시고 성품과 속성을 드러내신다. 하나님의 거룩하심과 영광을 묘사한다.

5~7절 주제 2 : 하나님은 이사야의 마음을 본 후에 그에게 역사하셨다. 이사야는 하나님의 임재 안에서 "망한" 상태였지만 용서와 정결케 됨을 받았다.

8~9절 주제 3 : 주님의 음성이 누가 하나님을 위해 갈지 물을 때, 이사야가 정결한 입으로 주님의 일에 자원한다.

우리가 세상을 섬긴다 : 예배의 네 번째 단계에서 우리는 하나님과 나누는 교제에서 한발 더 나아가 하나님의 탁월하심의 산 증인이 된다. 사도행전을 보면, 하나님을 만난 담대한 그리스도인들을 통해 불신자들이 그리스도를 인정했다(행 4:13).

그래서 참된 예배는 예배자를 세상에서 멀어지게 하지 않으며 오히려 세상에 하나님의 거룩함과 권능, 은혜와 사랑의 역동적인 모범으로 만든다. 하나님은 예배를 사회 공동체에 동떨어진 체험으로 의도하지 않으셨다. 이제 하나님께서 우리에게 보여주신 것이 무엇이든 우리의 삶으로 증거해야 한다.

예언적 예배는 우리 예배에 참여하는 소수의 사람만을 위한 것이 아니라 모든 나라를 위한 축복의 시간이다. 우리가 하나님과 교제할 때 잃어버린 영혼을 향한 주님의 마음과 열방을 향한 사랑, 그리고 모든 상황을 향한 하나님의 관점을 얻는다. 예배는 우리를 얽맨 것을 끊고 교회의 벽을 넘어 더 유능한 하나님의 영광의 사역자로 만든다. 교회가 삶을 변화시키는 하나님과의 초자연적인 만남인 "예언적 예배"로 들어가는 법을 배울 때, 이 세상은 초자연적인 복음 전도의 새로운 날을 맞을 것이다.

하나님의 음성에 귀를 기울여라

우리는 미디어 시대에 살고 있다. 다양한 출처에서 수많은 정보와 의견이 우리에게 쏟아져 들어온다. 하지만 우리는 TV 뉴스와 라디오, 영화와 이메일, 인터넷과 신문, 잡지와 광고판에 귀 기울이지 말고 하나님의 임재 안에 머물면서 하나님의 음성에 귀 기울여야 한다. 하나님의 음성이 여러분의 삶을 채우기 바란다. 우리가 교회와 예배와 삶에서 하나님의 음성을 들으면 교회와 예배자들의 삶을 바꾸시는 하나님의 권능을 경험할 것이다. 예배에서 하나님의 강력한 음성을 들으라!

25장

결론

기독교 예배는 인간의 삶에 일어날 수 있는
가장 중요하고, 가장 긴급하며, 가장 영광스러운 행동이다.
- 칼 바르트 -

예언적 예배가 참되고 신학적으로 옳다면 모든 교파와 세대와 민족과 개인에 적용할 수 있어야 한다. 나는 모든 교회가 얼마든지 예언적인 예배를 드릴 수 있다고 생각한다. 예언적 예배를 위해 기존 예배 형식을 다 거부해야 하는 것은 아니다. 필요하다면 성경에 근거한 모든 예배 전통이나 형식 안에 예언적 예배를 효과적으로 적용할 수 있다. 예언적 예배는 소외된 존재 없이, 어린아이도 참여할 만큼 단순하고 구도자가 영원을 발견할 만큼 심오하며 그리스도께 기꺼이 순종하는 모든 문화에 적용할 수 있다.

예언적 예배가 모든 교회와 신자의 삶에 흘러가려면 가장 깊은 차원에서 정직한 방법으로 하나님과 얼굴을 마주할 의지와 용기가 필요하다. 왜냐하면 성경에 하나님이 자신을 드러내시는 부분을 보면 사람이 하나님의 임재를 감당하는 것은 결코 쉬운 일이 아니기 때문이다. 교회가 하나님을 만나면 이전 같을 수 없으며 영광스러운 죽음을 통해 우리 마음에서 자아는 힘을 잃을 것이다.

하나님이 우리를 지으신 최우선 순위는 우리와 예배 안에서 친밀함을 나누는 것이다. 예배, 이것이 우리의 창조 목적이다. 어니스트 겐틸은 이렇게 말한다. "모든 종교는 예배에서 최상의 표현을 찾는다."[1] 진짜 질문은 이것이다. 우리는 하나님과 진심으로 소통하는가? 혹시 하나님의 분명한 예언적 임재를 누리기 위해 우리에게 바꿔야 할 신념 체계와 생활방식이 있는가? 우리 예배에 하나님의 임재를 위한 여지가 있는가?

사실 우리는 우리를 향한 하나님의 사랑과 갈망이 얼마나 큰지 완전히 이해할 수 없다. 사람이 창조된 이후 하나님은 사랑하는 자녀들이 하나님의 임재를 찾고 친밀한 교제 안으로 들어오기를 간절히 기다리셨다. 우리가 하나님의 사랑에 압도되어 하나님 나라에 영원히 헌신할 때까지 하나님이 우리를 향해 부르는 열정적인 사랑의 노래가 우리 마음 구석구석 울려 퍼져야 한다.

> "바위틈 낭떠러지 은밀한 곳에 있는 나의 비둘기야 내가 네 얼굴을 보게 하라 네 소리를 듣게 하라 네 소리는 부드럽고 네 얼굴은 아름답구나" (아 2:14)

> [19]그 때에 내가 너를 영원히 아내로 맞아들이고, 너에게 정의와 공평으로 대하고, 너에게 변함없는 사랑과 긍휼을 보여 주고, 너를 아내로 삼겠다. [20]내가 너에게 성실한 마음으로 너와 결혼하겠다. 그러면 너는 나 주를 바로 알 것이다. (호 2:19~20, 새번역)

우리 각자가 넘치는 친밀함으로 하나님을 아는 유일한 방법인 예언적 예배의 새 비전을 품고 하나님께 응답하기를 바란다. 나는 하나님의 임재를 구하는 개인과 교회로 인해 하나님을 찬양한다!

변화의 시간

전통적인 예배에서 예언적 예배로 들어가는 과정은 쉽지 않다. 어떤 일이든 현상 유지가 제일 쉬운 법이다. 나는 여러분의 교단이나 전통과 상관없이 이 책에서 설명한 예언적 예배의 원칙을 따라 여러분의 예배를 예언적 예배로 천천히 부드럽게 바꾸는 것을 기도해 보기 바란다. 그러나 하나님을 종교적 예배의 틀로 정형화한 전통적인 예배에 익숙한 사람들의 반대가 거세고, 한편으로는 그들의 현상 유지를 위한 설명이 설득력 있을지도 모른다. 그러나 우리는 이 갈등을 이기고 통과해야 한다.

> 항상 하나님은 우리에게 오셔서 갈급한 마음을 임재로 채우시고 영광으로 우리를 바꾸기 원하신다. 우리가 지금까지 제대로 예배하지 않았다고 인정하는 것은 참으로 힘든 일이며 누구도 이런 말을 듣고 싶어 하지 않는다. 하지만 하나님의 영은 충만함으로 교회에 임하시어 우리를 바로 잡기 원하신다.[2]

만일 여러분이 예언적 예배를 시작했다면 계속 기도해야 한다. 교회가 수십 년간 유지한 전통 예배를 계속하기가 쉬울까 아니면 처음 시작한 예언적 예배가 쉬울까? 예배를 바꾸는 것을 쉽게 생각하면 안 된다. 충분히, 넘치도록 기도해야 한다.

예언적 예배

1장에서 말한 것처럼 예언적 예배는 반드시 시끄럽고 즉흥적이며 길고 특이한 것이 아니다. 이런 특징은 예언적 예배를 결정하는 요소가 아니다. 하나님의 음성과 임재가 참된 예배를 이해하는 열쇠이다. 온 힘 다해 우리 마음을 하나님 앞에 쏟아붓고 하나님의 음성과 성품이 우리 안에 드러날 때 참된 예배인지 아닌지 분별할 수 있다. 공동체 회중 예배에 천국이 펼쳐질 때, 하나님의 영광이 우리 위에 임할 것이다. 우리가 얼마나 변화했는지로 진짜 예배했는지 알 수 있다. 하나님께 참된 예배를 드리면서 예전 성품을 계속 그대로 유지할 수 없다. 우리를 바꾸는 것은 음악이나 노래나 사람이 아니라 하나님의 임재다. 참된 예배는 언제나 영광스러운 변화를 동반한다.

하나님은 우리를 친밀한 예배로 부르신다

또 우리는 개인 경건을 위한 시간을 따로 가져야 한다. 리처드 포스터는 "마음의 성소"를 언급하는데, 이것은 하나님과 인격적이고 친밀한 교제를 누리기 위해 따로 마련한 경건의 시간과 장소를 의미한다. 회중 예배의 공동체적 표현은 개인적 경건의 연장선에 있다. 만일 어떤 회중 예배에 뜨겁고 신실한 예배자들이 참여하면 그 회중 예배에 활기가 넘치고 예언적일 가능성이 매우 커진다.

내가 이 책에서 설명한 예언적 예배는 성경적이기 때문에 교파의 성격과 지역의 문화와 관계없이 모든 사람이 실행하고 성취할 수 있다. 예언적 예배는 하나님을 향한 깊은 경외심과 존경과 모든 교회와 열방의 전통과 진실성을 향한 깊은 존중에서 시작한다.

시편 기자는 우리에게 좋은 질문을 던진다. "여호와의 산에 오를 자가 누구며 그의 거룩한 곳에 설 자가 누구인가 곧 손이 깨끗하며 마음이 청결하며 뜻을 허탄한 데에 두지 아니하며 거짓 맹세하지 아니하는 자로다"(시 24:3~4).

결국, 예언적 예배는 우리 주님이시며 왕이신 그리스도를 향한 순수한 사랑과 열정과 헌신으로 우리를 인도한다. 하나님을 향한 우리 예배는 우리를 향한 하나님의 열정에서 시작한다. 아가서에서 신부는 사랑하는 연인에게 헌신의 징표로 자신을 품어달라고 요청한다. 그리스도와 교회가 나누는 사랑은 아가서에 불로 묘사한 거룩한 사랑이다. "나를 당신의 마음에 도장과 당신의 손에 반지처럼 가까이하십시오. 사랑은 가장 뜨거운 불길처럼 격렬하게 타오릅니다"(아 8:6, 여러 번역 모음). 몇 년 전 내 친구 미미 리블^{MIMI RIBBLE}이 아름다운 노래를 지었다. 이 가사는 이 시대의 교회를 향한 내 기도를 정말 잘 표현한다. 하나님을 향한 우리 마음속 헌신의 불꽃이 성령의 바람을 타고 더욱 뜨거워져서 우리를 예배의 새로운 차원으로 인도하기를 기도한다.

불꽃의 수호자

주님, 내 불꽃의 수호자, 내 마음의 불꽃
하나님을 알고 더 예배하려는 내 갈망의 불꽃
성령의 바람이 불어 이 불꽃을 더 밝히기를
나의 모든 것이 하나님을 높일 때까지
주님, 내 마음의 불꽃을 더욱 밝히소서[3]

신약은 이 부르짖음에 응답한다. "그러므로 우리는 … 은혜의 보좌 앞에 담대히 나아갈 것이니라"(히 4:16).

사람들에게 하나님을 찾는 방법을 가르치라.
그들이 하나님을 만나면 예배할 것이다.
- 무명 -

미주

※ 인용한 책의 페이지는 원서 기준

1장

1 저드슨 콘월, Meeting God, p. 154.

2 랄프 마틴, The Worship of God, p. 10.

3 밥 소르기, 찬양으로 가슴벅찬 예배. p. 126.

4 위의 책., p. 125.

5 위의 책., P. 142.

6 Ronald F. Youngblood, General Editor, Nelson's New Illustrated Dictionary, p. 1033.

7 로버트 웨버, 예배의 고대와 미래 The Complete Library of Christian Worship. Volume Two, p. 346.

8 에이든 토저, 하나님을 추구하라, p. 36.

9 위의 책., p. 33.

10 위의 책., pp. 34-35.

2장

1 톰 슈반다, Library, vol. 2, 402.

2 마이클 콜먼, Because We Believe CD의 자켓 뒷면 글에서 ⓒ1997, Hosanna! Music.

3 위의 책., 20.

4 Life Application Bible, notes on 고린도전서 16:25, 696.

5 옥스포드 영어 사전, 12권, V-Z, 1933, 320-321.

6 저드슨 콘월, Elements of Worship, 1.

7 샐리 모건샐러, 이것이 예배다 Worship Evangelism, 48.

8 Martin, Worship of God, 29.

9 새미 티핏, Worthy of Worship, 13.

10 데이비드 피터슨, Engaging With God—A Biblical Theology of Worship, 70.

11 폴 사쳇-윌러, Praise and Worship, p. 8.

12 밥 소르기, 찬양으로 가슴벅찬 예배. p. 1.

13 게르하르트 테르슈테겐, 출처 미상.

14 저드슨 콘월, Elements of Worship, 45.

3장

1 J. Daane, The International Standard Bible Encyclopedia, vol. 4, pp. 826-827.

2 로버트 웨버, Library, 2권, 291.

3 James Empereur, Library, vol. 2, 262.

4 G. 토마스 할브룩스, Library, vol. 2, 293.

5 헨리 야우히이넨, Library, vol. 2, 338.

6 라마르 보쉬맨, 위십 리바이벌, 52.

7 샐리 모건샐러, 이것이 예배다, p. 49.

8 헨리 야우히이넨, 338.

9 리차드 포스터, 영적 훈련과 성장, 158-159.

10 케빈 코너, The Tabernacle of David, 103.

11 이 단락은 올렌 그리핑 목사의 설교 "예수님의 찬양의 삶"의 일부를 저자가 기록한 것이다.

12 헨리 야우히이넨, Library, "오순절 은사주의 선언서" 338.

13 게릿 구스탑슨, Library, vol. 2, 310-312.

14 그레고리 와일드, Library, vol. 2, 276.

15 G. W. 브로밀리, ISBE, vol. 3, 596.

16 저드슨 콘월, Meeting, 149

17 헬라어 에피클레시스[epiklesis]에서. 성찬식(함께 모인 예배자들, 빵과 포도주로 구성)에 그리스도께서 임재하시도록 성찬 기도 동안 성령님을 부르는 것

18 그레고리 와일드, 278.

4장

1 앤드루 윌슨 딕슨, The Story of Christian Music, 11.

2 데이비드 피터슨, 56.

3 어네스트 겐틸, "Worship God," p. 241.

4 테리 로, The Power of Praise and Worship, 135.

5 어네스트 겐틸, "Worship God," 242.

6 로날드 알렌, Lord of Song, 150.

7 엔드류 힐, Enter His Courts With Praise!, 6.

8 캐럴 심콕스, A Treasury of Quotations on Christian Themes, n.p.

9 프랜시스 홀, 출처 미상.

10 리처드 레너드, Library, vol. 1, 21.

2부 서론

1 허버트 로키어, All the 3's of the Bible, 20.

2 위의 책., 25.

5장

1 마이클 마샬, Library, vol. 2, 375.

2 로버트 웨버, Library, vol. 2, 374.

3 그래함 켄드릭, Worship, 183-184.

6장

1 찰스 스펄전, Evening by Evening, 54.

2 에이든 토저, 하나님을 추구하라, 41.

3 이 세 가지 요점은 1990년 언젠가 텍사스 주 그랜드프레리 쉐이디그로브 처치의 담임 목사인 올렌 그리핑의 설교에서 발췌했다.

7장

1 Paul Baloche ⓒ 1997 Integrity's Hosanna! Music

2 저드슨 콘월, Elements of Worship, 45.

3 W. E. Vine, An Expository Dictionary of New Testament Words, pp. 64-65. 이 줄에서 각각의 헬라어 정의는 Vine 사전에서 나왔다.

4 F. W. Danker, ISBE, vol. 3, 382.

5 아담 클라크, The New Testament of our Lord and Saviour Jesus Christ,

3261 -3327.

6 새미 티핏, 69-70.

7 데이비드 블룸그렌, "The Prophetic Spirit in Worship," in Restoring Praise and Worship to the Church—An Anthology of Articles, 129-130.

8장

1 저드슨 콘윌, Meeting, 155.

2 E. F. Harrison, 국제 표준 성서 백과사전, vol. 2, 479.

3 아담 클라크, NT, 326.

4 리처드 레너드, 72.

5 찰스 스펄전, Treasury of David, vol. 1, 318-319.

6 나는 이것을 샬럿 베이커의 가르침에서 들었다. 샬럿은 이 내용을 유명한 메시아닉 쥬 예배 인도자 폴 윌버가 알려주었다고 말했다.

7 라마르 보쉬맨, Pathways—라마르 보쉬맨 사역 편지 June 1998, vol. 1, Number One.

8 리처드 레너드, Library, vol. 1, 71.

9 리차드 포스터, 영적 훈련과 성장, 160.

10 찰스 스펄전, Treasury, 219.

9장

1 존 드라이든, 출처 미상.

2 샐리 모건샐러, 이것이 예배다 Worship Evangelism, 47.

3 조지 맥도날드, 출처 미상.

4 존 스티븐슨, The 2nd Flood—the Discipline of Worship, 46.

5 리차드 포스터, 영적 훈련과 성장, 173.

6 W. E Vine, Merrill F. Unger, William White, Jr., Vine's Complete Expository Dictionary of Old and New Testament Words, 639.

7 랜덤 하우스 웹스터 사전, 415.

8 William Morris, Editor, Young Students Intermediate Dictionary, 455.

9 리차드 포스터, 영적 훈련과 성장, 173.

10 에이든 토저, 하나님을 추구하라,94.

11 제롬 성경 주석, 279.

12 리차드 포스터, 영적 훈련과 성장, 173.

13 에이든 토저, 하나님을 추구하라, 36.

14 테리 로, 136.

10장

1 다마스쿠스의 성 요한은 700년에 태어나 760년까지 살았다. 중세 시대 하나님의 정의 중에 제일 빈번히 인용한 말이다.

2 끌레르보의 성 베르나르 1090-1153.

3 앨런 와츠, 출처 미상.

4 유진 피터슨, 메시지 성경, 423.

5 Ralph P. Martin, Worship of God, 210. 이 표의 정보는 먼저 스티븐 S. 스몰리의 "The Christ-Christian Relationship in Paul and John"에서 나왔다. (Grand Rapids: Wm. B. Eerdmans; Exeter: Paternoster Press, 1980),

pp. 95-105(p. 98).

6 유진 피터슨, 메시지 성경, 373.

7 저드슨 콘월, 예배합니다, 137.

11장

1 저드슨 콘월, 예배합니다, 96.

2 에이든 토저, 하나님을 추구하라, 17.

3 리차드 포스터, 영적 훈련과 성장, 158.

4 아담 클라크, NT, 326.

5 The Voice Bible

6 유진 피터슨, 메시지 성경.

7 The Amplified Bible

12장

1 잭 헤이포드, 경배 - 예배자 시리즈, 24.

2 로버트 웨버, Library, vol. 2, 343.

3 새미 티핏, 64.

4 야로슬라프 펠리컨, "The Vindication of Tradition": The 1983 Jefferson Lecture in the Humanities.

5 마츠오 바쇼. Born 1644, Basho was a famous Japanese poet and haiku master.

6 앰브로즈 비어스, The Devil's Dictionary.

7 앤드류 힐, 52. Enter His Courts With Praise! p. 52. 이 인용문의 첫 문장은 C. D. Erickson의 Participating in Worship: History, Theory and

Practice에서 나왔다. Richmond, VA: Westminster/John Knox, 1988, p.16.

8 폴 웨이트먼 훈, Library, vol. 2, 403.

13장

1 새미 티핏, 43.

2 매튜 헨리, The Bethany Parallel Commentary on the New Testament, 526.

3 위의 책., 526.

4 위의 책.

5 아담 클라크, The Bethany Parallel Commentary on the New Testament, 526.

6 에이든 토저, 하나님을 추구하라, 33.

7 리차드 포스터, 영적 훈련과 성장, 165.

8 알렌 & 보럴 Worship: Rediscovering the Missing Jewel, 39.

9 저드슨 콘월, Elements of Worship, 45.

14장

1 리차드 포스터, 영적 훈련과 성장, 165.

2 샐리 모건샐러, 이것이 예배다 Worship Evangelism, 67.

15장

1 로버트 웨버 Webber, 살아 있는 예배 Worship is a Verb, Waco: Word, 1985, p. 12. 샐리 모갠쌀러의 이것이 예배다에서 인용, p. 49.

2 톰 슈반다, Library, vol. 2, 400.

3 랄프 마틴, The Worship of God, 228.

4 새미 티핏, Worthy of Worship, 96-97.

5 저드슨 콘윌, Elements of Worship, 109.

6 토미 테니가 1998년 5월 8일 금요일 한 워크숍에서 한 강연(제목: Touching the Face of God: Changing the Face of Your City).

16장

1 한 익명의 취업 상담사가 인용한 말.

2 Vine, Unger, and White, 542-543.

3 엔드류 힐, Enter His Courts With Praise!, 6. 106.

4 에이든 토저, Sammy Tippit의 Worthy of Worship에서 인용, p. 18.

5 라디슬라우스 보로스, 출처 미상.

6 허버트 반 젤러, 출처 미상.

7 샬럿 베이커, 사적인 대화에서

17장

1 에드거 왓슨 호우, 출처 미상.

2 로버트 웨버, Library, 344.

3 Sam Sasser 박사의 예배 기록 중

4 밥 소르기, "The Full Purpose of Worship," in Restoring Praise and Worship to the Church—An Anthology of Articles, 35.

5 로널드 알렌, 151.

18장

1 에이든 토저, 하나님을 추구하라, 35.

2 위의 책., 36.

3 저드슨 콘월, 예배합니다, 116.

4 저드슨 콘월, Elements of Worship, 47.

5 로날드 알렌 & 고든 보러, Worship-Rediscovering the Missing Jewel, p. 75.

6 어네스트 겐틸, "Worship—Are We Making Any Mistakes?," in Restoring Praise and Worship, ed. 밥 소르기, 21.

7 로버트 웨버, Library, 344-345.

8 위의 책., 347.

9 리차드 포스터, 영적 훈련과 성장, 169.

10 라마르 보쉬맨, 워십 리바이벌, 55.

11 그래함 켄드릭, 하나님을 갈망하는 예배 사역, 17-18.

12 테리 하워드 워들, Library, vol. 2, 405.

13 샐리 모건샐러, 이것이 예배다 Worship Evangelism, 50.

19장

1 톰 슈반다, Library, vol. 2, 399.

2 게릿 구스탑슨, Library, vol. 4, 181.

3 켄트 헨리, Library, vol. 2, 351.

4 저드슨 콘월, Elements of Worship, 108.

5 James Strong, Strong's Exhaustive Concordance, (Appendix: Dictionary of the Hebrew Bible), 107.

6 Sosene Le'au는 그의 1997년작 Called to Honor Him에서 흥미롭고 유익한 다양한 민족 집단의 장점 목록을 제시한다. p. 97-99.

7 나는 1997년 3월 11-12일 콜로라도 주 덴버에서 열린 프라미스키퍼스 워십 서밋에 로베르트 킹 박사와 아피안다 아서 박사, 소시니 로우 및 경배 영역의 다른 사역자들과 함께 참여했다. 이곳에서 그들은 여러 나라에서 진행한 사역을 보고했다.

8 Sosene Le'au, Called to Honor Him, p. 29-30

9 하나님의 임재의 신비한 측면은 94-95를 참고하라.

10 켄트 헨리, Library, vol. 2, 352.

11 더치 쉬츠, 하늘과 땅을 움직이는 중보기도, 116.

12 어네스트 젠틸, "Worship God," 242.

13 안톤 암스트롱 Library, vol. 4, 180-181.

14 위의 책., 36-40.

15 켄트 헨리, Library, vol. 2, 351.

16 로버트 웨버, 399.

17 톰 슈반다, 402.

18 라마르 보쉬맨, 워십 리바이벌, 31.

20장

1 앙드레 지드, 출처 미상.

2 미켈란젤로, he Great Masters에서 인용. Vasarai, Giorgio, p. 301-302.

3 로날드 알렌 & 고든 보러, Worship-Rediscovering the Missing Jewel, p. 22.

4 앤드루 윌슨 딕슨, The Story of Christian Music, 11.

5 빈센트 반 고흐, Vincent Van Gogh, 1947에서 인용

6 로버트 브라우닝, "Paracelsus," 1835.

7 존 S. 볼드윈, 출처 미상.

8 토마스 브라운, 출처 미상.

9 미켈란젤로 Buonarroti Holland De Pintura Antigua에서 인용.

10 앤드루 윌슨 딕슨, The Story of Christian Music, 12.

11 위의 책., p. 12. Quoting from T.S. Eliot, ed., Literary Essays, by Ezra Pound, London, 1960, 43, 45.

12 조르조 바사리, The Great Masters, 235-236.

13 비비언 히버트, 주 찬양, 12.

14 로버트 웨버, Library, vol. 2, 348.

21장

1 출처 미상.

2 프랭크 트로터 박사 : http://www.fumcpasadena.org/sermons/2009/3.29.09.pdf

3 위의 책.

4 Norm Frederick, 1998년 12월 24일 쉐디 그로브 교회의 설교에서 발췌.

5 1997년 12월 19일 오프라윈프리 쇼에서 폴 맥카트니가 오프라 윈프리에게 한 말.

22장

1 Words and music by Jonas Myrin / Matt Redman © 2011 Atlas Mountain Songs (Admin. by Capitol CMG Publishing)

2 테리 하워드 워들, Library, vol. 2, 405.

3 캘빈 쿨리지, 12,000 Religious Quotations, p479에서 인용

4 테리 하워드 워들, Library, vol. 2, 406.

5 라마르 보쉬맨, 워십 리바이벌, 18.

6 더치 쉬츠, 하늘과 땅을 움직이는 중보기도, 143.

23장

1 리차드 포스터, 영적 훈련과 성장, 171.

2 그래함 켄드릭, 하나님을 갈망하는 예배 사역, 44-45.

3 저드슨 콘월, Elements of Worship, 111.

4 에이든 토저, 하나님을 추구하라, 87-88.

24장

1 출처 미상.

2 올렌 그리핑 목사는 이제 게이트웨이 교회로 이름을 바꾼 샤디그로브 교회의 설립목사이다. 이 네 단계는 셀 사역과 관련하여 랄프 네이버가 처음 언급했으며 그리핑 목사가 이것을 예배에 적용했다.

3 저드슨 콘월, Elements of Worship, 119.

25장

1 어네스트 겐틸, "Worship God," 242.

2 어네스트 겐틸, Restoring Praise and Worship to the Church-An Anthology of Articles, p. 20-21. 이 글의 제목은, Worship-Are We making Any Mistakes? 이다.

3 작사 작곡 미미 리블 © 1991 Mastersong Music.

4 무명

참고 문헌

로널드 알렌, Lord of Song, Portland, OR: Multnomah Press, 1982.

로널드 알렌 & 고든 보로, Worship; Rediscovering the Missing Jewel, Portland, OR: Multnomah Press, 1982.

데이빗 알소브룩, True Worship, Paducah, KY: Anointed Bible Study Fellowship, Inc., 1983.

샬럿 베이커, On Eagle's Wings, Seattle, WA, 1979.

_____, The Eye of the Needle and Other Prophetic Parables, Hagerstown, MD: Parable Publications, 1997.

데이비드 블룸그렌, Douglas Christoffel, and Dean Smith, Restoring Praise and Worship to the Church—An Anthology of Articles, Shippensburg, PA: Revival Press, 1989.

데이비드 블룸그렌, The Song of the Lord, Portland, OR: Bible Temple Publications, 1978.

라마르 보쉬맨, 워십 리바이벌. Orlando, FL: Creation House, 1994.

_____, The Prophetic Song, Bedford, TX: Revival Press, 1986.

_____, The Rebirth of Music, Shippensburg, PA: Destiny Image Publication, 1986.

G. W. 브로밀리, General Editor, The International Standard Bible Encyclopedia, Volumes One—Four, Grand Rapids, MI: William B. Eerdmans Publishing Company, 1986.

아담 클라크, The New Testament of our Lord and Saviour Jesus Christ, Volume Five, Nashville, TN: Abingdon, from text written C. 1624.

케빈 코너, The Tabernacle of David, Portland, OR: Bible Temple Publishing, 1976.

Cornill, Carl Heinrich, Music in the Old Testament, Chicago, Chicago, IL: The Open Court Publishing Company, 1909.

저드슨 콘월, David Worshiped a Living God, Shippensburg, PA: Revival Press, 1989.

_____, David Worshiped with a Fervent Faith, Shippensburg, PA: Revival Press, 1993.

_____, Elements of Worship, South Plainfield, NJ, Bridge Publishing, Inc., 1985.

_____, Let Us Draw Near, Plainfield, NJ: Logos International, 1977.

_____, 찬양, Plainfield, NJ: Logos International, 1973

_____, 예배합니다, South Plainfield, NJ: Bridge Publishing, 1983.

_____, Meeting God, Altamonte Springs, FL: Creation House, 1987.

_____, Worship as David Lived It, Shippensburg, PA: Revival Press, 1990.

_____, Worship as Jesus Taught It, Tulsa, OK: Victory House Publishers, 1987.

리차드 포스터, and James Bryan Smith, editors, Devotional Classics, San Francisco, CA: Harper, 1993.

리차드 포스터, 영적 훈련과 성장, revised edition, San Francisco, CA: Harper, 1988.

_____, Prayer. Finding the Heart's True Home, San Francisco, CA: Harper, 1992.

Garmo, John, Lifestyle Worship, Nashville, TN: Thomas Nelson Publishers, 1993.

Gesenius, Heinrich Friedrich Wilhelm, Gesenius' Hebrew and Chaldee Lexicon to the Old Testament, London, Samuel Bagster and Sons, 1846, 1853. (Translated from German by Samuel Prideaux Tregelles).

Grauman, Helen G., Music in My Bible, Mountain View, CA: Pacific Press Publishing Association, 1956.

Guyon, Jeanne, Experiencing the Depths of Jesus Christ, Goleta, CA: Christian Books, 1983.

잭 헤이포드, Moments with Majesty, Portland, OR: Multnomah Press, 1990.

_____, 경배, Waco, TX: Word Books, 1987.

매튜 헨리, Jamieson/Fausset/Brown, The Bethany Parallel Commentary on the New Testament, Minneapolis, MN:Bethany House Publishers, 1983.

비비언 히버트, Music Ministry, Christchurch, New Zealand, 1982.

비비언 히버트, Praise Him, Texarkana, AR: A division of Phao Books, 2006, 2007, 2014.

앤드류 힐, Enter His Courts With Praise!, Grand Rapids, MI: 샬럿 베이커 Books, 1985.

제롬 성경 주석, Englewood Cliffs, NJ: Prentice-Hall Inc., 1968.

토마스 아 켐피스, 그리스도를 본받아, Springdale, PA: Whitaker House, 1981.

그래함 켄드릭, Learning to Worship as a Way of Life, Minneapolis, MN: Bethany House Publications, 1984.

———, 하나님을 갈망하는 예배 사역, Sussex, Great Britain: Kingsway Publications Ltd., 1984.

탐 크라우터, 효과적인 찬양 사역, MO: Training Resources, 1993.

테리 로, Terry, The Power of Praise and Worship, Tulsa, OK: Victory House Publishers, 1985.

히버트 로키어, All the 3s of the Bible, Grand Rapids, MI: Fleming H. Revell, 1973.

Le'au, Sosene, Called to Honor Him. Tampa, FL: Culture Com Press, Inc., 1997.

랄프 마틴, The Worship of God, Grand Rapids, MI: Eerdmans, 1982.

———, Worship in the Early Church, Grand Rapids, MI: Eerdmans, 1974.

Morris, William, Editor in Chief, Young Students Intermediate Dictionary, Middletown, CT: Field Publications, 1973.

샐리 모갠샐러, Worship Evangelism, Grand Rapids, MI: Zondervan Publishing House, 1995.

데이비드 피터슨, Engaging With God—A Biblical Theology of Worship, Grand Rapids, MI: Wm. B. Eerdmans Publishing Co., 1992.

유진 피터슨, The Message, Colorado Springs, CO: Alive Communications, 1993.

Pettis, Ashley, Music: Now and Then, New York, NY: Coleman-Ross Company, Inc., 1955.

Roberts, Debby, Rejoice: A Biblical Study of the Dance, Little Rock, AR:

Revival Press, 1982.

Sarchet-Waller, Paul, Praise and Worship, Hong Kong: Elim Full Gospel Publications, 1986.

Sendry, Mildred, and Alfred N., David's Harp, New York, NY: Philosophical Library, 1969.

Sendry, Alfred, Music in Ancient Israel, New York, NY: Philosophical Library, 1969.

Simcox, Carroll E., A Treasury of Quotations on Christian Themes, New York, NY: The Seabury Press, 1975.

더치 쉬츠, 효과적인 중보기도, Ventura, CA: Regal Books, 1996.

밥 소르기, 찬양으로 가슴벅찬 예배: A Practical Guide to Praise and Worship, New Wilmington, PA: Son-Rise Publication, 1987.

찰스 스펄전, Evening by Evening, Pittsburgh, PA: Whitaker House, 1984.

_____, The Treasury of David, Vols. 1 & 2. MI: Byron Center, Associated Publishers and Authors, Inc., reprinted 1970.

Stevenson, John W., The 2nd Flood, Shippensburg, PA: Destiny Image Publishers, 1990.

Strong, James, The Exhaustive Concordance of the Bible, Grand Rapids, MI: Book House, 1980.

_____, The New Strong's Complete Dictionary of Bible Words, Nashville, TN: Thomas Nelson Publishers, 1996.

Tame, David, The Secret Power of Music, New York, NY: Destiny Books, 1984.

Tenney, Merrill C., The Zondervan Pictorial Encyclopedia of the Bible, Grand Rapids, MI: Zondervan Corporation, 1976.

새미 티펫, Worthy of Worship, Chicago, IL: The Moody Bible Institute, 1989.

Tomkins, Iverna, If It Please the King, Decatur, GA: Iverna Tomkins Ministry, no date.

_____, The Ravished Heart, Decatur, GA: Iverna Tomkins Ministry, no date.

에이든 토저, 하나님을 추구하라, PA: Christian Publications, 1993.

_____, Signposts, Compiled by Harry Verploegh, Wheaton, IL: Victor Books, 1988.

Truscott, Graham, The Power of His Presence, Burbank, CA: World Map, 1972.

Unger, Merrill F., Unger's Bible Dictionary, Chicago, IL: Moody Press, 1966.

Vine, W. E., Merrill F. Unger, and William White, Jr., Vine's Complete Expository Dictionary of Old and New Testament Words, Nashville, TN: Thomas Nelson, Inc., 1985.

Vine, W. E., An Expository Dictionary of New Testament Words, Westwood, NJ: Fleming H. Revell Co., 1940.

Vasarai, Giorgio, The Great Masters, Translated by Gaston Du C. de Vere, edited by Michael Sonino, Hong Kong: Hugh Lauter Levin Associates, Inc. 1986.

Venolia, Jan, Write Right!, third edition, Berkeley, CA: Ten Speed Press, 1995

Wilson-Dickson, The Story of Christian Music, original ed., Oxford, England: Lion Publishing, 1992. This ed., Minneapolis, MN: Fortress

Press, 1996.

로버트 웨버, ed., The Complete Library of Christian Worship, Volumes One to Seven, Nashville, TN: Star Song Publishing Group, 1993.

_____, Worship Old and New, Grand Rapids, MI: Zondervan Publishing Co., 1982.

Wiersbe, Warren W., Classic Sermons on Worship, Grand Rapids, MI: Hendrickson Publishers, Inc., 1988.

Wiley, Lulu Rumsey, Bible Music, New York, NY: The Paebar Company, 1945.

필립 얀시, Reality and the Vision, Dallas, TX: Word Publishing, 1990.

비비언 히버트

탁월한 작가이며 성경 교사, 음악가, 예배 인도자인 비비언 히 버트는 뉴질랜드에서 태어났으며 1977년 예배와 찬양을 가르치 는 성경 교사로 전임 사역을 시작했다. 1985년 미국에 이민한 후 1997년까지 전임 목회와 음악 사역을 했다.

비비언은 1997년에 다양한 문화를 통합하여 국제적인 예배를 구축하기 위해 프로미스 키퍼스 워십 서밋 전략 개발팀으로 참여 했다. 또 미국과 해외 30개국의 예배 컨퍼런스와 회의의 정규 강 사이며 YWAM의 강사로 폭넓게 강의했고 ICE(International Council Of Ethnodoxologists : 국제 민족학 협회)의 회원이다.

비비언은 최초의 온라인 예배 학교인 워십 아트 콘서바토리를 공동 설립했고 현재 댈러스에 있는 이글스 인터내셔날 트레이닝

인스티튜트에서 예언적 예배 과정 온라인 학교의 강사이며 수년간 교회 예배, 성경 학교, 병원, 감옥, 수련회, 여성 및 청소년 컨퍼런스에서 사역했다.

비비언은 열방에 하나님의 영광이 임하는 것을 보기 원하는 열망으로 무슬림에서 기독교로 개종한 FarsiPraise 팀과 위성 TV로 이란에 복음과 예배를 송출하는 작업에 동역했다. 비비언은 모든 나라와 민족에 하나님의 임재가 중심이 되는 예배 개혁이 일어나서 각자 고유의 소리로 하나님을 찬양하는 것을 위해 기도한다.

비비언은 수년에 걸쳐 4개의 음악 CD를 제작했다. 가장 최근 음악 프로젝트는 2013년에 노르웨이에서 다른 여러 예배 음악가와 함께 우리를 향하신 하나님의 아버지 마음을 담은 연주 음반이다. 또 비비언은 현재는 절판되었지만 여러 국가에서 사용 중인 "음악 사역"이라는 교재와 함께 많은 예배 관련 성경 교재를 집필했으며 1997년 7월 "예언적 예배" 초판을 발행했다. 이 책은 지금까지 예언적 예배를 다룬 책 중 내용과 적용 면에서 손에 꼽히는 베스트셀러이다.

현재 비비언은 아칸소주 텍사캐나에 살면서 출석 교회인 Waterwaze와 지역사역을 준비하고 있다. Waterwaze는 텍사캐나와 애쉬다운의 도시를 위해 밤마다 정기적으로 예언적 중보 예배를 섬기면서 예배팀을 정기적으로 지역의 다양한 곳에 보내서 기도와 예배로 섬기고 있다.

Contact Information: www.vivienhibbert.com

Blog: www.theheartoftheworshiper.blogspot.com

YouTube: Vivien Hibbert

 벧엘붑 **도서 안내**

승리의 종말론 / 값 16,000원

주님의 몸 된 교회는 계속해서 주님의 영광을 향해 성장하며
더욱 더 연합되어 이전에 보지 못한 하나님의 권능을 나타내고,
사탄은 결단코 이 세상을 장악하지 못할 것이다.
우리 주 예수 그리스도께서 만주의 주, 만왕의 왕으로서
모든 대적을 그 발아래 굴복시키실 것이다!

하나님의 불같은 사랑 / 값 13,500원

이 책은 밥 소르기 목사의 베스트셀러 <기도 응답의 지연이
주는 축복> 의 후속편으로, 하나님께서 사랑하는 교회에
어떻게 역사하시는지 알려준다.
불같은 열정으로 타오르는 십자가로 나아가 하나님의 불같은
사랑을 경험하고, 성경에서 가장 영광스러운 주제인
"하나님의 사랑"을 깊이 묵상하라.

워십리더 멘토링 / 값 12,000원

다음세대 예배인도자들을 세우기 위한
예배인도자 10명의 멘토링 이야기.
당신은 이 책을 통해, 10명의 예배인도자와 함께 나란히 걷고,
보고, 배우며 멘토링의 중요한 지혜를 얻을 것이다.

다윗의 세대 / 값 10,000원

다윗의 세대는 마지막 때에 성령님께서 기름부으신 예배자요
영적 용사의 세대이며 여호수아 세대가 시작한 하나님의 일을
완성하는 세대이다. 저자는 8개의 주제를 통해 다윗의 세대의
특징을 효과적으로 설명한다.

지성소 / 값 10,000원

성령님께서 지금 이 시간 그리스도의 거룩한 신부들이 지성소로
들어가도록 부르신다. 하나님께서 가장 높고 은밀한 지성소에서
천국의 사명과 계시, 하나님의 뜻과 거룩한 부르심을 주시고,
이것을 성취할 수 있는 권능을 주신다!

참된 예배자의 마음 / 값 8,500원

이 책의 저자 켄트 헨리는 지난 40년간 예배를 인도하고
예배자를 훈련하는 일에 헌신해왔다.
이 책을 통해 참된 예배자의 마음을 더 깊이알고 살아가게 될
것이다.

하나님의 사랑받는 자녀가 되다 / 값 7,500원

하나님 아버지의 가족으로 입양되어 양자 된 우리의 정체성을 입양을
통해 설명해 준다. 입양된 아이들이 경험하는 여러 가지 힘겨움은
우리가 하나님 나라에서 경험하는 것과 아주 비슷하다.
하나님 아버지의 사랑과 더 깊은 연결점을 발견하게 되기를 기도한다.

옮긴이 / 천슬기

경북대학교를 졸업하고 성도들에게 하나님의 기름 부음과 선한 영향력이 임하는 통로로 쓰임 받기를 기도하면서 다양한 영성서적을 번역하고 있다. 현재 The River Church에서 사모로 섬기고 있으며 역서로는 〈치유의 임재〉, 〈오전 9시 성령님이 임하는 시간〉, 〈당신의 영적 은사를 알라〉, 〈비전과 목적으로 성장하는 건강한 교회〉, 〈예배 그 이상의 예배〉(이상 서로사랑), 〈지성소〉, 〈중보적 예배〉, 〈승리의 종말론〉, 〈십자가의 아름다움〉(이상 벧엘북스)등이 있다.

예언적 예배

지 은 이 비비언 히버트
옮 긴 이 천슬기
표   지 조종민

펴 낸 이 한성진
펴 낸 날 2021년 5월 31일
펴 낸 곳 벧엘북스 BETHEL BOOKS
등   록 2008년 3월 19일 제 25100-2008-000011호

주   소 서울시 강남구 봉은사로 71길 31 한나빌딩 지층
웹사이트 https://www.facebook.com/BBOOKS2 또는 페이스북에서 벧엘북스로 검색
쇼 핑 몰 https://smartstore.naver.com/bethelbooks
전   화 070-8623-4969(문자 수신 가능)
총   판 비전북 031-907-3928
ISBN 978-89-94642-37-6

※ 잘못된 책은 교환해 드립니다.

※ 책 값은 뒷표지에 있습니다.

※ 이 책은 벧엘북스가 저작권자와의 계약에 따라 발행한 것이므로 본사와 사전 협의 및 허락 없이 어떤 형태나 수단으로도 이 책의 내용을 이용할 수 없습니다.

※ 저자의 견해 중 일부는 벧엘북스의 입장과 다를 수 있습니다.